여러분의 합격을 응원하는
해커스PSAT의 특별 혜택

해커스PSAT 온라인 단과강의 **20% 할인쿠폰**

KK85D433BD7A4000

해커스PSAT 사이트(psat.Hackers.com) 접속 후 로그인 ▶
우측 퀵배너 [쿠폰/수강권등록] 클릭 ▶ 위 쿠폰번호 입력 후 이용

* 등록 후 7일간 사용 가능(ID당 1회에 한해 등록 가능)

PSAT 패스 **10% 할인쿠폰**

6CA8D434K5A09000

해커스PSAT 사이트(psat.Hackers.com) 접속 후 로그인 ▶
우측 퀵배너 [쿠폰/수강권등록] 클릭 ▶ 위 쿠폰번호 입력 후 이용

* 등록 후 7일간 사용 가능(ID당 1회에 한해 등록 가능)

쿠폰 이용 관련 문의 1588-4055

PSAT
전문가가 알려주는
7급 공채
합격 비법

1 PSAT,
7급 공채 시험의 첫 걸음입니다.

2 핵심 기본기,
PSAT 문제 풀이의 기본이 되는 핵심 원리입니다.

3 엄선된 PSAT 기출문제,
체계적이고 전략적인 학습의 완성입니다.

7급 공채 합격도 역시 해커스입니다.

PSAT 전문가가 알려주는 7급 공채 합격 비법

1 PSAT, 7급 공채 시험의 첫 걸음입니다.

2021년부터 7급 공채 시험에 PSAT가 도입되어, 국어 과목이 PSAT로 대체되고, 한국사 과목이 한국사능력검정시험으로 대체되었습니다. 이에 따라 7급 공채 시험은 1차 PSAT, 2차 전문과목 평가, 3차 면접 시험의 3단계로 나누어집니다. 따라서 7급 공채 합격을 위해서는 7급 공채 시험의 첫 걸음인 PSAT를 확실히 공략해야 합니다.

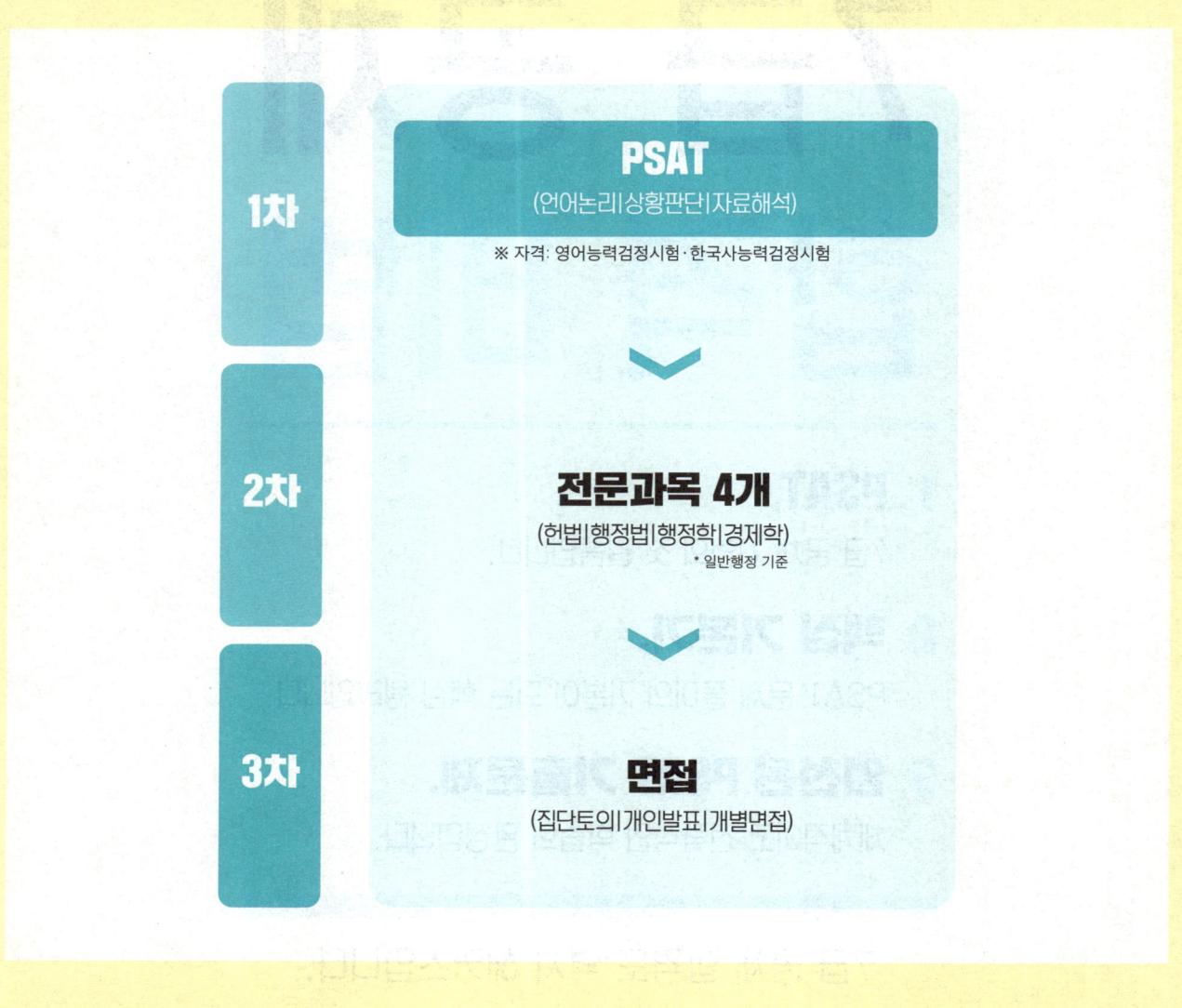

1차 — **PSAT** (언어논리 | 상황판단 | 자료해석)
※ 자격: 영어능력검정시험 · 한국사능력검정시험

2차 — **전문과목 4개** (헌법 | 행정법 | 행정학 | 경제학)
* 일반행정 기준

3차 — **면접** (집단토의 | 개인발표 | 개별면접)

2 핵심 기본기, PSAT 문제 풀이의 기본이 되는 핵심 원리입니다.

PSAT는 다양한 자료를 분석하고 종합적으로 파악하는 문제가 출제됩니다. 그러나 문제 풀이의 기본만 알면 어떤 문제가 출제되더라도 쉽게 풀이할 수 있습니다. 문제 풀이의 원리를 익힐 수 있도록 해커스 PSAT 전문가가 영역별 핵심 기본기를 알려드립니다.

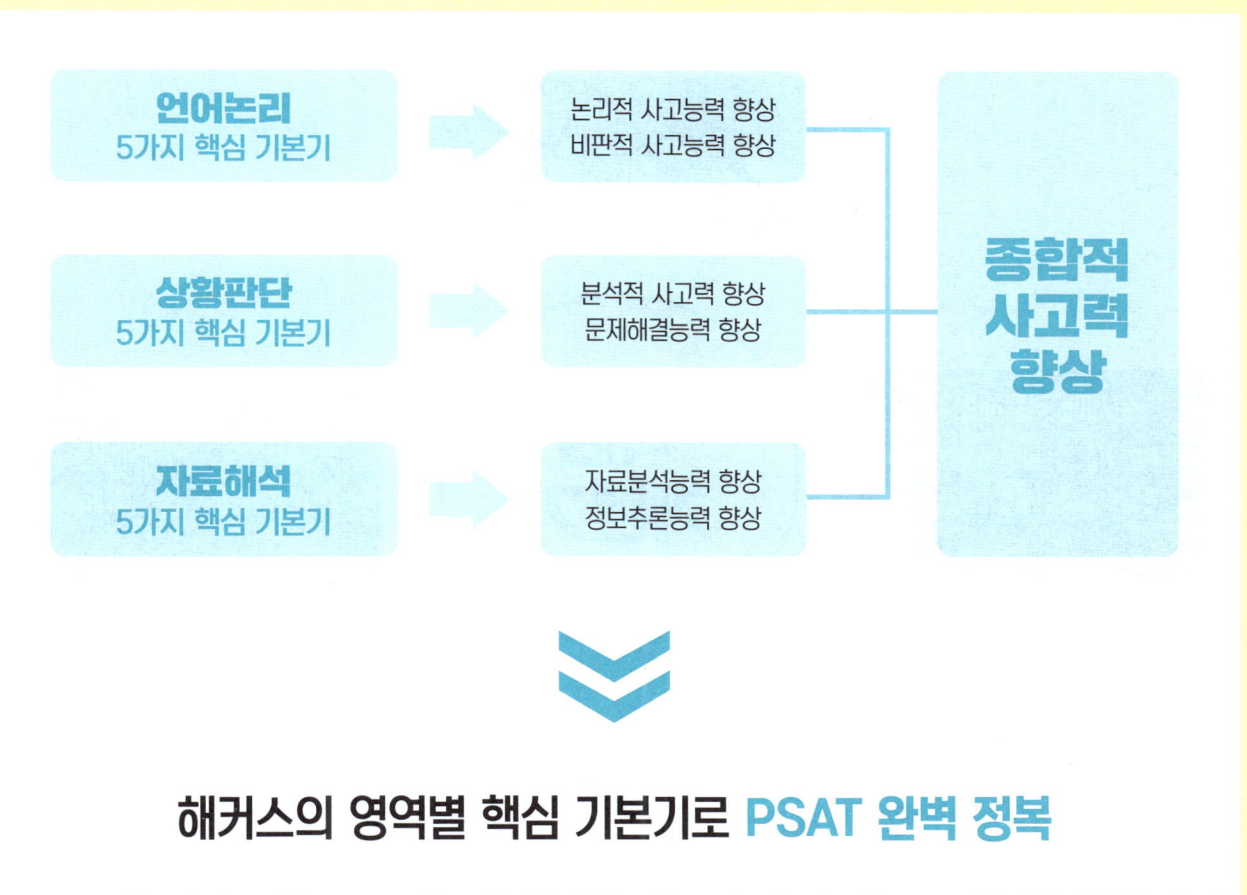

3 엄선된 PSAT 기출문제, 체계적이고 전략적인 학습의 완성입니다.

PSAT는 급수에 관계없이 문제의 유형이나 형식이 거의 유사하므로 PSAT의 출제 방식에 익숙해지기 위해서는 기출문제를 기반으로 학습해야 합니다. 그러나 단순히 문제를 많이 푸는 것만으로는 합격할 수 없습니다. **핵심 기본기를 적용해보고 문제 풀이 원리를 익힐 수 있도록** PSAT 전문가가 역대 PSAT 기출문제 중 학습에 가장 기본이 되는 기출문제를 엄선하였습니다.

PSAT 기출문제
PSAT 전문가가 엄선한 실전 문제로 문제 풀이 방법 숙달

문제에 적용해보기
기본기를 문제에 적용하는 연습으로 문제에 접근하는 원리 습득

핵심 기본기

꿀 풀이 TIP, 핵심 포인트
PSAT 전문가가 제공하는 가이드에 따라 문제 풀이에 필요한 기초 역량 습득

7급 공채 PSAT 합격

해커스PSAT
7급PSAT 입문서

이 책에 참여한 해커스 PSAT 스타강사군단

조은정

이력
- 이화여자대학교 사회과학대학 졸업
- (현) 해커스 7급공채 PSAT 언어논리 대표강사
- (현) 베리타스에듀 5급공채 PSAT 언어논리 대표강사
- (현) 시대인재 LEET 언어이해 강사
- (현) 해커스 9급공채 국어 강사
- (전) 한상준 PSAT 전문학원 언어논리 대표강사

저서
- 해커스PSAT 7급 PSAT 입문서
- 해커스PSAT 7급 PSAT 유형별 기출 200제 언어논리
- 해커스PSAT 7급+민경채 PSAT 16개년 기출문제집 언어논리
- 해커스PSAT 7급 PSAT 기출문제집
- 해커스PSAT 7급 PSAT 기본서 언어논리
- 5급 공채 PSAT 조은정 언어논리 입문서
- 5급 공채 PSAT 조은정 언어논리 기본서
- 112 PSAT 조은정의 떠먹는 언어논리
- PSAT 퀴즈99
- 112 민간경력자 PSAT 기출 유형분석 총정리
- PSAT 조은정 언어논리 실전모의고사

길규범

이력
- 고려대학교 행정학과 졸업
- 2009~2013년 5급공채 행시/입시 PSAT 합격
- (현) 해커스 5급, 7급 공채 PSAT 상황판단 대표강사
- (현) 해커스 7급 공채 PSAT 자료해석 대표강사
- (현) 합격으로 가는길(길규범 PSAT 전문연구소) 대표
- (현) NCS 출제 및 검수위원
- (전) 베리타스 법학원 5급 공채 PSAT 상황판단 대표강사
- (전) 베리타스 법학원 PSAT 전국모의고사 검수 및 해설위원
- (전) 법률저널 PSAT 전국모의고사 검수 및 해설위원
- (전) 공주대학교 취업교과목 출강 교수
- (전) 메가스터디 공취달 NCS 대표강사
- 2014~2018년 PSAT 상황판단 소수 그룹지도
- 연세대, 성균관대, 한양대, 경희대, 동국대 등 전국 다수 대학 특강 진행

저서
- 해커스PSAT 7급 PSAT 입문서
- 해커스 PSAT 길규범 상황판단 올인원 1, 2, 3권
- 해커스PSAT 7급 PSAT 유형별 기출 200제 상황판단
- 해커스PSAT 7급+민경채 PSAT 16개년 기출문제집 상황판단
- 해커스PSAT 7급 PSAT 기출문제집
- 해커스PSAT 7급 PSAT 기본서 상황판단
- PSAT 민간경력자 기출백서
- PSAT 상황판단 전국모의고사 400제
- 길규범 PSAT 상황판단 봉투모의고사
- PSAT 엄선 전국모의고사
- 30개 공공기관 출제위원이 집필한 NCS
- 국민건강보험공단 NCS 직업기초능력평가 봉투모의고사
- 547 5급 for 7급 엄선 봉투모의고사 (언어논리,상황판단)
- 길규범 상황판단 7급 PSAT 합격으로 가는 최종점검 봉투모의고사
- 길규범 PSAT 상황판단 텍스트 법조문 Workbook
- 최신 3개년 PSAT 피셋 가장 완벽한 올인원 기출해설집(언어논리, 자료해석, 상황판단)

김용훈

이력
- 서울시립대 법학부 졸업
- 서울대 행정대학원 행정학 전공 석사과정 재학중
- 2012~2014년 5급 공채 행시 PSAT 합격
- (현) 해커스 7급 공채 PSAT 자료해석 대표강사
- (현) 베리타스 법학원 5급 공채 PSAT 자료해석 대표강사
- (전) 위포트 NCS 필기 대표강사
- (전) 강남대 공공인재론/공공인재실무와 역량 출강 교수
- (전) 법률저널 PSAT 전국모의고사 출제 및 검수위원
- (전) 중앙대 정보해석 출강 교수
- 2014~2018년 PSAT 자료해석 소수 그룹지도
- 강원대, 건국대, 경상대, 공주대, 서울시립대, 충북대 등 전국 다수 대학 특강 진행

저서
- 해커스PSAT 7급 PSAT 입문서
- 해커스PSAT 7급 PSAT 김용훈 자료해석 실전동형모의고사
- 해커스PSAT 7급 PSAT 기출문제집
- 해커스PSAT 7급 + 민경채 PSAT 16개년 기출문제집 자료해석
- 해커스PSAT 5급 PSAT 김용훈 자료해석 13개년 기출문제집
- 해커스PSAT 7급 PSAT 유형별 기출 200제 자료해석
- 해커스PSAT 7급 PSAT 기본서 자료해석
- EBS 와우패스 NCS 한국전력공사
- EBS 와우패스 NCS 한국수력원자력
- EBS 와우패스 NCS NH농협은행 5급
- EBS 와우패스 NCS 고졸채용 통합마스터
- EBS 와우패스 NCS 근로복지공단
- PSAT 자료해석의 MIND 기본서 실전편
- PSAT 초보자를 위한 입문서 기초편

서문

7급 공채 PSAT, 어떻게 공부해야 하나요?

2021년부터 변화된 7급 공채 시험 제도를 보면서
7급 공채 준비에 첫발을 내디딘 수험생, 기존의 7급 공채 시험을 준비해왔던 수험생 등 많은 분들에게 7급 공채 PSAT는 막막하게 느껴졌을 것입니다.
7급 공채 PSAT가 무엇인지 이해하고 PSAT 시험을 완벽히 대비할 수 있도록,
영역별 핵심 기본기를 익혀 PSAT의 영역별 문제 접근법을 확실히 이해할 수 있도록,
해커스는 수많은 고민을 거듭한 끝에 PSAT 전문가인 저자의 경험과 노하우를 살려
『해커스PSAT 7급 PSAT 입문서』를 출간하게 되었습니다.

『해커스PSAT 7급 PSAT 입문서』는
1. 영역별 핵심 기본기를 통해 PSAT 문제 풀이의 기초를 다질 수 있습니다.
2. PSAT 전문가의 상세한 첨삭식 문제 풀이 가이드를 통해 보다 쉽게 PSAT 문제 풀이법을 학습할 수 있습니다.
3. PSAT 전문가가 엄선한 PSAT 기출문제와 상세한 해설을 통해 PSAT 문제 풀이 능력을 향상시킬 수 있습니다.

『해커스PSAT 7급 PSAT 입문서』를 통해 7급 공채 PSAT를 준비하는 수험생 모두 합격의 기쁨을 누리시기 바랍니다.

조은정, 길규범, 김용훈

목차

7급 공채 PSAT 합격을 위한 이 책의 활용법 — 6
기간별 맞춤 학습 플랜 — 8
7급 공채 안내 및 Q&A — 10
7급 공채 PSAT 합격가이드 — 12

PART 1 언어논리

핵심 기본기 1	가장 중요한 문장에 주목한다.	24
핵심 기본기 2	논증의 방향성에 주목한다.	42
핵심 기본기 3	글의 구조와 키워드에 주목한다.	60
핵심 기본기 4	문장 간의 맥락에 주목한다.	82
핵심 기본기 5	문장 속 논리 구조에 주목한다.	102

PART 2 상황판단

핵심 기본기 1	묻는 바만 빠르게 해결한다.	126
핵심 기본기 2	키워드를 잘 활용한다.	150
핵심 기본기 3	계산은 최대한 정확하고 간략하게 한다.	176
핵심 기본기 4	규칙은 숨겨진 빠른 길로 해결한다.	202
핵심 기본기 5	경우의 수는 실마리를 찾는다.	224

PART 3 자료해석

핵심 기본기 1	문제에서 무엇을 묻는지 파악한다.	250
핵심 기본기 2	자료에서 제목, 단위, 각주를 체크한다.	270
핵심 기본기 3	수치의 자릿수와 분수 비율을 기억한다.	294
핵심 기본기 4	시계열 자료는 시점을 정확히 확인한다.	310
핵심 기본기 5	배수, 비율, 비율의 차이를 이해한다.	328

7급 공채 PSAT 합격을 위한 이 책의 활용법

1 상황에 맞는 학습 플랜에 따라 체계적으로 학습한다.

- 기간별 맞춤 학습 플랜을 제공하여 자신의 상황에 맞게 학습 플랜을 선택할 수 있으며, 이에 따라 체계적으로 학습할 수 있습니다.

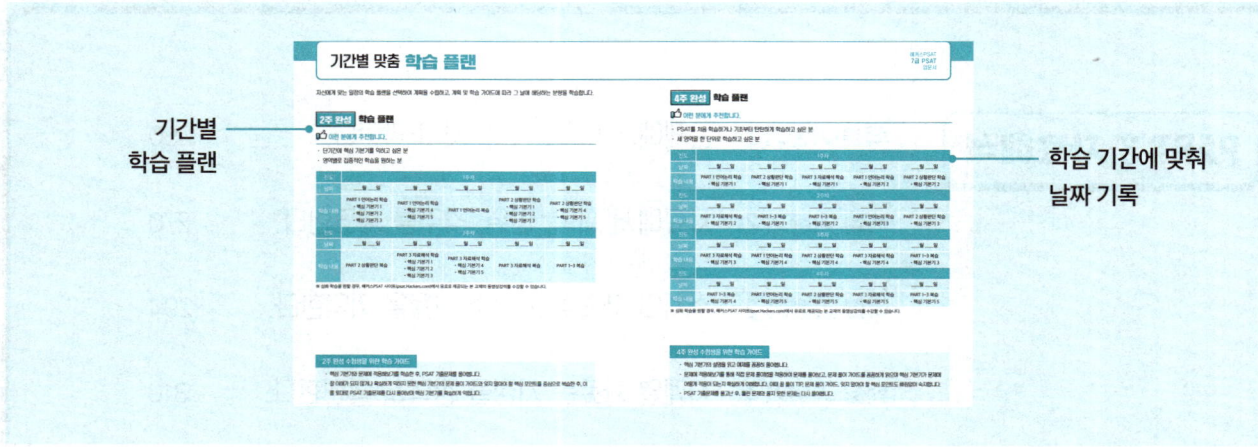

2 영역별 핵심 기본기로 문제 풀이법을 학습한다.

- 기본기마다 제시되는 구체적인 문제 풀이법을 통해 PSAT 문제를 빠르고 정확하게 푸는 방법을 익힐 수 있습니다. 특히 이를 문제에 직접 적용해보면서 문제 풀이법을 더욱 효과적으로 학습할 수 있습니다.

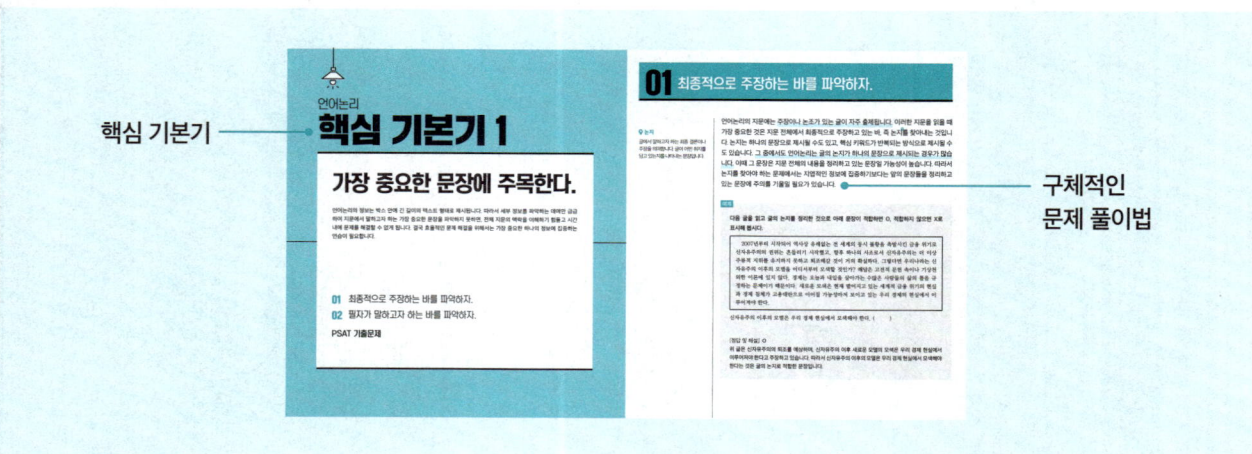

해커스PSAT
7급 PSAT
입문서

3 꼼꼼한 가이드에 따라 문제 풀이 방법을 학습한다.

- 문제를 풀어본 후 PSAT 전문가가 제공하는 문제 풀이 가이드를 통해 문제 풀이 방법을 익힐 수 있습니다. 이때 꿀 풀이 TIP, 잊지 말아야 할 핵심 포인트로 PSAT 문제 풀이에 중요한 팁을 학습할 수 있습니다.

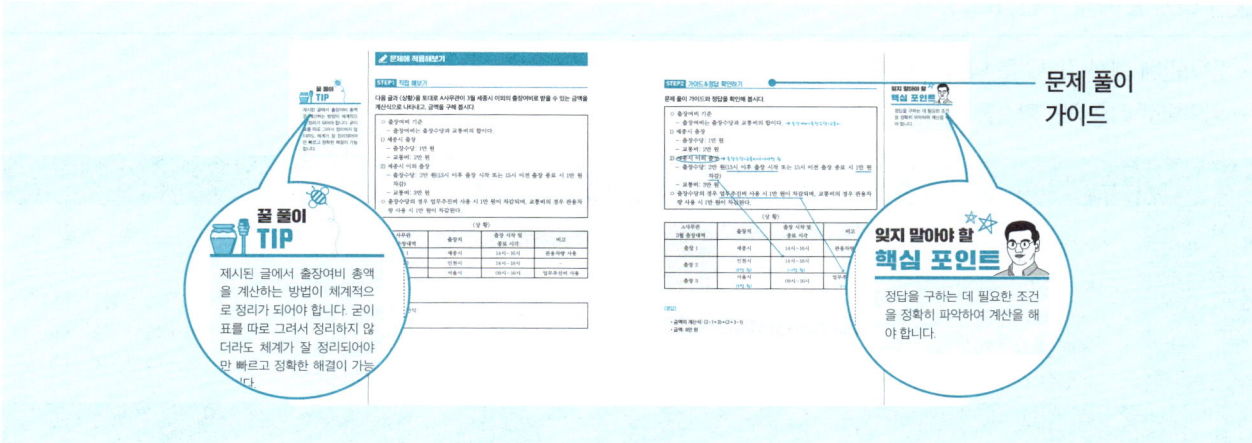

4 PSAT 기출문제를 풀면서 학습한 내용을 완벽히 숙지한다.

- PSAT 전문가가 엄선한 기출문제를 풀어 핵심 기본기를 확실히 익힐 수 있습니다. 또한, 기출문제를 풀고 난 후에는 상세한 해설을 통해 체계적으로 학습할 수 있습니다.

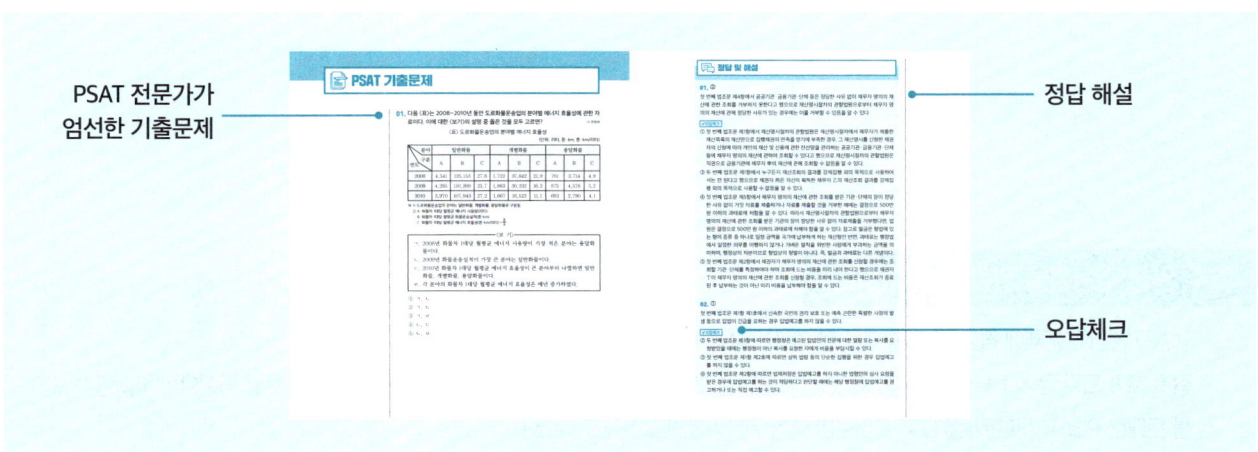

기간별 맞춤 학습 플랜

자신에게 맞는 일정의 학습 플랜을 선택하여 계획을 수립하고, 계획 및 학습 가이드에 따라 그 날에 해당하는 분량을 학습합니다.

2주 완성 학습 플랜

👍 **이런 분에게 추천합니다.**

- 단기간에 핵심 기본기를 익히고 싶은 분
- 영역별로 집중적인 학습을 원하는 분

진도	1주차				
날짜	___월 ___일	___월 ___일	___월 ___일	___월 ___일	___월 ___일
학습 내용	PART 1 언어논리 학습 • 핵심 기본기 1 • 핵심 기본기 2 • 핵심 기본기 3	PART 1 언어논리 학습 • 핵심 기본기 4 • 핵심 기본기 5	PART 1 언어논리 복습	PART 2 상황판단 학습 • 핵심 기본기 1 • 핵심 기본기 2 • 핵심 기본기 3	PART 2 상황판단 학습 • 핵심 기본기 4 • 핵심 기본기 5
진도	2주차				
날짜	___월 ___일	___월 ___일	___월 ___일	___월 ___일	___월 ___일
학습 내용	PART 2 상황판단 복습	PART 3 자료해석 학습 • 핵심 기본기 1 • 핵심 기본기 2 • 핵심 기본기 3	PART 3 자료해석 학습 • 핵심 기본기 4 • 핵심 기본기 5	PART 3 자료해석 복습	PART 1~3 복습

※ 심화 학습을 원할 경우, 해커스PSAT 사이트(psat.Hackers.com)에서 유료로 제공되는 본 교재의 동영상강의를 수강할 수 있습니다.

2주 완성 수험생을 위한 학습 가이드

- 핵심 기본기와 문제에 적용해보기를 학습한 후, PSAT 기출문제를 풀어봅니다.
- 잘 이해가 되지 않거나 확실하게 익히지 못한 핵심 기본기의 문제 풀이 가이드와 잊지 말아야 할 핵심 포인트를 중심으로 복습한 후, 이를 토대로 PSAT 기출문제를 다시 풀어보며 핵심 기본기를 확실하게 익힙니다.

해커스PSAT
7급 PSAT 입문서

4주 완성 학습 플랜

👍 **이런 분에게 추천합니다.**

- PSAT를 처음 학습하거나 기초부터 탄탄하게 학습하고 싶은 분
- 세 영역을 한 단위로 학습하고 싶은 분

진도	1주차				
날짜	___월 ___일	___월 ___일	___월 ___일	___월 ___일	___월 ___일
학습 내용	PART 1 언어논리 학습 • 핵심 기본기 1	PART 2 상황판단 학습 • 핵심 기본기 1	PART 3 자료해석 학습 • 핵심 기본기 1	PART 1 언어논리 학습 • 핵심 기본기 2	PART 2 상황판단 학습 • 핵심 기본기 2
진도	2주차				
날짜	___월 ___일	___월 ___일	___월 ___일	___월 ___일	___월 ___일
학습 내용	PART 3 자료해석 학습 • 핵심 기본기 2	PART 1~3 복습 • 핵심 기본기 1	PART 1~3 복습 • 핵심 기본기 2	PART 1 언어논리 학습 • 핵심 기본기 3	PART 2 상황판단 학습 • 핵심 기본기 3
진도	3주차				
날짜	___월 ___일	___월 ___일	___월 ___일	___월 ___일	___월 ___일
학습 내용	PART 3 자료해석 학습 • 핵심 기본기 3	PART 1 언어논리 학습 • 핵심 기본기 4	PART 2 상황판단 학습 • 핵심 기본기 4	PART 3 자료해석 학습 • 핵심 기본기 4	PART 1~3 복습 • 핵심 기본기 3
진도	4주차				
날짜	___월 ___일	___월 ___일	___월 ___일	___월 ___일	___월 ___일
학습 내용	PART 1~3 복습 • 핵심 기본기 4	PART 1 언어논리 학습 • 핵심 기본기 5	PART 2 상황판단 학습 • 핵심 기본기 5	PART 3 자료해석 학습 • 핵심 기본기 5	PART 1~3 복습 • 핵심 기본기 5

※ 심화 학습을 원할 경우, 해커스PSAT 사이트(psat.Hackers.com)에서 유료로 제공되는 본 교재의 동영상강의를 수강할 수 있습니다.

4주 완성 수험생을 위한 학습 가이드

- 핵심 기본기의 설명을 읽고 예제를 꼼꼼히 풀어봅니다.
- 문제에 적용해보기를 통해 직접 문제 풀이법을 적용하여 문제를 풀어보고, 문제 풀이 가이드를 꼼꼼하게 읽으며 핵심 기본기가 문제에 어떻게 적용이 되는지 확실하게 이해합니다. 이때 꿀 풀이 TIP, 문제 풀이 가이드, 잊지 말아야 할 핵심 포인트도 빠짐없이 숙지합니다.
- PSAT 기출문제를 풀고난 후, 틀린 문제와 풀지 못한 문제는 다시 풀어봅니다.

7급 공채 안내 및 Q&A

▮ 7급 공채란?

7급 공채는 인사혁신처에서 7급 행정 및 기술직에 대해 학력, 경력에 관계없이 공무원으로 임용되기를 원하는 불특정 다수인을 대상으로 실시하는 공개경쟁채용시험을 말합니다. 신규 7급 공무원 채용을 위한 균등한 기회 보장과 보다 우수한 인력의 공무원을 선발하는 데에 시험의 목적이 있습니다. 경력경쟁채용이나 지역인재채용과 달리 18세 이상(교정·보호직렬은 20세 이상)의 연령이면서 국가공무원법 제33조에서 정한 결격사유에 저촉되지 않는 한, 누구나 학력 제한이나 응시상한연령 없이 시험에 응시할 수 있습니다.

> **경력경쟁채용 및 지역인재채용의 개념 비교**
> - 경력경쟁채용: 공개경쟁채용시험에 의하여 충원이 곤란한 분야에 대해 채용하는 제도로서 다양한 현장 경험과 전문성을 갖춘 민간전문가를 공직자로 선발한다.
> - 지역인재채용: 자격요건을 갖춘 자를 학교별로 추천받아 채용하는 제도로서 일정 기간의 수습 근무를 마친 후 심사를 거쳐 공직자로 선발한다.

▮ 7급 공채 채용 프로세스

7급 공채 채용은 다음과 같은 프로세스로 매년 비슷한 시기에 진행됩니다.

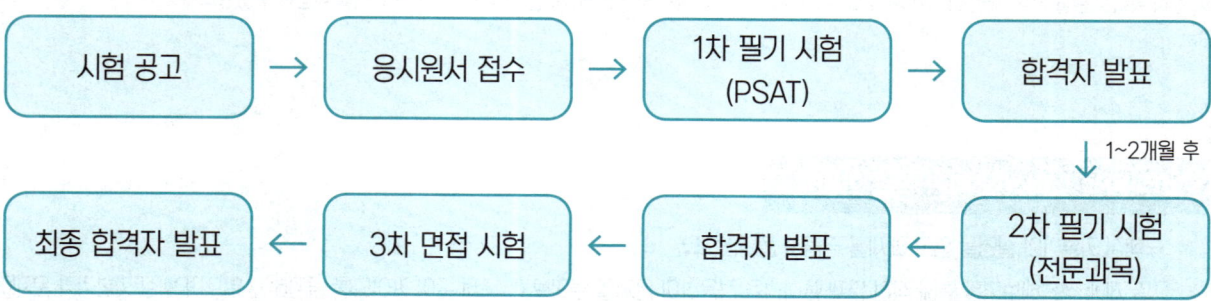

7급 공채 Q&A

7급 공채 준비 수험생들이 가장 많이 물어보는 질문과 그에 대한 답변을 확인해 보세요.

Q: 시험 일정 확인과 시험 접수는 어디서 하나요?

A: 전체적인 시험 일정과 관련한 시험 공고는 매년 1월 초에 발표되며, 이에 따라 정해진 기간에 사이버국가고시센터(https://www.gosi.kr) 홈페이지를 통해 시험 접수를 할 수 있습니다. 정확한 시험 일정과 시험장 등의 정보를 확인하기 위해서는 반드시 해당 시험 공고를 확인해야 합니다.

Q: 7급 공채 시험과 9급 공채 시험에 동시에 지원할 수 있나요?

A: 7급 및 9급 공채는 필기 시험이 각기 다른 일정에 진행되므로 동시에 지원이 가능합니다. 단, 일정에 착오가 없도록 유의해야 합니다.

Q: 1차 필기 시험의 합격자는 어떻게 결정되나요?

A: 7급 공채 1차 필기 시험은 각 과목 만점의 40% 이상을 득점한 사람 중에서 점수가 높은 순서대로 선발하며, 선발예정인원의 10배수 범위 내에서 합격자가 결정됩니다.

Q: 과목별 과락, 평균점수 과락제가 적용되나요?

A: 7급 공채 시험의 필기 시험에서는 과목별 과락규정(과목별 만점의 40% 미만)만 적용되고, 평균점수 과락규정은 적용되지 않습니다.

Q: 3차 면접 시험에서 불합격하면 1차 필기 시험부터 다시 준비해야 하나요?

A: 2021년부터는 3차 면접 시험 불합격 시 다음 연도 1차 필기 시험(PSAT)이 면제되어 2차 필기 시험(전문과목)부터 준비하면 됩니다.

7급 공채 PSAT 합격가이드

■ 7급 공채 PSAT 소개

1) PSAT란?

> PSAT(Public Service Aptitude Test, 공직적격성평가)는 공직과 관련된 상황에서 발생하는 여러 가지 문제에 신속히 대처할 수 있는 문제해결의 잠재력을 가진 사람을 선발하기 위해 도입된 시험입니다. 즉, 특정 과목에 대한 전문지식 보유 수준을 평가하는 대신, 공직자로서 지녀야 할 기본적인 자질과 능력 등을 종합적으로 평가하는 시험입니다. 이에 따라 PSAT 시험은 이해력, 추론 및 분석능력, 문제해결능력 등을 평가하는 언어논리, 상황판단, 자료해석 3개 영역으로 구성됩니다.

2) 시험 구성 및 평가 내용

과목	시험 구성	평가 내용
언어논리	각 25문항/120분	글의 이해, 표현, 추론, 비판과 논리적 사고력 등을 평가함
상황판단		제시문과 표를 이해하여 상황 및 조건에 적용하고, 판단과 의사결정을 통해 문제를 해결하는 능력을 평가함
자료해석	25문항/60분	표, 그래프, 보고서 형태로 제시된 수치 자료를 이해·분석·계산하거나 자료 간의 연관성을 분석하여 정보를 도출하는 능력을 평가함

※ 본 시험 구성은 2022년 시험부터 적용

한 눈에 보는 7급 공채 PSAT 출제 경향

7급 공채 PSAT는 기존 민간경력자 및 5급 공채 PSAT와 유사한 형태로 출제됩니다. 다만, 기존 민간경력자 및 5급 공채와는 다르게 실무와 관련된 소재를 활용한 문제들이 다양하게 출제되며, 난도의 경우, 5급 공채 PSAT보다 조금 더 쉽게 출제됩니다.

- 제시된 정보의 내용을 이해하고 맥락을 고려하여 세부 내용을 추론하거나 중심 내용, 빈칸에 들어갈 말을 찾는 유형 등이 출제됩니다.
- 인문, 사회, 철학, 과학, 예술 등 다양한 분야의 글이 출제됩니다. 또한 기존 민간경력자 및 5급 공채에서는 자주 출제되지 않았던 실무 관련한 소재의 보도자료, 대화문, 규정문, 계획안 등도 출제됩니다.
- 2025년 시험은 과학 소재의 추론 문제나 실험과 관련된 평가 문제의 난도가 다소 높았으나 나머지 문제들의 난도는 평이하여 전반적으로 난도가 평이하게 출제되었습니다.

- 다양한 소재의 글이나 법조문을 토대로 세부내용의 일치여부를 판단하는 문제, 이해한 내용을 구체적인 상황에 적용하는 문제, 특정 문제 상황을 해결하는 문제 등이 출제됩니다.
- 사회, 과학, 역사, 인문 등의 다양한 분야의 글과, 표, 그래프, 그림 등의 자료가 활용됩니다. 또한 기존 민경채, 5급, 7급 공채 기출문제에서 이미 활용된 적 있는 장치나 함정 등이 반복해서 사용됩니다.
- 2025년 시험은 텍스트형, 법조문형, 규칙형의 문제는 매우 평이하게 출제되었습니다. 계산형 중 조건계산형에 해당하는 2문제, 경우형에 해당하는 6문제, 총 8문제가 변별력있는 문제로 출제되었고, 전체적인 난도는 평이했습니다.

- 표나 그래프 등의 수치 자료를 올바르게 읽고 해석했는지를 묻거나 자료 간의 연관성을 찾아 적용하는 유형, 특정 상황에 적용하여 계산값을 찾는 유형 등이 출제됩니다.
- 정치, 경제, 사회, 보건, 과학, 기술 등 다양한 분야의 통계 자료가 제시됩니다. 또한 기존 민간경력자 및 5급 공채에서는 자주 출제되지 않았던 실무 관련한 소재의 보도자료, 대화문 등도 출제됩니다.
- 2025년 기출 경향은 1번부터 18번까지를 전반부, 19번부터 25번까지를 후반부로 나눈다면 전반부는 평이했으나 후반부는 중 이상의 난도를 보이는 문제가 다소 포함되어 전체적으로 체감 난도는 2023년 기출과 유사하였습니다. 따라서 20번대 중상난도 이상의 문제를 어떻게 공략하는가에 따라서 당락이 결정될 것으로 보입니다.

7급 공채 PSAT 합격가이드

7급 공채 PSAT 영역별 대표 예제

언어논리

한 줄 요약 글의 세부적인 내용을 분석하고 이해해야 합니다.

대표 예제 2025년 7급 공채 PSAT

01. 다음 글에서 알 수 있는 것은?

신라 수도였던 경주에는 기원후 4세기 후반에서 5세기 초 사이에 조성된 고분이 많은데, 이곳에서 당시 서아시아 사산조 페르시아에서 유행하던 양식의 물건이 많이 나왔다. 실제로 황남대총에서는 길쭉한 금판에 터키석으로 장식한 팔찌가 나왔는데, 사산조 페르시아 귀족들이 쓰던 팔찌와 그 모양이 같다. 계림로 14호 고분에서도 손잡이에 석류석이 박혀 있고 칼집 입구에 길쭉한 직사각형의 장식물이 붙은 보검이 나왔다. 이 역시 사산조 페르시아에서 유행한 모양 그대로이다.

이런 유물이 신라 고분에서 나온 이유는 무엇일까? 혹자는 신라에 수많은 서아시아인이 살면서 사산조 페르시아산 물건을 팔았기 때문이라고 말한다. 하지만 4세기 후반과 5세기 초 사이에 서아시아인이 신라에 살았다는 증거는 없다. 당시 서아시아인이 신라에 오는 것은 사실상 불가능에 가까운 일이었다.

4세기 후반 신라의 왕은 내물마립간이었다. 그는 고구려와 가깝게 지내면서 군사·외교적으로 큰 도움을 받았는데, 377년에 고구려 소수림왕의 허락을 받아 사신을 고구려 영토를 거쳐 전진에 보내는 데 성공했다. 이때 신라 사신은 전진의 황제 부견을 알현해 내물마립간의 친서를 전달했다. 부견은 370년에 중국 화북 지역을 장악한 뒤 곧바로 서쪽으로 진출해 서역의 여러 나라를 정복했으며, 실크로드를 통해 사산조 페르시아와 교류했다. 그 영향으로 신라 사신이 방문하기 얼마 전부터 전진에는 무려 만여 명에 달하는 사산조 페르시아 사람이 들어와 살기 시작했다. 내물마립간이 보낸 사신은 이들로부터 사산조 페르시아에서 유행하던 양식을 갖춘 보검과 팔찌를 사들여왔으며, 이 물건들이 황남대총과 계림로 14호 고분에 부장되었다가 오늘날에 이르러 발굴된 것이다.

① 전진의 황제 부견은 신라의 왕 내물마립간이 보낸 사신을 만난 일이 있다.
② 경주에 소재한 계림로 14호 고분에서 터키석으로 장식된 팔찌가 출토되었다.
③ 사산조 페르시아는 전진과 함께 서역의 여러 나라를 정복하고 실크로드를 개척했다.
④ 고구려 소수림왕은 신라의 요청을 받아들여 전진에 사신을 보내 서아시아 지역에서 제작된 보검을 구해 주었다.
⑤ 신라 사신은 부견의 도움으로 서아시아산 물건을 구해달라는 내용의 친서를 사산조 페르시아에 보낼 수 있었다.

[정답] ①

― 내용 일치, 알 수 있는지 여부, 추론, 판단 등 글의 세부적인 정보를 올바르게 이해했는지 묻는 문제가 출제됩니다.

― 지문에는 인문, 사회, 역사, 과학 등 다양한 소재의 글이 약 3~4단락(약 800자) 분량으로 제시됩니다.

― 선택지는 제시문과 내용이 일치하는지, 제시문을 바탕으로 올바르게 추론하거나 적절하게 판단했는지를 확인하는 내용이 제시됩니다.

PSAT 전문가의 가이드

언어논리는 평소에 다양한 소재의 글을 읽으며 핵심어를 중심으로 내용을 정확하고 빠르게 파악하고, 글 전체 구성과 세부 흐름을 나누어 도식화하는 연습이 필요합니다.

해커스PSAT
7급 PSAT
입문서

한 줄 요약 논리 명제를 기호화하고 조합하여 참과 거짓을 판별해야 합니다.

대표 예제 2025년 7급 공채 PSAT

02. 다음 글의 내용이 참일 때 반드시 참인 것은?

△△부에서는 3명의 과학기술 직군 수습 주무관 A, B, C와 3명의 행정 직군 수습 주무관 D, E, F를 4개 부서 갑, 을, 병, 정에 배치할 예정이다. 4개의 부서 중 2개의 부서에는 1명씩 배치되고 남은 2개의 부서에는 2명씩 배치된다. 이 배치와 관련하여 다음과 같은 사실이 알려졌다.
○ 갑 부서에는 수습 주무관이 1명만 배치된다.
○ 을 부서에는 과학기술 직군 수습 주무관이 배치되지 않는다.
○ 동일 직군의 수습 주무관은 같은 부서에 배치되지 않는다.
○ A와 D는 다른 수습 주무관 없이 혼자 배치된다.

① A가 갑 부서에 배치되고 C가 정 부서에 배치된다.
② B가 병 부서에 배치되면 E가 정 부서에 배치된다.
③ B가 정 부서에 배치되지 않고 C가 병 부서에 배치된다.
④ D가 을 부서에 배치되지 않고 A도 갑 부서에 배치되지 않는다.
⑤ F가 정 부서에 배치되면 E가 병 부서에 배치된다.

[정답] ⑤

지문의 내용을 모두 참이라고 가정했을 때, 제시된 조건들을 논리적으로 조합하여 참과 거짓인 진술을 판별할 수 있는지를 묻는 문제가 출제됩니다.

지문에는 다양한 상황을 가정하여 논리 기호화가 가능한 4~7개의 논리 명제가 제시됩니다.

선택지는 제시된 명제들을 참이라고 가정하여 조합했을 때, 참인지 거짓인지 진위 여부를 알 수 있는지를 판단하도록 출제됩니다.

PSAT 전문가의 가이드

언어논리는 제시된 조건에 따라 기본적인 논리 이론과 논리 규칙을 적용하여 논리 명제를 기호화하고, 제시된 명제의 참과 거짓 여부를 정확하게 판단하는 연습이 필요합니다.

7급 공채 PSAT 합격가이드

상황판단

한 줄 요약 제시된 글을 이해하고, 이를 관련 상황에 적용할 수 있어야 합니다.
대표 예제 2023년 7급 공채 PSAT

01. 다음 글과 <상황>을 근거로 판단할 때 옳은 것은?

제○○조(허가신청) ① 대기관리권역에서 총량관리대상 오염물질을 배출량 기준을 초과하여 배출하는 사업장을 설치하거나 이에 해당하는 사업장으로 변경하려는 자는 환경부장관으로부터 사업장 설치의 허가를 받아야 한다. 허가받은 사항을 변경하는 경우에도 같다.
② 제1항의 허가 또는 변경허가를 받으려는 자는 사업장의 설치 또는 변경의 허가신청서를 환경부장관에게 제출하여야 한다.
제□□조(허가제한) 환경부장관은 제○○조 제1항에 따른 설치 또는 변경의 허가신청을 받은 경우, 그 사업장의 설치 또는 변경으로 인하여 지역배출허용총량의 범위를 초과하게 되면 이를 허가하여서는 아니 된다.
제△△조(허가취소 등) ① 사업자가 거짓이나 그 밖의 부정한 방법으로 제○○조 제1항에 따른 허가 또는 변경허가를 받은 경우, 환경부장관은 그 허가 또는 변경허가를 취소할 수 있다.
② 환경부장관은 다음 각 호의 자에 대하여 해당 사업장의 폐쇄를 명할 수 있다.
 1. 거짓이나 그 밖의 부정한 방법으로 제○○조 제1항에 따른 허가 또는 변경허가를 받은 자
 2. 제○○조 제1항에 따른 허가 또는 변경허가를 받지 아니하고 사업장을 설치·운영하는 자
제◇◇조(벌칙) 다음 각 호의 어느 하나에 해당하는 자는 7년 이하의 징역 또는 2억 원 이하의 벌금에 처한다.
 1. 제○○조 제1항에 따른 허가 또는 변경허가를 받지 아니하고 사업장을 설치하거나 변경한 자
 2. 제△△조 제2항에 따른 사업장폐쇄명령을 위반한 자

───<상 황>───
甲~戊는 대기관리권역에서 총량관리대상 오염물질을 배출량 기준을 초과하여 배출하는 사업장을 설치하려 한다.

① 甲이 사업장 설치의 허가를 받은 경우, 이후 허가받은 사항을 변경하는 때에는 별도의 허가가 필요없다.
② 乙이 허가를 받지 않고 사업장을 설치한 경우, 7년의 징역과 2억 원의 벌금에 처한다.
③ 丙이 허가를 받지 않고 사업장을 설치·운영한 경우, 환경부장관은 해당 사업장의 폐쇄를 명할 수 있다.
④ 丁이 사업장 설치의 허가를 신청한 경우, 그 설치로 인해 지역배출허용총량의 범위를 초과하더라도 환경부장관은 이를 허가할 수 있다.
⑤ 戊가 사업장 설치의 허가를 부정한 방법으로 받은 경우에도 환경부장관은 그 허가를 취소할 수 없다.

[정답] ③

- 제시된 법조문을 정확하게 파악하여 이를 적용, 응용할 수 있는지 묻는 문제가 출제됩니다.
- 다양한 범주의 법조문이나 규정이 제시됩니다.
- 지문에 제시된 내용을 특정 상황에 올바르게 적용할 수 있는지를 묻는 <상황>이 제시됩니다.

PSAT 전문가의 가이드

법조문 문제의 경우 정형화 된 형식(조, 항, 호, 목)으로 출제되는 경우가 대부분이기 때문에, 다양한 소재의 법조문 문제를 풀어보면서 키워드 중심으로 관련 내용을 매칭하는 방법을 연습해 두어야 합니다.

해커스PSAT
7급 PSAT
입문서

한 줄 요약 제시된 조건을 정확히 이해해야 합니다.

대표 예제 2025년 7급 공채 PSAT

02. 다음 글을 근거로 판단할 때, <보기>에서 옳은 것만을 모두 고르면?

> 甲기업은 A, B 두 개의 공장을 가지고 있으며, 두 공장에서 같은 제품을 생산한다. A에서는 제품 생산을 위해 설비를 가동하는 데 1일 100만 원의 가동비용이 발생하며, 제품 1개를 생산할 때마다 1만 원의 비용이 소요된다. B에서는 가동비용이 발생하지 않으며, 제품 1개를 생산할 때마다 2만 원의 비용이 소요된다. A, B 모두 하루에 각각 최대 150개까지 제품 생산이 가능하다. 甲기업은 최소 비용으로 1일 목표 생산량 Q개를 달성하도록 생산량을 A, B에 배분한다.

〈보 기〉
ㄱ. Q가 120이라면 A에서만 생산해야 한다.
ㄴ. Q가 200이라면 B에서 150개를 생산해야 한다.
ㄷ. Q가 200일 때, A의 가동비용이 1일 50만 원으로 감소해도 A, B에 대한 배분량은 달라지지 않는다.

① ㄱ
② ㄴ
③ ㄱ, ㄷ
④ ㄴ, ㄷ
⑤ ㄱ, ㄴ, ㄷ

[정답] ③

- 제시된 조건 및 판단기준을 정확히 이해한 후, 이를 고려할 때 가능한 경우를 판단하는 문제가 출제됩니다.
- 여러 가지 경우가 나올 수 있는 조건 또는 기준이 제시되고, 반드시 고려해야 할 단서 조건이나 예외 조건 등이 함께 제시되기도 합니다.
- 선택지나 〈보기〉는 조건에 따른 최종 결과 또는 조건에 근거하여 정오를 판단해야 하는 여러 진술 등이 제시됩니다.

PSAT 전문가의 가이드

평소 다양한 문제를 풀어보며 자신에게 맞는 방법을 찾아야 합니다. 상황판단 문제는 같은 문제라 하더라도 그 문제를 해결하는 방법은 여러 가지가 존재하므로 자신에게 맞는 가장 빠르고 정확한 방법을 연습해야 제한된 시간 내에 더 많은 문제를 해결할 수 있습니다.

7급 공채 PSAT 합격가이드

자료해석

한 줄 요약 〈표〉에 제시되는 정보를 토대로 〈보고서〉의 내용 중 옳은 것을 판단해야 합니다.

대표 예제 2024년 7급 공채 PSAT

01. 다음 〈표〉는 2017~2023년 '갑'국의 '어린이 안전 체험 교실' 사업 운영 현황에 관한 자료이다. 이를 바탕으로 작성한 〈보고서〉의 A~C에 해당하는 내용을 바르게 연결한 것은?

〈표〉 2017~2023년 '어린이 안전 체험 교실' 사업 운영 현황

(단위: 개, 회, 명)

구분 연도	참여 자치 단체 수	운영 횟수	교육 참여		자원 봉사자 수
			어린이 수	학부모 수	
2017	9	11	10,265	6,700	2,083
2018	15	30	73,060	19,465	1,600
2019	14	38	55,780	15,785	2,989
2020	18	35	58,680	13,006	2,144
2021	19	39	61,380	11,660	2,568
2022	17	38	59,559	9,071	2,406
2023	18	40	72,261	8,619	2,071

─────〈보고서〉─────

안전 체험 시설이 없는 지역으로 찾아가는 '어린이 안전 체험 교실' 사업이 2017년부터 2023년까지 운영되었다. 해당 기간 동안 참여 자치 단체 수, 운영 횟수 등이 변화하였는데 그중 참여 자치 단체 수와 교육 참여 ___A___ 수의 전년 대비 증감 방향은 매년 같았다.

2021년은 사업 기간 중 참여 자치 단체 수가 가장 많았던 해로 2020년보다 운영 횟수와 교육 참여 어린이 수가 늘었다. 운영 횟수당 교육 참여 어린이 수는 2021년이 2020년보다 ___B___.

본 사업에 자원봉사자도 꾸준히 참여하였다. 2019년에는 사업 기간 중 가장 많은 자원봉사자가 참여하였다. 자원봉사자당 교육 참여 어린이 수는 2019년이 2017년보다 ___C___.

	A	B	C
①	어린이	많았다	많았다
②	어린이	적었다	많았다
③	어린이	적었다	적었다
④	학부모	많았다	적었다
⑤	학부모	적었다	적었다

[정답] ②

- 다양한 정보가 담긴 〈표〉를 제시한 후 이를 토대로 작성한 보고서의 내용 중 일치하는 것을 찾는 문제가 출제됩니다.

- 수치 정보가 포함된 자료가 제시됩니다. 자료해석의 특성상 수치를 묻는 선택지가 주로 출제됩니다.

- 선택지는 〈보고서〉의 내용과 〈표〉를 비교하여 일치·부합 여부를 판단하는 내용이 제시됩니다.

PSAT 전문가의 가이드

〈보고서〉의 분량이 많으므로 전후 맥락을 고려하여 문제에 접근할 수 있어야 합니다.

한 줄 요약   자료 간의 관계를 파악하여 두 자료가 어떤 관계에 있는지 판단할 수 있어야 합니다.

대표 예제   2025년 7급 공채 PSAT

02. 다음 〈그림〉은 2014~2020년 연말 기준 '갑'국의 국가채무 및 GDP에 관한 자료이다. 이에 대한 〈보기〉의 설명 중 옳은 것만을 모두 고르면?

〈그림〉 2018~2023년 연도별 공공기관 예산액 중 A~D 예산액 비중

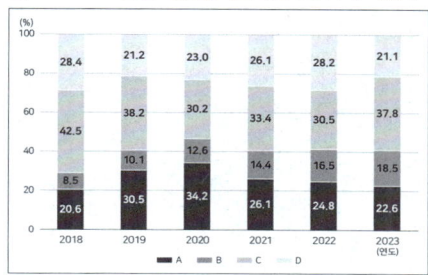

※ '갑'국 공공기관은 A~D뿐임.

〈표〉 2021~2023년 연도별 공공기관 A의 예산액
(단위: 억 원)

구분	연도	2021	2022	2023
일반관리비	인건비	139	160	135
	경비	70	88	80
사업비		443	581	( )
출연금		250	250	260
합계		902	1,079	1,129

※ 예산액은 일반관리비(인건비, 경비), 사업비, 출연금으로만 구성됨.

〈보 기〉
ㄱ. 2018~2023년 동안 공공기관 예산액 중 B의 예산액 비중은 매년 1%p 이상 증가하였다.
ㄴ. 2023년 A는 사업비가 출연금의 3배 이상이다.
ㄷ. 2021~2023년 동안 A는 매년 인건비가 일반관리비의 60% 이상이다.
ㄹ. 2022년 C의 예산액은 전년 대비 증가하였다.

① ㄱ, ㄴ
② ㄱ, ㄷ
③ ㄴ, ㄹ
④ ㄱ, ㄷ, ㄹ
⑤ ㄴ, ㄷ, ㄹ

[정답] ④

- 2개 이상의 자료를 제시하고 이를 토대로 판단할 수 있는 내용과 판단할 수 없는 내용을 구별하는 일치 부합형 문제가 출제됩니다.

- 추가 정보가 각주('※'로 시작하는 정보)의 형태로 제시됩니다.

- 선택지나 〈보기〉는 자료로 제시된 항목의 관계를 묻는 내용이 제시됩니다.

PSAT 전문가의 가이드

자료가 2개 이상 제시되고 각주에서 추가적인 정보가 주어지는 경우 문제의 구조를 분석하여 〈보기〉에서 묻는 수치를 판단할 수 있어야 합니다.

Public
Service
Aptitude
Test

PSAT 교육 1위, 해커스PSAT **psat.Hackers.com**

해커스PSAT 7급 PSAT 입문서

PART 1

언어논리

Public
Service
Aptitude
Test

PSAT 교육 1위, 해커스PSAT **psat.Hackers.com**

언어논리

핵심 기본기 1

가장 중요한 문장에 주목한다.

언어논리의 정보는 박스 안에 긴 길이의 텍스트 형태로 제시됩니다. 따라서 세부 정보를 파악하는 데에만 급급하여 지문에서 말하고자 하는 가장 중요한 문장을 파악하지 못하면, 전체 지문의 맥락을 이해하기 힘들고 시간 내에 문제를 해결할 수 없게 됩니다. 결국 효율적인 문제 해결을 위해서는 가장 중요한 하나의 정보에 집중하는 연습이 필요합니다.

01 최종적으로 주장하는 바를 파악하자.
02 필자가 말하고자 하는 바를 파악하자.

PSAT 기출문제

01 최종적으로 주장하는 바를 파악하자.

논지
글에서 말하고자 하는 최종 결론이나 주장을 의미합니다. 글이 어떤 취지를 담고 있는지를 나타내는 문장입니다.

언어논리의 지문에는 주장이나 논조가 있는 글이 자주 출제됩니다. 이러한 지문을 읽을 때 가장 중요한 것은 지문 전체에서 최종적으로 주장하고 있는 바, 즉 논지를 찾아내는 것입니다. 논지는 하나의 문장으로 제시될 수도 있고, 핵심 키워드가 반복되는 방식으로 제시될 수도 있습니다. 그중에서도 언어논리는 글의 논지가 하나의 문장으로 제시되는 경우가 많습니다. 이때 그 문장은 지문 전체의 내용을 정리하고 있는 문장일 가능성이 높습니다. 따라서 논지를 찾아야 하는 문제에서는 지엽적인 정보에 집중하기보다는 앞의 문장들을 정리하고 있는 문장에 주의를 기울일 필요가 있습니다.

예제

다음 글을 읽고 글의 논지를 정리한 것으로 아래 문장이 적합하면 O, 적합하지 않으면 X로 표시해 봅시다.

> 2007년부터 시작되어 역사상 유례없는 전 세계의 동시 불황을 촉발시킨 금융 위기로 신자유주의의 권위는 흔들리기 시작했고, 향후 하나의 사조로서 신자유주의는 더 이상 주류적 지위를 유지하지 못하고 퇴조해갈 것이 거의 확실하다. 그렇다면 우리나라는 신자유주의 이후의 모델을 어디서부터 모색할 것인가? 해답은 고전적 문헌 속이나 기상천외한 이론에 있지 않다. 경제는 오늘과 내일을 살아가는 수많은 사람들의 삶의 틀을 규정하는 문제이기 때문이다. 새로운 모색은 현재 벌어지고 있는 세계적 금융 위기의 현실과 경제 침체가 고용대란으로 이어질 가능성마저 보이고 있는 우리 경제의 현실에서 이루어져야 한다.

신자유주의 이후의 모델은 우리 경제 현실에서 모색해야 한다. (　　　)

[정답 및 해설] O
위 글은 신자유주의의 퇴조를 예상하며, 신자유주의 이후 새로운 모델의 모색은 우리 경제 현실에서 이루어져야 한다고 주장하고 있습니다. 따라서 신자유주의 이후의 모델은 우리 경제 현실에서 모색해야 한다는 것은 글의 논지로 적합한 문장입니다.

문제에 적용해보기

STEP1 직접 해보기

다음 글의 논지를 한 문장으로 적어 봅시다.

최근에 사이버공동체를 중심으로 한 시민의 자발적 정치 참여 현상이 많은 관심을 끌고 있다. 이러한 현상과 관련하여 A의 연구가 새삼 주목 받고 있다. A의 연구에 따르면 공동체의 구성원이 됨으로써 얻게 되는 '사회적 자본'이 시민사회의 성숙과 민주주의 발전을 가져오는 원동력이다. A의 이론에서는 공동체에 대한 자발적 참여를 통해 사회 구성원 간의 상호 의무감과 신뢰, 구성원들이 공유하는 규칙과 관행, 사회적 유대 관계와 같은 사회적 자본이 늘어나면, 사회 구성원 간의 협조적인 행위가 가능하게 된다고 보았다. 더 나아가 A는 자원봉사자와 같이 공동체 참여도가 높은 사람이 투표할 가능성이 높고 정부 정책에 대한 의견 개진도 활발해지는 등 정치 참여도가 높아진다고 주장하였다.

몇몇 학자들은 A의 이론을 적용하여 면대면 접촉에 따른 인간관계의 산물인 사회적 자본이 사이버공동체에서도 충분히 형성될 수 있다고 보았다. 그리고 사이버공동체에서 사회적 자본의 증가는 곧 정치 참여도 활성화시킬 것으로 기대했다. 하지만 이러한 기대와는 달리 정치 참여가 활성화되지 않았다. 요즘 젊은이들을 보면 각종 사이버공동체에 자발적으로 참여하는 수준은 높지만 투표나 다른 정치 활동에는 무관심하거나 심지어 정치를 혐오하기도 한다. 이런 측면에서 A의 주장은 사이버공동체가 활성화된 오늘날에는 잘 맞지 않는다.

이러한 이유 때문에 오늘날 사이버공동체를 중심으로 한 정치 참여를 더 잘 이해하기 위해서 '정치적 자본' 개념의 도입이 필요하다. 정치적 자본은 사회적 자본의 구성 요소와는 달리 정치 정보의 습득과 이용, 정치적 토론과 대화, 정치적 효능감 등으로 구성된다. 정치적 자본은 사회적 자본과 마찬가지로 공동체 참여를 통해서 획득되지만, 정치 과정에의 관여를 촉진한다는 점에서 사회적 자본과는 구분될 필요가 있다. 사회적 자본만으로 정치 참여를 기대하기 어렵고, 사회적 자본과 정치 참여 사이를 정치적 자본이 매개할 때 비로소 정치 참여가 활성화된다.

꿀풀이 TIP

접속사는 논지를 찾는 힌트가 되기도 합니다. 대개 '그러므로', '따라서', '이러한 이유 때문에'와 같은 표현은 글의 결론을 제시하는 접속어구로서의 역할을 합니다. 따라서 이런 표현으로 시작하는 문장이나 단락에는 글에서 최종적으로 얘기하고자 하는 중요한 내용이 나타나기 마련입니다.

[답안]

잊지 말아야 할 핵심 포인트

논지를 찾기 위해서는 지문의 첫 단락과 마지막 단락에 주목해야 합니다. 완결된 글은 대부분 두괄식으로 첫 부분에서 논지를 제시하거나, 미괄식으로 마지막 부분에서 논지를 제시하기 때문입니다. 또한 논지가 지문의 마지막 단락에서 제시되더라도 첫 단락은 문제를 제기하는 내용이 포함될 수 있으므로 여전히 중요합니다. 즉, 논지를 찾는 것은 문제 제기에 대한 답을 찾는 과정이라고 볼 수 있습니다.

STEP2 가이드&정답 확인하기

문제 풀이 가이드와 정답을 확인해 봅시다.

> 　최근에 사이버공동체를 중심으로 한 시민의 자발적 정치 참여 현상이 많은 관심을 끌고 있다. 이러한 현상과 관련하여 A의 연구가 새삼 주목 받고 있다. A의 연구에 따르면 <u>공동체의 구성원이 됨으로써 얻게 되는 '사회적 자본'이 시민사회의 성숙과 민주주의 발전을 가져오는 원동력이다.</u> A의 이론에서는 공동체에 대한 자발적 참여를 통해 사회 구성원 간의 상호 의무감과 신뢰, 구성원들이 공유하는 규칙과 관행, 사회적 유대 관계와 같은 사회적 자본이 늘어나면, 사회 구성원 간의 협조적인 행위가 가능하게 된다고 보았다. 더 나아가 A는 자원봉사자와 같이 공동체 참여도가 높은 사람이 투표할 가능성이 높고 정부 정책에 대한 의견 개진도 활발해지는 등 정치 참여도가 높아진다고 주장하였다. (→ A의 연구 결과)
>
> 　몇몇 학자들은 A의 이론을 적용하여 면대면 접촉에 따른 인간관계의 산물인 사회적 자본이 사이버공동체에서도 충분히 형성될 수 있다고 보았다. 그리고 사이버공동체에서 사회적 자본의 증가는 곧 정치 참여도 활성화시킬 것으로 기대했다. 하지만 이러한 기대와는 달리 정치 참여가 활성화되지 않았다. 요즘 젊은이들을 보면 각종 사이버공동체에 자발적으로 참여하는 수준은 높지만 투표나 다른 정치 활동에는 무관심하거나 심지어 정치를 혐오하기도 한다. <u>이런 측면에서 A의 주장은 사이버공동체가 활성화된 오늘날에는 잘 맞지 않는다.</u> (→ A의 주장에 대한 반박)
>
> 　<u>이러한 이유 때문에</u> 오늘날 사이버공동체를 중심으로 한 정치 참여를 더 잘 이해하기 위해서 '정치적 자본' 개념의 도입이 필요하다. 정치적 자본은 사회적 자본의 구성 요소와는 달리 정치 정보의 습득과 이용, 정치적 토론과 대화, 정치적 효능감 등으로 구성된다. 정치적 자본은 사회적 자본과 마찬가지로 공동체 참여를 통해서 획득되지만, 정치 과정에의 관여를 촉진한다는 점에서 사회적 자본과는 구분될 필요가 있다. (→ 글의 최종적인 논지) <u>사회적 자본만으로 정치 참여를 기대하기 어렵고, 사회적 자본과 정치 참여 사이를 정치적 자본이 매개할 때 비로소 정치 참여가 활성화된다.</u>

[정답]

사이버공동체를 통해 축적된 사회적 자본에 정치적 자본이 더해질 때 정치 참여가 활성화된다.

02 필자가 말하고자 하는 바를 파악하자.

지문에 제시된 필자의 견해는 글의 주장이 될 가능성이 높기 때문에 지문에 필자의 견해가 제시되어 있다면 이에 주목해야 합니다. 특히 언어논리 문제에는 하나의 지문에 필자 한 명이 아니라, 여러 명의 견해가 동시에 제시되는 경우가 많습니다. 이러한 경우, 어떤 한 사람의 견해가 중요하기보다는 제시된 모든 사람의 견해가 모두 중요합니다. 따라서 지문을 읽을 때도 지문 전체에서 가장 중요한 한 문장이 아니라 제시된 각각의 견해에서 중요한 문장을 모두 찾고, 견해 간의 관계를 파악해야 합니다. 결국 견해를 제시하고 있는 사람의 수에 따라 지문에서 주목해야 하는 중요 문장의 수도 달라진다고 볼 수 있습니다.

견해
주장하는 글에서 필자가 말하고자 하는 핵심 주장이나 내용을 의미합니다.

예제

다음 글을 읽고 판단한 것으로 아래 문장이 적합하면 O, 적합하지 않으면 X로 표시해 봅시다.

> A: 도덕성의 기초는 이성이지 동정심이 아니다. 동정심은 타인의 고통을 공유하려는 선한 마음이지만, 그것은 일관적이지 않으며 때로는 변덕스럽고 편협하다.
> B: 인간의 동정심은 신뢰할 만하지 않다. 예컨대, 같은 종류의 불행을 당했다고 해도 내 가족에 대해서는 동정심이 일어나지만 모르는 사람에 대해서는 동정심이 생기지 않기도 한다.

B의 견해는 A의 견해를 지지한다. (   )

[정답 및 해설] O
위 글의 A는 도덕성의 기초는 동정심이 아니라 이성이며, 동정심은 일관적이지 않다고 주장합니다. 또한 B는 인간의 동정심은 생기기도 하고 생기지 않기도 하므로 신뢰할 만하지 않다고 주장합니다. 따라서 B의 견해는 동정심은 일관적이지 않다는 A의 견해를 지지하는 역할을 한다고 볼 수 있습니다.

문제에 적용해보기

STEP1 직접 해보기

꿀 풀이 TIP

'갑·을·병' 구조의 지문은 첫 단락인 갑을 잘 읽어야 합니다. 지문에서 가장 먼저 등장하는 갑의 견해를 잘 찾으면, 다음에 등장하는 을과 병은 갑의 견해에 대비해 어떤 견해를 가지고 있는지만 판단하면 되기 때문입니다.

다음 글의 갑, 을, 병의 견해를 한 문장으로 적어 봅시다.

> 갑: 어떠한 경우에도 자살은 옳지 않은 행위이다. 신의 뜻에 어긋날 뿐만 아니라 공동체에 해악을 끼치기 때문이다. 자살은 사회로부터 능력있는 사람들을 빼앗아가는 행위이다. 물론 그러한 행위는 공동체에 피해를 주는 것이다. 따라서 자살은 죄악이다.
>
> 을: 자살하는 사람은 사회에 해악을 끼치는 것이 아니다. 그는 단지 선을 행하는 것을 멈추는 것일 뿐이다. 사회에 선을 행해야 한다는 우리의 모든 의무는 상호성을 함축한다. 즉 나는 사회로부터 혜택을 얻으므로 사회의 이익을 증진시켜야 한다. 그러나 내가 만약 사회로부터 완전히 물러난다면 그러한 의무를 계속 짊어져야 하는 것은 아니다.
>
> 병: 인간의 행위는 자신에게만 관련된 것과 타인이 관련된 것으로 구분될 수 있다. 원칙적으로 인간은 타인에게 해가 되지 않는 한 원하는 것은 무엇이든지 행할 수 있다. 다만 타인에게 해악을 주는 행위만이 도덕적 비판의 대상이 된다고 할 수 있다. 이러한 원칙은 자살의 경우에도 적용된다.

[답안]

갑의 견해	

을의 견해	

병의 견해	

STEP2 심화 학습하기

다음 글을 읽고 쟁점에 대한 답변을 작성한 후, 제시된 문장의 정오를 O, X로 표시해 봅시다.

> 갑: 어떠한 경우에도 자살은 옳지 않은 행위이다. 신의 뜻에 어긋날 뿐만 아니라 공동체에 해악을 끼치기 때문이다. 자살은 사회로부터 능력있는 사람들을 빼앗아 가는 행위이다. 물론 그러한 행위는 공동체에 피해를 주는 것이다. 따라서 자살은 죄악이다.
>
> 을: 자살하는 사람은 사회에 해악을 끼치는 것이 아니다. 그는 단지 선을 행하는 것을 멈추는 것일 뿐이다. 사회에 선을 행해야 한다는 우리의 모든 의무는 상호성을 함축한다. 즉 나는 사회로부터 혜택을 얻으므로 사회의 이익을 증진시켜야 한다. 그러나 내가 만약 사회로부터 완전히 물러난다면 그러한 의무를 계속 짊어져야 하는 것은 아니다.
>
> 병: 인간의 행위는 자신에게만 관련된 것과 타인이 관련된 것으로 구분될 수 있다. 원칙적으로 인간은 타인에게 해가 되지 않는 한 원하는 것은 무엇이든지 행할 수 있다. 다만 타인에게 해악을 주는 행위만이 도덕적 비판의 대상이 된다고 할 수 있다. 이러한 원칙은 자살의 경우에도 적용된다.

[답안]

자살은 공동체에 옳지 않은 행위인가?

갑의 답변	을의 답변	병의 답변

ㄱ. 갑의 주장은 을의 주장과 양립할 수 없다. (   )
ㄴ. 을의 주장은 병의 주장과 양립할 수 있다. (   )
ㄷ. 자살이 타인이 아닌 자신에게만 관련된 행위일 경우 병은 갑의 주장에 찬성할 것이다. (   )

잊지 말아야 할 핵심 포인트

견해는 각 단락별 논지를 찾는 방법으로 접근합니다. 하나의 글에 여러 명의 견해가 제시되는 경우에는 각각의 견해에 모두 주목해야 합니다. 따라서 지문을 읽을 때 각 단락별로 논지를 찾는 방식으로 접근하는 것이 좋습니다.

STEP3 가이드&정답 확인하기

문제 풀이 가이드와 정답을 확인해 봅시다.

> 갑: 어떠한 경우에도 자살은 옳지 않은 행위이다. 신의 뜻에 어긋날 뿐만 아니라 공동체에 해악을 끼치기 때문이다. 자살은 사회로부터 능력있는 사람들을 빼앗아가는 행위이다. 물론 그러한 행위는 공동체에 피해를 주는 것이다. 따라서 자살은 죄악이다. → 갑의 견해: 자살은 공동체에 피해를 주기 때문에 옳지 않다.
>
> 을: 자살하는 사람은 사회에 해악을 끼치는 것이 아니다. 그는 단지 선을 행하는 것을 멈추는 것일 뿐이다. 사회에 선을 행해야 한다는 우리의 모든 의무는 상호성을 함축한다. 즉 나는 사회로부터 혜택을 얻으므로 사회의 이익을 증진시켜야 한다. 그러나 내가 만약 사회로부터 완전히 물러난다면 그러한 의무를 계속 짊어져야 하는 것은 아니다. → 을의 견해: 자살은 해악을 끼치지 않는다. (↔갑)
>
> 병: 인간의 행위는 자신에게만 관련된 것과 타인이 관련된 것으로 구분될 수 있다. 원칙적으로 인간은 타인에게 해가 되지 않는 한 원하는 것은 무엇이든지 행할 수 있다. 다만 타인에게 해악을 주는 행위만이 도덕적 비판의 대상이 된다고 할 수 있다. 이러한 원칙은 자살의 경우에도 적용된다.
> → 병의 견해: 자살은 타인에게 해악을 주는 경우에만 옳지 않다. (≠갑, 을)

[STEP1 정답]

갑의 견해	자살은 공동체에 해악을 끼치므로 어떠한 경우에도 옳지 않은 행위이다.
을의 견해	자살하는 사람은 사회에 해악을 끼치는 것이 아니라, 단지 선을 행하는 것을 멈추는 것일 뿐이다.
병의 견해	타인에게 해악을 주는 행위만이 도덕적 비판의 대상이 되고, 이러한 원칙은 자살의 경우에도 적용된다.

[STEP2 정답]

자살은 공동체에 옳지 않은 행위인가?		
↓	↓	↓
갑의 답변	을의 답변	병의 답변
Yes	No	자살이 타인에게 해악을 주는 경우에만 옳지 않음

ㄱ. 갑의 주장은 을의 주장과 양립할 수 없다. (O)
ㄴ. 을의 주장은 병의 주장과 양립할 수 있다. (O)
ㄷ. 자살이 타인이 아닌 자신에게만 관련된 행위일 경우 병은 갑의 주장에 찬성할 것이다. (X)

📍 양립

두 가지 주장이 동시에 따로 성립함을 의미합니다.

- '양립할 수 있다'
  두 주장이 동시에 참이 될 수 있다는 뜻입니다.
- '양립할 수 없다'
  두 주장이 동시에 참이 될 수 없다는 뜻입니다.

PSAT 기출문제

01. 다음 글의 논지로 가장 적절한 것은?   20 7급모의

> 사람들은 보통 질병이라고 하면 병균이나 바이러스를 떠올리고, 병에 걸리는 것은 개인적 요인 때문이라고 생각하곤 한다. 어떤 사람이 바이러스에 노출되었다면 그 사람이 평소에 위생 관리를 철저히 하지 않았기 때문이라고 여기는 것이다. 이는 발병 책임을 전적으로 질병에 걸린 사람에게 묻는 생각이다. 꾸준히 건강을 관리하지 않은 사람이나 비만, 허약 체질인 사람이 더 쉽게 병균에 노출된다고 생각하는 경향도 강하다. 그러나 발병한 사람들 전체를 고려하면, 성별, 계층, 직업 등의 사회적 요인에 따라 건강 상태나 질병 종류 및 그 심각성 등이 다르게 나타난다. 따라서 어떤 질병의 성격을 파악할 때 질병의 발생이 개인적 요인뿐만 아니라 계층이나 직업 등의 요인과도 관련될 수 있음을 고려해야 한다.
>
> 질병에 대처할 때도 사회적 요인을 고려해야 한다. 물론 어떤 사람들에게는 질병으로 인한 고통과 치료에 대한 부담이 가장 심각한 문제일 수 있다. 그러나 또 다른 사람들에게는 질병에 대한 사회적 편견과 낙인이 오히려 더 심각한 문제일 수 있다. 그들에게는 그러한 편견과 낙인이 더 큰 고통을 안겨 주기 때문이다. 질병이 나타나는 몸은 개인적 영역이면서 동시에 가족이나 직장과도 연결된 사회적인 것이다. 질병의 치료 역시 개인의 문제만으로 그치지 않고 가족과 사회의 문제로 확대되곤 한다. 나의 질병은 내 삶의 위기이자 가족의 근심거리가 되며 나아가 회사와 지역사회에도 긴장을 조성하기 때문이다. 요컨대 질병의 치료가 개인적 영역을 넘어서 사회적 영역과 관련될 수밖에 없다는 것은 질병의 대처 과정에서 사회적 요인을 반드시 고려해야 한다는 점을 잘 보여준다.

① 병균이나 바이러스로 인한 신체적 이상 증상은 가정이나 지역사회에 위기를 야기할 수 있기에 중요한 사회적 문제이다.
② 한 사람의 몸은 개인적 영역인 동시에 사회적 영역이기에 발병의 책임을 질병에 걸린 사람에게만 묻는 것은 옳지 않다.
③ 질병으로 인한 신체적 고통보다 질병에 대한 사회적 편견으로 인한 고통이 더 크므로 이에 대한 사회적 대책이 필요하다.
④ 질병의 성격을 파악하고 질병에 대처하기 위해서는 사회적인 측면을 고려해야 한다.
⑤ 질병의 치료를 위해서는 개인적 차원보다 사회적 차원의 노력이 더 중요하다.

02. 다음 글의 핵심 논지로 가장 적절한 것은?

23 7급공채

> 우리는 보통 먹거리의 생산에 대해서는 책임을 묻는 것이 자연스럽다고 생각하면서도 먹거리의 소비는 책임져야 하는 행위로 생각하지 않는다. 우리는 무엇을 먹을 때 좋아하고 익숙한 것 그리고 싸고, 빠르고, 편리한 것을 찾아서 먹을 뿐이다. 그런데 먹는 일에도 윤리적 책임이 동반된다고 생각해 볼 수 있지 않을까?
>
> 먹는 행위를 두고 '잘 먹었다' 혹은 '잘 먹는다'고 말할 때 '잘'을 평가하는 기준은 무엇일까? 신체가 요구하는 영양분을 골고루 섭취하는 것은 생물학적 차원에서 잘 먹는 것이고, 섭취하는 음식을 통해 다양한 감각들을 만족시키며 개인의 취향을 계발하는 것은 문화적인 차원에서 잘 먹는 것이다. 그런데 이 경우들의 '잘'은 윤리적 의미를 띠고 있는 것 같지 않다. 이 두 경우는 먹는 행위를 개인적 경험의 차원으로 축소하기 때문이다.
>
> '잘 먹는다'는 것의 윤리적 차원은 우리의 먹는 행위가 그저 개인적 차원에서 일어나는 일이 아니라, 다른 사람들, 동물들, 식물들, 서식지, 토양 등과 관계를 맺는 행위임을 인식하기 시작할 때 비로소 드러난다. 오늘날 먹거리의 전 지구적인 생산·유통·소비 체계 속에서, 우리는 이들을 경제적 자원으로만 간주하는 특정한 방식으로 이들과 관계를 맺고 있다. 그러한 관계의 방식은 공장식 사육, 심각한 동물 학대, 농약과 화학비료 사용에 따른 토양과 물의 오염, 동식물의 생존에 필수적인 서식지 파괴, 전통적인 농민 공동체의 파괴, 불공정한 노동 착취 등을 동반한다.
>
> 우리가 무엇을 어떻게 먹는가 하는 것은 결국 우리가 그런 관계망에 속한 인간이나 비인간 존재를 어떻게 대우하고 있는가를 드러내며, 불가피하게 이러한 관계망의 형성이나 유지 혹은 변화에 기여하게 된다. 우리의 먹는 행위에 따라 이런 관계망의 모습은 바뀔 수도 있다. 그렇기에 이러한 관계들은 먹는 행위를 윤리적 반성의 대상으로 끌어 올린다.

① 윤리적으로 잘 먹기 위해서는 육식을 지양해야 한다.
② 먹는 행위에 대해서도 윤리적 차원을 고려하여야 한다.
③ 건강 증진이나 취향 만족을 위한 먹는 행위는 개인적 차원의 평가 대상일 뿐이다.
④ 먹는 행위는 동물, 식물, 토양 등의 비인간 존재와 인간 사이의 관계를 만들어낸다.
⑤ 먹는 행위를 평가할 때에는 먹거리의 소비자보다 생산자의 윤리적 책임을 더 고려하여야 한다.

03. 다음 글의 핵심 내용으로 가장 적절한 것은?

> 1948년에 제정된 대한민국 헌법은 공동체의 정치적 문제는 기본적으로 국민의 의사에 의해 결정된다는 점을 구체적인 조문으로 명시하고 있다. 그러나 이러한 공화제적 원리는 1948년에 이르러 갑작스럽게 등장한 것이 아니다. 이미 19세기 후반부터 한반도에서는 이와 같은 원리가 공공 영역의 담론 및 정치적 실천 차원에서 표명되고 있었다.
>
> 공화제적 원리는 1885년부터 발행되기 시작한 근대적 신문인 『한성주보』에서도 어느 정도 언급된 바 있지만 특히 1898년에 출현한 만민공동회에서 그 내용이 명확하게 드러난다. 독립협회를 중심으로 촉발되었던 만민공동회는 민회를 통해 공론을 형성하고 이를 국정에 반영하고자 했던 완전히 새로운 형태의 정치운동이었다. 이것은 전통적인 집단상소나 민란과는 전혀 달랐다. 이 민회는 자치에 대한 국민의 자각을 기반으로 공동생활의 문제들을 협의하고 함께 행동해나가려 하였다. 이것은 자신들이 속한 정치공동체에 대한 소속감과 연대감을 갖지 않고서는 불가능한 현상이었다. 즉 만민공동회는 국민이 스스로 정치적 주체가 되고자 했던 시도였다. 전제적인 정부가 법을 통해 제한하려고 했던 정치 참여를 국민들이 스스로 쟁취하여 정치체제를 변화시키고자 하였던 것이다.
>
> 19세기 후반부터 한반도에 공화제적 원리가 표명되고 있었다는 사례는 이뿐만이 아니다. 당시 독립협회가 정부와 함께 개최한 관민공동회에서 발표한 「헌의6조」를 살펴보면 제3조에 "예산과 결산은 국민에게 공표할 일"이라고 명시하고 있는 것을 확인할 수 있다. 이것은 오늘날의 재정운용의 기본원칙으로 여겨지는 예산공개의 원칙과 정확하게 일치하는 것으로 국민과 함께 협의하여 정치를 하여야 한다는 공화주의 원리를 보여주고 있다.

① 만민공동회는 전제 정부의 법적 제한에 맞서 국민의 정치 참여를 쟁취하고자 했다.
② 한반도에서 예산공개의 원칙은 19세기 후반 관민공동회에서 처음으로 표명되었다.
③ 예산과 결산이라는 용어는 관민공동회가 열렸던 19세기 후반에 이미 소개되어 있었다.
④ 만민공동회를 통해 대한민국 헌법에 공화제적 원리를 포함시키는 것이 결정되었다.
⑤ 한반도에서 공화제적 원리는 이미 19세기 후반부터 담론 및 실천의 차원에서 표명되고 있었다.

04. 갑~병의 논증에 대한 분석으로 적절한 것만을 〈보기〉에서 모두 고르면?　　13 민경채

> 갑: 절대적으로 확실한 지식은 존재하지 않는다. 왜냐하면 그런 지식으로 인도해 줄 방법은 없기 때문이다. 첫째, 사람의 감각은 믿을 수가 없으며, 실제 외부세계의 본질에 대해서 아무것도 말해 주지 않는다. 둘째, 확실한 것으로 받아들여지는 논리적 방법도, 주어진 사실에 바탕을 두고 그것을 전제로 해서 새로운 사실을 결론짓는 것이므로, 결국 불확실한 것에 바탕을 두었을 따름이다.
>
> 을: 정상적인 감각기관을 통하여 얻어낸 감각 경험은 믿을 만하고, 우리는 이 감각 경험에 기초한 판단이 참인지 아닌지를 가릴 수 있다. 그러므로 감각 경험을 통해서 우리는 절대적으로 확실한 지식을 얻게 된다.
>
> 병: 나는 인간의 경험에 의존한 방법이나 이성적 추론을 통한 방법은 의심이 가능하며 믿을 수 없다고 생각했었다. 하지만 이런 의심을 거듭한 결과 나는 놀라운 결론에 이르렀다. 그것은 모든 것을 의심한다고 하더라도 의심할 수 없는 것이 있다는 사실이다. 그것은 바로 의심하는 내가 있다는 것이다. 결국 나는 거듭 의심하는 방법을 사용하여 절대적으로 확실한 지식을 발견하였다.

〈 보 기 〉
ㄱ. 갑의 결론은 을의 결론과 양립 불가능하다.
ㄴ. 갑의 결론은 병의 결론과 양립 불가능하다.
ㄷ. 을과 병은 모두 절대적으로 확실한 지식이 있다고 주장한다.

① ㄱ
② ㄴ
③ ㄱ, ㄷ
④ ㄴ, ㄷ
⑤ ㄱ, ㄴ, ㄷ

05. 다음 A~C의 주장에 대한 평가로 적절한 것만을 〈보기〉에서 모두 고르면? 15 민경채

> A: 정당에 대한 충성도와 공헌도를 공직자 임용 기준으로 삼아야 한다. 이는 전쟁에서 전리품은 승자에게 속한다는 국제법의 규정에 비유할 수 있다. 즉 주기적으로 실시되는 대통령 선거에서 승리한 정당이 공직자 임용의 권한을 가져야 한다. 이러한 임용 방식은 공무원에 대한 정치 지도자의 지배력을 강화시켜 지도자가 구상한 정책 실현을 용이하게 할 수 있다.
>
> B: 공직자 임용 기준은 개인의 능력·자격·적성에 두어야 하며 공개경쟁 시험을 통해 공무원을 선발하는 것이 좋다. 그러면 신규 채용 과정에서 공개와 경쟁의 원칙이 준수되기 때문에 정실 개입의 여지가 줄어든다. 공개경쟁 시험은 무엇보다 공직자 임용에서 기회균등을 보장하여 우수한 인재를 임용함으로써 행정의 능률을 높일 수 있고 공무원의 정치적 중립을 통하여 행정의 공정성이 확보될 수 있다는 장점을 가지고 있다. 또한 공무원의 신분보장으로 행정의 연속성과 직업적 안정성도 강화될 수 있다.
>
> C: 사회를 구성하는 모든 지역 및 계층으로부터 인구 비례에 따라 공무원을 선발하고, 그들을 정부 조직 내의 각 직급에 비례적으로 배치함으로써 정부 조직이 사회의 모든 지역과 계층에 가능한 한 공평하게 대응하도록 구성되어야 한다. 공무원들은 가치중립적인 존재가 아니다. 그들은 자신의 출신 집단의 영향을 받은 가치관과 신념을 가지고 정책 결정과 정책 집행에 깊숙이 개입하고 있으며, 이 과정에서 자신의 견해나 가치를 반영하고자 노력한다.

〈보 기〉

ㄱ. 공직자 임용의 정치적 중립성을 보장할 필요성이 대두된다면, A의 주장은 설득력을 얻는다.
ㄴ. 공직자 임용과정의 공정성을 높일 필요성이 부각된다면, B의 주장은 설득력을 얻는다.
ㄷ. 인구의 절반을 차지하는 비수도권 출신 공무원의 비율이 1/4에 그쳐 지역 편향성을 완화할 필요성이 제기된다면, C의 주장은 설득력을 얻는다.

① ㄱ
② ㄴ
③ ㄷ
④ ㄱ, ㄷ
⑤ ㄴ, ㄷ

정답 및 해설

01. ④
첫 번째 단락의 '따라서' 뒤의 문장에서 어떤 질병의 성격을 파악할 때 질병의 발생이 개인적 요인뿐만 아니라 계층이나 직업 등의 요인과도 관련될 수 있음을 고려해야 한다고 했고, 두 번째 단락의 '요컨대' 뒤의 문장에서 질병의 치료가 개인적 영역을 넘어서서 사회적 영역과 관련될 수밖에 없다는 것은 질병의 대처 과정에서 사회적 요인을 반드시 고려해야 한다는 점을 보여줌을 알 수 있다. 따라서 글의 논지는 '질병의 성격을 파악하고 질병에 대처하기 위해서는 사회적인 측면을 고려해야 한다.'가 가장 적절하다.

02. ②
세 번째 단락에서 '잘 먹는다'는 것의 윤리적 차원은 다른 사람들, 동물들, 식물들, 서식지, 토양 등과 관계를 맺는 행위임을 인식하기 시작할 때 비로소 드러난다고 하고, 마지막 단락에서 이러한 관계들은 먹는 행위를 윤리적 반성의 대상으로 끌어 올린다고 한다. 따라서 첫 번째 단락의 물음인 '먹는 일에도 윤리적 책임이 동반된다고 생각해 볼 수 있지 않을까?'에 가장 적절한 답변인 '먹는 행위에 대해서도 윤리적 차원을 고려하여야 한다.'는 것이 글의 핵심 논지로 가장 적절하다.

03. ⑤
첫 번째 단락의 '그러나' 뒤의 문장에서 공화제적 원리는 갑작스럽게 등장한 것이 아니라 이미 19세기 후반부터 한반도에서는 공공 영역의 담론 및 정치적 실천 차원에서 표명되고 있었다고 했고, 두 번째 단락과 세 번째 단락에서 19세기 후반부터 한반도에 공화제적 원리가 표명되고 있었다는 사례를 각각 하나씩 제시하고 있다. 따라서 글의 핵심 내용은 '한반도에서 공화제적 원리는 이미 19세기 후반부터 담론 및 실천의 차원에서 표명되고 있었다.'가 가장 적절하다.

04. ⑤
갑, 을, 병의 결론을 정리하면 다음과 같다.
- 갑: 절대적으로 확실한 지식은 존재하지 않는다.
- 을: 감각 경험을 통해서 우리는 절대적으로 확실한 지식을 얻게 된다.
- 병: 나는 거듭 의심하는 방법을 사용하여 절대적으로 확실한 지식을 발견하였다.
ㄱ. 갑의 결론은 을의 결론과 절대적으로 확실한 지식이 존재하는지에 대해 대립되므로 양립 불가능하다.
ㄴ. 갑의 결론은 병의 결론과 절대적으로 확실한 지식이 존재하는지에 대해 대립되므로 양립 불가능하다.
ㄷ. 을과 병은 절대적으로 확실한 지식을 획득하는 방법이 다를 뿐 모두 절대적으로 확실한 지식이 있다고 주장한다.

05. ⑤

지문에 A, B, C의 주장이 제시되어 있으므로 A~C 각각의 주장이 무엇인지 찾는 데 집중해야 한다.

ㄴ. B는 공개경쟁 시험을 통해 공무원을 선발하는 것이 좋으며, 이를 통해 행정의 공정성이 확보될 수 있다고 본다. 따라서 공직자 임용과정의 공정성을 높일 필요성이 부각된다면, B의 주장은 설득력을 얻는다.

ㄷ. C는 사회를 구성하는 모든 지역 및 계층으로부터 인구 비례에 따라 공무원을 선발하고, 그들을 정부 조직 내의 각 직급에 비례적으로 배치함으로써 정부 조직이 사회의 모든 지역과 계층에 가능한 한 공평하게 대응하도록 구성되어야 한다고 본다. 따라서 인구의 절반을 차지하는 비수도권 출신 공무원의 비율이 1/4에 그쳐 지역 편향성을 완화할 필요성이 제기된다면, C의 주장은 설득력을 얻는다.

✓오답체크

ㄱ. A는 정당에 대한 충성도와 공헌도를 공직자 임용 기준으로 삼아야 한다고 본다. 따라서 공직자 임용의 정치적 중립성을 보장할 필요성이 대두된다면, A의 주장은 설득력을 얻지 못한다.

정답 01. ④ 02. ② 03. ⑤ 04. ⑤ 05. ⑤

☑ **이번 기본기, 이것만은 기억하자!**

01. 지문에서 가장 중요한 문장을 찾아내기 위해서는 접속사를 주의 깊게 보아야 합니다.
02. 여러 개의 견해가 제시된 지문은 반드시 견해들 간의 관계를 파악합니다.

PSAT 교육 1위, 해커스PSAT **psat.Hackers.com**

Public
Service
Aptitude
Test

PSAT 교육 1위, 해커스PSAT **psat.Hackers.com**

언어논리
핵심 기본기 2

논증의 방향성에 주목한다.

지문에서 가장 중요한 문장을 찾는 과정은 지문의 방향성, 즉 전체적인 맥락을 잡는 과정입니다. 언어논리에서는 이러한 방향성으로 해결할 수 있는 문제들이 자주 출제됩니다. 따라서 지문에서 가장 중요한 문장을 찾고, 그 문장의 방향성을 파악하여 선택지의 정보를 판단하는 과정에 익숙해져야 합니다.

01 비판과 반박은 반대 방향을 파악하자.
02 강화는 같은 방향, 약화는 반대 방향을 파악하자.

PSAT 기출문제

01 비판과 반박은 반대 방향을 파악하자.

주장이 제시된 글은 그 반응이 다음의 두 가지로 나타납니다. 글의 주장에 동의하여 주장을 지지하는 것과 글의 주장에 반대하여 주장을 비판하고 반박하는 것입니다. 비판과 반박은 글을 공격하는 데 목적이 있습니다. 글을 공격할 때는 글의 세부적인 정보를 모두 파악하려 하기보다는 공격의 대상에만 집중하는 것이 좋습니다. 그 공격의 대상 중 가장 핵심은 글의 주장이나 결론입니다. 비판과 반박의 궁극적인 목표가 글의 주장이나 결론을 공격하는 데 있기 때문입니다. 따라서 비판과 반박은 제시된 지문과 반대인 방향성을 가집니다. 즉, 주장이나 결론과 반대 방향의 진술을 제시하면 글을 비판하거나 반박할 수 있습니다.

예제

다음 글을 읽고, B의 주장에 대한 비판으로 아래 문장이 적합하면 O, 적합하지 않으면 X로 표시해 봅시다.

> A는 집을 한 채 갖고 있었는데, 이 집을 자신의 친구에게 임대해 주었고, 그 친구는 이 집을 다시 다른 사람에게 임대했다. 이렇게 임대받은 사람은 집을 수리해야겠다고 생각했고, A와 상의도 없이 수리공 B를 불러 일을 시켰다. 집을 수리한 B는 일을 끝낸 뒤 A에게 청구서를 보냈다. A는 집수리에 합의한 적이 없다는 이유로 지불을 거절했다. B는 A가 합의한 적이 없다는 사실을 인정했다. 그러나 집은 수리해야 하는 상태였기에 수리를 마쳤다고 B는 말했다. B는 단순히 '그 일은 꼭 필요했다'고 주장했다.

집수리에 대한 합의가 없었다면 필요한 집수리를 했더라도 집수리 비용을 지불할 의무가 없다.
( )

[정답 및 해설] O
위 글에서 B가 주장하는 것은 집수리에 대한 합의가 없었더라도 필요한 집수리를 했다면 집수리 비용을 지불할 의무가 생겨난다는 것입니다. 따라서 집수리에 대한 합의가 없었다면 필요한 집수리를 했더라도 집수리 비용을 지불할 의무가 없다는 것은 B의 주장과 방향성이 반대이므로 적절한 비판이 될 수 있습니다.

📝 문제에 적용해보기

STEP1 직접 해보기

다음 글에 나타난 논증의 전제와 결론을 찾아 적어 봅시다.

> 쾌락과 관련된 사실에 대해서 충분한 정보를 갖고, 오랜 시간 숙고하여 자신의 선호를 합리적으로 판별할 수 있는 사람을 높은 수준의 합리적 사람이라고 한다. 이런 사람은 가치 수준이 다른 두 종류의 쾌락에 대해서 충분히 판단할 만한 위치에 있다. 그리하여 높은 수준의 합리적 사람이 선호하는 쾌락은 실제로 더 가치 있는 쾌락이다. 예컨대 그가 호떡 한 개를 먹고 느끼는 쾌락보다 수준 높은 시 한 편이 주는 쾌락을 선호한다면 시 한 편이 주는 쾌락이 더 가치 있다. 그것이 더 가치가 있는 것은 높은 수준의 합리적 사람이 더 선호하기 때문이다. 이런 방법으로 우리는 높은 수준의 합리적 사람이 선호하는 것을 통해서 쾌락의 가치 서열을 정할 수 있다. 나아가 우리는 최고 가치에 도달할 수 있다. 가령 높은 수준의 합리적 사람이 그 어떤 쾌락보다도 행복을 선호한다면, 이는 행복이 최고 가치라는 것을 뜻한다. 따라서 우리는 최고 가치가 무엇인지 알 수 있다.

[답안]

- 전제 1:

- 전제 2:

- 전제 3:

- 결론:

풀 풀이 TIP

논증의 구조를 파악할 때, 접속사는 중요 힌트가 될 수 있습니다. 논증에서 비판의 대상이 되는 전제와 결론은 중요한 접속사로 시작하는 경우가 많기 때문입니다. 특히 '이런 방법으로', '나아가'와 같은 표현은 앞의 내용을 정리하거나 병렬적으로 중요 문장을 제시하는 의미가 있으며, '따라서'는 결론을 제시하는 접속어구로서의 역할을 합니다.

STEP2 심화 학습하기

아래 표에 제시된 문장이 글의 내용을 비판·반박하는지 여부를 O, X로 표시해 봅시다.

> 쾌락과 관련된 사실에 대해서 충분한 정보를 갖고, 오랜 시간 숙고하여 자신의 선호를 합리적으로 판별할 수 있는 사람을 높은 수준의 합리적 사람이라고 한다. 이런 사람은 가치 수준이 다른 두 종류의 쾌락에 대해서 충분히 판단할 만한 위치에 있다. 그리하여 높은 수준의 합리적 사람이 선호하는 쾌락은 실제로 더 가치 있는 쾌락이다. 예컨대 그가 호떡 한 개를 먹고 느끼는 쾌락보다 수준 높은 시 한 편이 주는 쾌락을 선호한다면 시 한 편이 주는 쾌락이 더 가치 있다. 그것이 더 가치가 있는 것은 높은 수준의 합리적 사람이 더 선호하기 때문이다. 이런 방법으로 우리는 높은 수준의 합리적 사람이 선호하는 것을 통해서 쾌락의 가치 서열을 정할 수 있다. 나아가 우리는 최고 가치에 도달할 수 있다. 가령 높은 수준의 합리적 사람이 그 어떤 쾌락보다도 행복을 선호한다면, 이는 행복이 최고 가치라는 것을 뜻한다. 따라서 우리는 최고 가치가 무엇인지 알 수 있다.

[답안]

문장	비판·반박 여부
대부분의 사람은 시 한 편과 호떡 한 개 중에서 호떡을 선택한다.	
높은 수준의 합리적 개인들 사이에서도 쾌락의 선호가 다를 수 있다.	
높은 수준의 합리적 사람이 행복을 최고 가치로 여긴다고 해서 행복이 최고 가치인 것은 아니다.	
자신의 선호를 판별할 수 있는 높은 수준의 합리적 능력을 지닌 사람들은 실제로 존재하지 않는다.	
충분한 정보를 갖고 있고 오랜 시간 숙고한다 하더라도 질적 가치의 위계를 정할 수 있는 사람은 없다.	

STEP3 가이드&정답 확인하기

문제 풀이 가이드와 정답을 확인해 봅시다.

> ↱ 전제 1
> 쾌락과 관련된 사실에 대해서 충분한 정보를 갖고, 오랜 시간 숙고하여 자신의 선호를 합리적으로 판별할 수 있는 사람을 <u>높은 수준의 합리적 사람</u>이라고 한다. 이런
> ↳ 주요 키워드
> 사람은 가치 수준이 다른 두 종류의 쾌락에 대해서 충분히 판단할 만한 위치에 있
> ↱ 전제 2
> 다. <u>그리하여 높은 수준의 합리적 사람이 선호하는 쾌락은 실제로 더 가치 있는 쾌락이다.</u> 예컨대 그가 호떡 한 개를 먹고 느끼는 쾌락보다 수준 높은 시 한 편이 주는 쾌락을 선호한다면 시 한 편이 주는 쾌락이 더 가치 있다. 그것이 더 가치가 있는
> ↱ 전제 3
> 것은 높은 수준의 합리적 사람이 더 선호하기 때문이다. <u>이런 방법으로 우리는 높은 수준의 합리적 사람이 선호하는 것을 통해서 쾌락의 가치 서열을 정할 수 있다.</u> 나아가 우리는 최고 가치에 도달할 수 있다. 가령 높은 수준의 합리적 사람이 그 어떤 쾌락보다도 행복을 선호한다면, 이는 행복이 최고 가치라는 것을 뜻한다. <u>따라서 우리는 최고 가치가 무엇인지 알 수 있다.</u> → 결론

잊지 말아야 할 핵심 포인트

비판과 반박을 하기 위해서는 비판과 반박의 대상에 주목해야 합니다. 지문에 나타난 논증의 구조, 즉 논증의 결론과 전제를 제대로 파악한 후에 그 논증의 결론이나 전제에 대해 반대 방향의 진술을 하고 있는 것을 찾으면 그것이 타당한 반박이 됩니다.

[STEP1 정답]

- 전제 1: 자신의 선호를 합리적으로 판별할 수 있는 사람은 높은 수준의 합리적 사람이다.
- 전제 2: 높은 수준의 합리적 사람이 선호하는 쾌락은 더 가치 있는 쾌락이다.
- 전제 3: 높은 수준의 합리적 사람이 선호하는 것을 통해 쾌락의 가치 서열을 정할 수 있다.
- 결론: 우리는 최고 가치가 무엇인지 알 수 있다.

[STEP2 정답]

문장	비판·반박 여부
대부분의 사람은 시 한 편과 호떡 한 개 중에서 호떡을 선택한다. → 지문의 내용과 관련이 없어 방향성 비교가 불가능함	X
높은 수준의 합리적 개인들 사이에서도 쾌락의 선호가 다를 수 있다. ↔ 전제 2	O
높은 수준의 합리적 사람이 행복을 최고 가치로 여긴다고 해서 행복이 최고 가치인 것은 아니다. ↔ 전제 3	O
자신의 선호를 판별할 수 있는 높은 수준의 합리적 능력을 지닌 사람들은 실제로 존재하지 않는다. ↔ 전제 1	O
충분한 정보를 갖고 있고 오랜 시간 숙고한다 하더라도 질적 가치의 위계를 정할 수 있는 사람은 없다. ↔ 전제 1, 전제 3	O

02 강화는 같은 방향, 약화는 반대 방향을 파악하자.

논증은 전제와 결론으로 이루어진 글을 의미하며, 강화한다거나 약화한다는 표현은 이 논증에 대해 쓸 수 있는 표현입니다. 논증을 강화한다는 것은 새로운 전제를 추가하여 논증의 결론이 참이 될 확률을 높이는 것입니다. 한편 논증을 약화한다는 것은 새로운 전제를 추가하여 논증의 결론이 참이 될 확률을 낮추는 것입니다. 이때 추가되는 전제는 주어진 전제를 지지하거나 비판하는 내용 중 하나일 것입니다. 즉, 논증을 강화하거나 약화하는 문제는 지문에 제시된 논증과 같은 방향의 진술이나 반대 방향의 진술을 선택지에서 찾는 문제입니다. 방향성이 중요하다는 측면에서 앞서 연습했던 비판·반박 문제와 동일한 접근방법을 가집니다.

예제

다음 글을 약화하는 진술로 아래 문장이 적합하면 O, 적합하지 않으면 X로 표시해 봅시다.

> 민족적, 종교적 소수자는 자의건 타의건 정치적으로 영향력 있는 자리에서 배제되기 때문에 영리활동에 몰두하는 경향이 있다. 이 소수자 중 뛰어난 재능을 가진 자들은 관직에서 실현할 수 없는 공명심을 영리활동으로 만족시키려 한다. 그러나 독일 가톨릭의 경우에는 그러한 경향이 전혀 없거나 뚜렷하게 나타나지 않는다. 이는 다른 유럽국가들의 프로테스탄트가 종교적 이유로 박해를 받을 때조차 적극적인 경제활동으로 사회의 자본주의 발전에 기여했던 것과 대조적이다.

독일에서 가톨릭은 정치 영역에서 배제되었기 때문에 영리활동에 적극적으로 참여하였다.
( )

[정답 및 해설] O
위 글의 주장은 독일 가톨릭은 영리활동에 몰두하는 경향이 전혀 없거나 뚜렷하게 나타나지 않는다는 것입니다. 따라서 독일에서 가톨릭은 정치 영역에서 배제되었기 때문에 영리활동에 적극적으로 참여하였다는 진술은 주장과 반대 방향의 진술이므로 위 글을 약화하는 진술로 적합합니다.

문제에 적용해보기

STEP1 직접 해보기

다음 글의 논증을 약화하는 문장을 적어 봅시다.

> 인간 본성은 기나긴 진화 과정의 결과로 생긴 복잡한 전체다. 여기서 '복잡한 전체'란 그 전체가 단순한 부분들의 합보다 더 크다는 의미이다. 인간을 인간답게 만드는 것, 즉 인간에게 존엄성을 부여하는 것은 인간이 갖고 있는 개별적인 요소들이 아니라 이것들이 모여 만들어내는 복잡한 전체이다. 또한 인간 본성이라는 복잡한 전체를 구성하고 있는 하부 체계들은 상호 간에 극단적으로 밀접하게 연관되어 있다. 따라서 그중 일부라도 인위적으로 변경하면, 이는 불가피하게 전체의 통일성을 무너지게 한다. 이 때문에 과학기술을 이용해 인간 본성을 인위적으로 변경하여 지금의 인간을 보다 향상된 인간으로 만들려는 시도는 금지되어야 한다. 이런 시도를 하는 사람들은 인간이 가져야 할 훌륭함이 무엇인지 스스로 잘 안다고 생각하며, 거기에 부합하지 않는 특성들을 선택해 이를 개선하고자 한다. 그러나 인간 본성의 '좋은' 특성은 '나쁜' 특성과 밀접하게 연결되어 있기 때문에, 후자를 개선하려는 시도는 전자에 대해서도 영향을 미칠 수밖에 없다. 예를 들어, 우리가 질투심을 느끼지 못한다면 사랑 또한 느끼지 못하게 된다는 것이다. 사랑을 느끼지 못하는 인간들이 살아가는 사회에서 어떤 불행이 펼쳐질지 우리는 가늠조차 할 수 없다. 즉 인간 본성을 선별적으로 개선하려 들면, 복잡한 전체를 무너뜨리는 위험성이 불가피하게 발생하게 된다. 따라서 우리는 인간 본성을 구성하는 어떠한 특성에 대해서도 그것을 인위적으로 개선하려는 시도에 반대해야 한다.

[답안]

꿀 풀이 TIP

강화·약화 문제에서 강화하는 진술은 강화의 대상과 같은 방향인 진술입니다. 반면 약화하는 진술은 약화의 대상과 반대 방향인 진술입니다. 이때 강화와 약화의 대상은 글의 주장이나 그 주장을 지지하는 전제가 됩니다.

STEP2 심화 학습하기

아래 표에 제시된 문장이 글의 논지를 강화하는지, 약화하는지 적어 봅시다.

인간 본성은 기나긴 진화 과정의 결과로 생긴 복잡한 전체다. 여기서 '복잡한 전체'란 그 전체가 단순한 부분들의 합보다 더 크다는 의미이다. 인간을 인간답게 만드는 것, 즉 인간에게 존엄성을 부여하는 것은 인간이 갖고 있는 개별적인 요소들이 아니라 이것들이 모여 만들어내는 복잡한 전체이다. 또한 인간 본성이라는 복잡한 전체를 구성하고 있는 하부 체계들은 상호 간에 극단적으로 밀접하게 연관되어 있다. 따라서 그중 일부라도 인위적으로 변경하면, 이는 불가피하게 전체의 통일성을 무너지게 한다. 이 때문에 과학기술을 이용해 인간 본성을 인위적으로 변경하여 지금의 인간을 보다 향상된 인간으로 만들려는 시도는 금지되어야 한다. 이런 시도를 하는 사람들은 인간이 가져야 할 훌륭함이 무엇인지 스스로 잘 안다고 생각하며, 거기에 부합하지 않는 특성들을 선택해 이를 개선하고자 한다. 그러나 인간 본성의 '좋은' 특성은 '나쁜' 특성과 밀접하게 연결되어 있기 때문에, 후자를 개선하려는 시도는 전자에 대해서도 영향을 미칠 수밖에 없다. 예를 들어, 우리가 질투심을 느끼지 못한다면 사랑 또한 느끼지 못하게 된다는 것이다. 사랑을 느끼지 못하는 인간들이 살아가는 사회에서 어떤 불행이 펼쳐질지 우리는 가늠조차 할 수 없다. 즉 인간 본성을 선별적으로 개선하려 들면, 복잡한 전체를 무너뜨리는 위험성이 불가피하게 발생하게 된다. 따라서 우리는 인간 본성을 구성하는 어떠한 특성에 대해서도 그것을 인위적으로 개선하려는 시도에 반대해야 한다.

[답안]

문장	강화·약화 여부
인간 본성은 인간이 갖는 도덕적 지위와 존엄성의 궁극적 근거이다.	
모든 인간은 자신을 포함하여 인간 본성을 지닌 모든 존재가 지금의 상태보다 더 훌륭하게 되길 희망한다.	
인간 본성의 하부 체계는 상호 분리된 모듈들로 구성되어 있기 때문에 인간 본성의 특정 부분을 인위적으로 변경하더라도 그 변화는 모듈 내로 제한된다.	

STEP3 가이드&정답 확인하기

문제 풀이 가이드와 정답을 확인해 봅시다.

> <u>인간 본성</u>은 기나긴 진화 과정의 결과로 생긴 복잡한 전체다. 여기서 '복잡한 전
> ↳ 전제1: 중심 소재인 '인간 본성'에 대한 개념 정의
> 체'란 그 전체가 단순한 부분들의 합보다 더 크다는 의미이다. 인간을 인간답게 만
> 드는 것, 즉 인간에게 존엄성을 부여하는 것은 인간이 갖고 있는 개별적인 요소들
> 이 아니라 이것들이 모여 만들어내는 복잡한 전체이다. 또한 인간 본성이라는 복잡
> 한 전체를 구성하고 있는 하부 체계들은 상호 간에 극단적으로 밀접하게 연관되어
> 있다. <u>따라서 그중 일부라도 인위적으로 변경하면, 이는 불가피하게 전체의 통일성
> ↳ 전제2: 복잡한 전체인 인간 본성의 특성 언급
> 을 무너지게 한다.</u> 이 때문에 과학기술을 이용해 인간 본성을 인위적으로 변경하여
> 지금의 인간을 보다 향상된 인간으로 만들려는 시도는 금지되어야 한다. 이런 시도
> 를 하는 사람들은 인간이 가져야 할 훌륭함이 무엇인지 스스로 잘 안다고 생각하며,
> 거기에 부합하지 않는 특성들을 선택해 이를 개선하고자 한다. 그러나 인간 본성의
> '좋은' 특성은 '나쁜' 특성과 밀접하게 연결되어 있기 때문에, 후자를 개선하려는 시
> 도는 전자에 대해서도 영향을 미칠 수밖에 없다. 예를 들어, 우리가 질투심을 느끼
> 지 못한다면 사랑 또한 느끼지 못하게 된다는 것이다. 사랑을 느끼지 못하는 인간
> 들이 살아가는 사회에서 어떤 불행이 펼쳐질지 우리는 가늠조차 할 수 없다. 즉 인
> 간 본성을 선별적으로 개선하려 들면, 복잡한 전체를 무너뜨리는 위험성이 불가피
> 하게 발생하게 된다. <u>따라서 우리는 인간 본성을 구성하는 어떠한 특성에 대해서도
> 그것을 인위적으로 개선하려는 시도에 반대해야 한다.</u>
> ↳ 결론: 인간 본성의 인위적인 개선을 부정

문제에서 강화와 약화의 대상은 다양하게 제시될 수 있습니다. 따라서 강화하거나 약화하는 대상이 무엇인지 먼저 확인해야 합니다. 만약 논지가 그 대상이라면 지문에서 논지를 찾는 것을 집중해야 합니다. 그리고 논지를 지지할 수 있는 전제 부분도 확인해 주면 선택지의 방향성을 판단하는 데 도움이 됩니다.

[STEP1 정답]

인간 본성을 구성하는 특성 중 일부는 인위적으로 개선해도 복잡한 전체에 영향을 미치지 않는다.

[STEP2 정답]

문장	강화·약화 여부
인간 본성은 인간이 갖는 도덕적 지위와 존엄성의 궁극적 근거이다.	강화
모든 인간은 자신을 포함하여 인간 본성을 지닌 모든 존재가 지금의 상태보다 더 훌륭하게 되길 희망한다.	무관
인간 본성의 하부 체계는 상호 분리된 모듈들로 구성되어 있기 때문에 인간 본성의 특정 부분을 인위적으로 변경하더라도 그 변화는 모듈 내로 제한된다.	약화

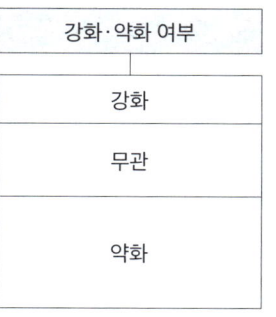

PSAT 기출문제

01. 다음 글의 논지를 지지하는 진술로 적절한 것만을 <보기>에서 모두 고르면? 17 민경채

> 과학과 예술이 무관하다는 주장의 첫 번째 근거는 과학과 예술이 인간의 지적 능력의 상이한 측면을 반영한다는 것이다. 즉 과학은 주로 분석·추론·합리적 판단과 같은 지적 능력에 기인하는 반면에, 예술은 종합·상상력·직관과 같은 지적 능력에 기인한다고 생각한다. 두 번째 근거는 과학과 예술이 상이한 대상을 다룬다는 것이다. 과학은 인간 외부에 실재하는 자연의 사실과 법칙을 다루기에 과학자는 사실과 법칙을 발견하지만, 예술은 인간의 내면에 존재하는 심성을 탐구하며, 미적 가치를 창작하고 구성하는 활동이라고 본다. 그러나 이렇게 과학과 예술을 대립시키는 태도는 과학과 예술의 특성을 지나치게 단순화하는 것이다. 과학이 단순한 발견의 과정이 아니듯이 예술도 순수한 창조와 구성의 과정이 아니기 때문이다. 과학에는 상상력을 이용하는 주체의 창의적 과정이 개입하며, 예술 활동은 전적으로 임의적인 창작이 아니라 논리적 요소를 포함하는 창작이다. 과학 이론이 만들어지기 위해 필요한 것은 냉철한 이성과 객관적 관찰만이 아니다. 새로운 과학 이론의 발견을 위해서는 상상력과 예술적 감수성이 필요하다. 반대로 최근의 예술적 성과 중에는 과학기술의 발달에 의해 뒷받침된 것이 많다.

─── <보 기> ───

ㄱ. 과학자 왓슨과 크릭이 없었더라도 누군가 DNA 이중나선 구조를 발견하였겠지만, 셰익스피어가 없었다면 『오셀로』는 결코 창작되지 못 하였을 것이다.
ㄴ. 물리학자 파인만이 주장했듯이 과학에서 이론을 정립하는 과정은 가장 아름다운 그림을 그려나가는 예술가의 창작 작업과 흡사하다.
ㄷ. 입체파 화가들은 수학자 푸앵카레의 기하학 연구를 자신들의 그림에 적용하고자 하였으며, 이런 의미에서 피카소는 "내 그림은 모두 연구와 실험의 산물이다."라고 말하였다.

① ㄱ
② ㄷ
③ ㄱ, ㄴ
④ ㄴ, ㄷ
⑤ ㄱ, ㄴ, ㄷ

02. 다음 글의 ㉠과 ㉡에 대한 평가로 적절한 것만을 〈보기〉에서 모두 고르면?　21 7급공채

> 연역과 귀납, 이 두 종류의 방법은 지적 작업에서 사용될 수 있는 모든 추론을 포괄한다. 철학과 과학을 비롯한 모든 지적 작업에 연역적 방법이 필수적이라는 것을 부정하는 사람은 아무도 없다. 귀납적 방법의 경우 사정은 크게 다르다. 귀납적 방법이 철학적 작업에 들어설 여지가 없다고 믿는 사람이 있는가 하면, 한 걸음 더 나아가 어떠한 지적 작업에도 귀납적 방법이 불필요하다고 주장하는 사람들도 있다.
>   ㉠귀납적 방법이 철학이라는 지적 작업에서 불필요하다는 견해는 독단적인 철학관에 근거한다. 이런 견해에 따르면 철학적 주장의 정당성은 선험적인 것으로, 경험적 지식을 확장하기 위해 사용되는 귀납적 방법에 의존할 수 없다. 그러나 이런 견해는 철학적 주장이 경험적 가설에 의존해서는 안 된다는 부당하게 편협한 철학관과 '귀납적 방법'의 모호성을 딛고 서 있다. 실제로 철학사에 나타나는 목적론적 신 존재 증명이나 외부 세계의 존재에 관한 형이상학적 논증 가운데는 귀납적 방법인 유비 논증과 귀추법을 교묘히 적용하고 있는 것도 있다.
>   ㉡모든 지적 작업에서 귀납적 방법의 필요성을 부정하는 견해는 중요한 철학적 성과를 낳기도 하였다. 포퍼의 철학이 그런 사례 가운데 하나이다. 포퍼는 귀납적 방법의 정당화 가능성에 관한 회의적 결론을 받아들이고, 과학의 탐구가 귀납적 방법으로 진행된다는 견해는 근거가 없음을 보인다. 그에 따르면, 과학의 탐구 과정은 연역 논리 법칙에 따라 전개되는 추측과 반박의 작업으로 이루어진다. 이런 포퍼의 이론은 귀납적 방법의 필요성에 대한 전면적인 부정이 낳을 수 있는 흥미로운 결과 가운데 하나라고 할 수 있다.

〈보 기〉

ㄱ. 과학의 탐구가 귀납적 방법에 의해 진행된다는 주장은 ㉠을 반박한다.
ㄴ. 철학의 일부 논증에서 귀추법의 사용이 불가피하다는 주장은 ㉡을 반박한다.
ㄷ. 연역 논리와 경험적 가설 모두에 의존하는 지적 작업이 있다는 주장은 ㉠과 ㉡을 모두 반박한다.

① ㄱ
② ㄴ
③ ㄱ, ㄷ
④ ㄴ, ㄷ
⑤ ㄱ, ㄴ, ㄷ

03. 다음 논증에 대한 평가로 적절한 것만을 〈보기〉에서 모두 고르면? 16 민경채

> 집단 내지 국가의 청렴도를 평가하는 잣대로 종종 공공 물품을 사적으로 사용하는 정도가 활용된다. 이와 관련하여 M시의 경우 회사원들이 사내용 물품을 개인적인 용도로 사용하는 정도가 꽤 높은 것으로 밝혀졌다. 이는 M시의 대표적 회사 A에서 직원 200명을 대상으로 회사물품을 사적인 용도로 사용한 적이 있는지를 설문조사해 본 결과에 따른 것이다. 조사 결과 '늘 그랬다'는 직원은 5%, '종종 그랬다'는 직원은 15%, '가끔 그랬다'는 직원은 35%, '어쩌다 한두 번 그랬다'는 직원은 25%, '전혀 그런 적이 없다'는 직원은 10%, 응답을 거부한 직원은 10%였다. 설문조사에 응한 직원들 중에서 가끔이라도 사용한 적이 있다고 답한 직원의 비율이 절반을 넘었다. 따라서 M시의 회사원들은 낮은 청렴도를 가졌다고 평가할 수 있다.

〈보 기〉

ㄱ. 설문조사에 응한 회사 A의 직원들 중 회사물품에 대한 사적 사용 정도를 실제보다 축소하여 답한 직원들이 많다는 사실은 위 논증의 결론을 강화한다.

ㄴ. M시에 있는 또 다른 대표적 회사 B에서 동일한 설문조사를 했는데 회사 A에서와 거의 비슷한 결과가 나왔다는 사실은 위 논증의 결론을 강화한다.

ㄷ. M시에 있는 대부분의 회사들에 비해 회사 A의 직원들이 회사물품을 사적으로 사용한 정도가 심했던 것으로 밝혀졌다는 사실은 위 논증의 결론을 약화한다.

① ㄱ
② ㄷ
③ ㄱ, ㄴ
④ ㄴ, ㄷ
⑤ ㄱ, ㄴ, ㄷ

04. 다음 글의 밑줄 친 주장을 강화하는 사례만을 <보기>에서 모두 고르면?   13 민경채

최근에 트랜스 지방은 그 건강상의 위해 효과 때문에 주목받고 있다. 우리가 즐겨 먹는 많은 식품에는 트랜스 지방이 숨어 있다. 그렇다면 트랜스 지방이란 무엇일까?

지방에는 불포화 지방과 포화 지방이 있다. 식물성 기름의 주성분인 불포화 지방은 포화 지방에 비하여 수소의 함유 비율이 낮고 녹는점도 낮아 상온에서 액체인 경우가 많다.

불포화 지방은 그 안에 존재하는 이중 결합에서 수소 원자들의 결합 형태에 따라 시스(cis)형과 트랜스(trans)형으로 나뉘는데 자연계에 존재하는 대부분의 불포화 지방은 시스형이다. 그런데 조리와 보존의 편의를 위해 액체 상태인 식물성 기름에 수소를 첨가하여 고체 혹은 반고체 상태로 만드는 과정에서 트랜스 지방이 만들어진다. 그래서 대두, 땅콩, 면실유를 경화시켜 얻은 마가린이나 쇼트닝은 트랜스 지방의 함량이 높다. 또한 트랜스 지방은 식물성 기름을 고온으로 가열하여 음식을 튀길 때도 발생한다. 따라서 튀긴 음식이나 패스트푸드에는 트랜스 지방이 많이 들어 있다.

<u>트랜스 지방은 포화 지방인 동물성 지방처럼 심혈관계에 해롭다.</u> 트랜스 지방은 혈관에 나쁜 저밀도지방단백질(LDL)의 혈중 농도를 증가시키는 한편 혈관에 좋은 고밀도지방단백질(HDL)의 혈중 농도는 감소시켜 혈관벽을 딱딱하게 만들어 심장병이나 동맥경화를 유발하고 악화시킨다.

─〈보 기〉─

ㄱ. 쥐의 먹이에 함유된 트랜스 지방 함량을 2% 증가시키자 쥐의 심장병 발병률이 25% 증가하였다.
ㄴ. 사람들이 마가린을 많이 먹는 지역에서 마가린의 트랜스 지방 함량을 낮추자 동맥경화의 발병률이 1년 사이에 10% 감소하였다.
ㄷ. 성인 1,000명에게 패스트푸드를 일정 기간 지속적으로 섭취하게 한 후 검사해 보니, HDL의 혈중 농도가 섭취 전에 비해 20% 감소하였다.

① ㄱ
② ㄴ
③ ㄱ, ㄷ
④ ㄴ, ㄷ
⑤ ㄱ, ㄴ, ㄷ

05. 다음 글의 밑줄 친 원리를 지지하는 진술을 <보기>에서 모두 고르면?

배리 반스와 데이빗 블로어 등이 주도한 강한 프로그램의 원리를 과학의 영역에 적용하면, 자연과학자들의 활동과 인문학자나 사회과학자들의 활동이 동일한 방식으로 설명되어야 한다. 그리고 자연과학과 인문·사회과학의 영역에서 동일한 설명방식을 사용하기 위해 수정해야 할 부분은 사회과학의 탐구에 대한 견해가 아니라 자연과학의 탐구에 대한 견해이다. 즉 강한 프로그램의 원리에 의하면, 우리는 자연과학이 제공하는 믿음이 특정 전문가 집단의 공동체적 활동에 의해 생산된다는 점에 유의해야 한다. 이런 공동체들은 저마다 특수한 역사와 사회적 특성을 갖고 있으며 또 그렇게 형성된 집단 내부의 의사결정 구조를 가지고 있다. 어떤 문제가 우선적으로 탐구되어야 할 중요한 문제인지, 그 문제를 어떤 방식으로 풀어야 옳은지 등에 대한 판단도 역시 이런 사회적 맥락 속에서 이루어진다. 그렇다면 주어진 문제에 대한 답으로 제안되는 이론들 가운데 어떤 것이 채택되고 당대의 정설로 자리 잡게 되는지도 마찬가지라는 것을 알 수 있다.

<보 기>

ㄱ. 자연과학자들의 탐구조차도 과학자들의 공동체에서 이루어지는 활동의 산물이다.
ㄴ. 어떤 연구 주제가 중요한지, 어떤 이론을 선택할지 등은 사회적 맥락 속에서 결정된다.
ㄷ. 자연과학 이론은 사회과학 이론보다 더 객관적 사실에 근거하여 형성된다.
ㄹ. 전문 학술지에 발표되는 논문의 수로 분야별 생산성을 평가하자면 자연과학 분야의 연구들이 학문의 발전을 선도하고 있다.

① ㄱ, ㄴ
② ㄱ, ㄷ
③ ㄴ, ㄷ
④ ㄴ, ㄹ
⑤ ㄷ, ㄹ

정답 및 해설

01. ④
제시된 지문의 논지는 '과학과 예술을 대립시키는 태도는 과학과 예술의 특성을 지나치게 단순화하는 것이다'이다. 즉, 과학과 예술은 무관하지 않다는 것이 논지의 방향이다. 따라서 논지를 지지하는 진술은 과학과 예술이 관련성이 있다는 방향을 가지게 될 것이다.
ㄴ, ㄷ. 과학과 예술이 관련성이 있음을 언급하고 있으므로 논지를 지지한다.

✓오답체크
ㄱ. 지문의 논지와 관련이 없다.

02. ②
ㄴ. 첫 번째 단락에 따르면 철학은 지적 작업 중 하나에 해당하고, 두 번째 단락에 따르면 귀추법은 귀납적 방법에 해당한다. 따라서 철학의 일부 논증에서 귀추법의 사용이 불가피하다는 주장은 지적 작업에서 귀납적 방법이 필요하다는 의미이므로 모든 지적 작업에서 귀납적 방법의 필요성을 부정하는 ⓒ을 반박한다.

✓오답체크
ㄱ. 세 번째 단락에 따르면 포퍼의 철학은 과학의 탐구가 귀납적 방법에 의해 진행된다는 주장을 부정하므로 ⓒ의 사례에 해당한다. 따라서 과학의 탐구가 귀납적 방법에 의해 진행된다는 주장은 ③이 아닌 ⓒ을 반박한다.
ㄷ. 연역 논리와 경험적 가설 모두에 의존하는 지적 작업이 있다는 주장은 모든 지적 작업에서 귀납적 방법의 필요성을 부정하는 ⓒ을 반박하지만, 철학에 귀납적 방법이 불필요하다는 ③과는 무관하다.

03. ⑤
〈보기〉가 논증의 결론을 강화하거나 약화하는지 묻고 있으므로 지문에 제시된 논증의 결론을 찾고, 그 결론과 선택지의 방향성을 비교한다. 논증의 결론은 '공공 물품을 사적으로 사용한 적이 있다고 답한 A회사 직원의 비율이 절반을 넘으므로 M시의 회사원들은 낮은 청렴도를 가졌다고 평가할 수 있다'이다.
ㄱ. 더 많은 직원들이 공공 물품을 사적으로 사용했다는 것은 논증의 결론과 방향성이 동일하므로 논증을 강화한다.
ㄴ. A회사의 설문조사 결과가 대표성이 있다는 의미이므로 논증의 결론과 방향성이 동일하다. 따라서 논증을 강화한다.
ㄷ. A회사의 설문조사 결과가 대표성이 없다는 의미이므로 논증의 결론과 방향성이 동일하지 않다. 따라서 논증을 약화한다.

04. ⑤
지문에 밑줄 친 주장은 '트랜스 지방은 포화 지방인 동물성 지방처럼 심혈관계에 해롭다'이다. 따라서 밑줄 친 주장을 강화하는 사례는 트랜스 지방이 심혈관계에 해롭다는 주장과 같은 방향을 가지게 될 것이다.

ㄱ. 쥐의 먹이에 함유된 트랜스 지방 함량을 2% 증가시키자 쥐의 심장병 발병률이 25% 증가하였다는 것은 트랜스 지방이 심혈관계에 해롭다는 주장과 방향성이 동일하므로 밑줄 친 주장을 강화하는 사례이다.
ㄴ. 사람들이 트랜스 지방 함량이 높은 마가린을 많이 먹는 지역에서 마가린의 트랜스 지방 함량을 낮추자 동맥경화의 발병률이 1년 사이에 10% 감소하였다는 것은 트랜스 지방과 심혈관질환인 동맥경화 사이에 양의 상관관계가 있다는 의미로 트랜스 지방이 심혈관계에 해롭다는 주장과 방향성이 동일하므로 밑줄 친 주장을 강화하는 사례이다.
ㄷ. 성인 1,000명에게 트랜스 지방이 많이 들어 있는 패스트푸드를 일정 기간 지속적으로 섭취하게 한 후 검사해 보니, HDL의 혈중 농도가 섭취 전에 비해 20% 감소하였다는 것은 트랜스 지방 섭취를 늘이면 혈관에 좋은 HDL의 혈중 농도를 감소시켜 심혈관질환의 위험이 높아진다는 의미로 트랜스 지방이 심혈관계에 해롭다는 주장과 방향성이 동일하므로 밑줄 친 주장을 강화하는 사례이다.

05. ①

강한 프로그램의 원리의 특성을 설명하고 있는 지문의 내용은 '자연과학자들의 활동과 인문학자나 사회과학자들의 활동이 동일한 방식으로 설명되어야 한다'는 것, '자연과학이 제공하는 믿음이 특정 전문가 집단의 공동체적 활동에 의해 생산된다'는 것, '어떤 문제가 우선적으로 탐구되어야 할 중요한 문제인지, 그 문제를 어떤 방식으로 풀어야 옳은지 등에 대한 판단도 역시 이런 사회적 맥락 속에서 이루어진다'는 것 정도이다. 이를 바탕으로 <보기>에 제시된 사례가 강한 프로그램의 원리를 지지하는지 판단하면 다음과 같다.

ㄱ. 자연과학자들의 탐구조차도 '과학자들의 공동체에서 이루어지는 활동의 산물'이라는 것은 '특정 전문가 집단의 공동체적 활동'이라는 부분과 일치하므로 강한 프로그램의 원리를 지지한다고 볼 수 있다.
ㄴ. 어떤 연구 주제가 중요한지, 어떤 이론을 선택할지 등은 '사회적 맥락 속에서 결정된다'는 것은 '사회적 맥락 속에서 이루어진다'는 부분과 일치하므로 강한 프로그램의 원리를 지지한다고 볼 수 있다.

✓오답체크

ㄷ. 자연과학 이론은 사회과학 이론보다 '더 객관적 사실에 근거'하여 형성된다는 것은 '동일한 방식으로 설명'되어야 한다는 것과 방향이 다르므로 강한 프로그램의 원리를 지지한다고 볼 수 없다.
ㄹ. 전문 학술지에 발표되는 논문의 수로 분야별 생산성을 평가하자면 자연과학 분야의 연구들이 '학문의 발전을 선도'하고 있다는 것은 '동일한 방식으로 설명'되어야 한다는 것과 방향이 다르므로 강한 프로그램의 원리를 지지한다고 볼 수 없다.

정답 01. ④ 02. ② 03. ⑤ 04. ⑤ 05. ①

☑ 이번 기본기, 이것만은 기억하자!

01. 글에 대해 비판·반박하거나 강화·약화하는 것은 방향성의 문제입니다.
02. 글의 방향성, 즉 논지를 잘 잡아야 비판·반박, 강화·약화를 잘 할 수 있습니다.

PSAT 교육 1위, 해커스PSAT **psat.Hackers.com**

Public
Service
Aptitude
Test

PSAT 교육 1위, 해커스PSAT **psat.Hackers.com**

언어논리
핵심 기본기 3

글의 구조와 키워드에 주목한다.

언어논리에서 출제되는 독해 문제는 지문의 구조를 명확히 잡아 놓은 경우가 많습니다. 지문의 구조가 명확하다는 것은 지문을 구성하는 단락별 소재가 명확히 구분된다는 의미일 수도 있고, 지문 전체적으로 개념이나 견해 간의 비교와 대조가 두드러진다는 의미일 수도 있습니다. 따라서 글의 구조를 잘 파악하면, 세부적인 정보를 완벽히 파악하지 못했더라도 쉽게 선택지나 보기를 판별하여 정답을 찾아낼 수도 있습니다.

01 생소한 개념의 정의와 특징을 파악하자.
02 대조되는 개념이 제시된 글의 구조를 파악하자.

PSAT 기출문제

01 생소한 개념의 정의와 특징을 파악하자.

언어논리의 독해 문제는 생소한 개념을 설명하는 지문이 제시되는 경우가 많습니다. 언어논리 문제를 해결할 때 특히 생소한 개념을 설명하는 지문은 키워드에 중점을 두어 지문을 읽어야 합니다. 생소한 개념에 대한 설명문에는 주로 그 용어에 대한 정의, 특징, 목적 등이 제시되어 있고, 이러한 내용들이 지문을 구성하는 주요 정보가 됩니다. 즉, 이 부분들이 그 지문의 키워드가 되는 것입니다. 키워드는 지문에서 가장 핵심적인 단어이므로 당연히 문제의 선택지나 보기 역시 키워드 위주로 구성됩니다. 결국 키워드에 집중하면 지문의 내용을 완벽히 이해하지 못했더라도 선택지나 보기를 정확하고 빠르게 판단할 수 있습니다. 이런 이유로 언어논리의 독해 문제를 해결할 때는 구조와 더불어 키워드를 중요하게 보아야 합니다.

예제

다음 글에 따를 때, 아래 문장이 적합하면 O, 적합하지 않으면 X로 표시해 봅시다.

> 화랑도는 군사력 강화와 인재 양성을 위해 신라 진흥왕대에 공식화되었다. 화랑도는 신라가 삼국을 통일하기까지 국가가 필요로 하는 많은 인재를 배출하였다. 화랑도 내에는 여러 무리가 있었는데 각 무리는 화랑 한 명과 자문 역할의 승려 한 명 그리고 진골 이하 평민에 이르는 천 명 가까운 낭도들로 이루어졌다. 화랑은 이 무리의 중심인물로 진골 귀족 가운데 낭도의 추대를 받아 선발되었다. 낭도들은 자발적으로 화랑도에 가입하였으며 연령은 대체로 15세에서 18세까지였다.

평민도 화랑이 될 수 있었다. (   )

[정답 및 해설] X
위 글은 '화랑도'와 화랑도 내의 중심인물인 '화랑'에 대해 서술하고 있습니다. 글에 따르면 화랑도 내에는 진골 이하 평민에 이르는 낭도들이 있었지만, 화랑은 진골 귀족만 될 수 있었습니다. 따라서 평민도 화랑이 될 수 있었다는 문장은 적합하지 않습니다. 생소한 개념이 제시될 때는 개념을 명확히 잡는 것이 중요합니다. 단어가 비슷하더라도 화랑도의 개념과 화랑의 개념을 혼동하지 않도록 주의합시다.

문제에 적용해보기

STEP1 직접 해보기

다음 글에서 주요 키워드를 찾고, 그 특징을 적어 봅시다.

인간에 대한 혐오의 감정을 긍정적으로 바라보는 인식을 바탕으로, 이를 사회 안정의 도구로 활용해야 한다거나 법적 판단의 근거로 삼아야 한다는 주장은 영미법의 오래된 역사에서 그리 낯설지 않다. 그러나 혐오의 감정이 특정 개인과 집단을 배척하기 위한 강력한 무기로 이용되었다는 사실을 고려하면 이러한 주장이 얼마나 그릇된 것인지 이해할 수 있다.

일반적으로 우리는 분비물이나 배설물, 악취 등에 대해 그리고 시체와 같이 부패하고 퇴화하는 것들에 대해 혐오의 감정을 갖는다. 인간은 타자를 공격하는 데 이러한 오염물의 이미지를 사용한다. 이때 혐오는 특정 집단을 오염물인 것처럼 취급하고 자신은 오염되지 않은 쪽에 속함으로써 얻게 되는 심리적인 우월감 및 만족감과 연결되어 있다. 역사적으로 볼 때 이런 과정을 거쳐 오염물로 취급된 집단 중 하나가 유대인이다.

중세 이후 반유대주의 세력이 유대인에게 부여한 부정적 이미지는 점액성, 악취, 부패, 불결함과 같은 혐오스러운 것들과 결부되어 있다. 히틀러는 유대인을 깨끗하고 건강한 독일 민족의 몸속에 숨겨진, 썩어 가는 시체 속의 구더기라고 표현했다. 혐오스러운 적대자를 설정함으로써 자신의 야욕을 달성하려 했던 것이다. 불행하게도 대다수의 독일인은 이러한 야만적인 정치적 선동에 동의를 표했다. 심지어 유대인을 암세포, 종양, 세균 등으로 묘사하면서 이들을 비인간적 존재로 전락시키는 의학적 담론이 유행하기도 했다. 비인간적으로 묘사되는 유대인의 이미지는 나치가 만든 허상이었음에도 불구하고, 유대인과 연관된 혐오의 이미지는 아이들이 보는 당대의 동화 속에 담겨 있을 정도로 널리 퍼져 있었다.

꿀 풀이 TIP

지문에서 중요 키워드를 찾아내는 방법 중 하나는 지문에서 반복되고 있는 단어에 집중하는 것입니다. 반복적으로 제시되고 있는 단어는 지문의 중심 소재일 가능성이 높으므로 그 단어의 개념 정의나 특징에 주목해야 합니다.

[답안]

- 주요 키워드:

- 특징:

STEP2 심화 학습하기

다음 글을 읽고 제시된 선택지의 키워드를 찾아 글에서 알 수 있는지 O, X로 표시해 봅시다.

인간에 대한 혐오의 감정을 긍정적으로 바라보는 인식을 바탕으로, 이를 사회 안정의 도구로 활용해야 한다거나 법적 판단의 근거로 삼아야 한다는 주장은 영미법의 오래된 역사에서 그리 낯설지 않다. 그러나 혐오의 감정이 특정 개인과 집단을 배척하기 위한 강력한 무기로 이용되었다는 사실을 고려하면 이러한 주장이 얼마나 그릇된 것인지 이해할 수 있다.

일반적으로 우리는 분비물이나 배설물, 악취 등에 대해 그리고 시체와 같이 부패하고 퇴화하는 것들에 대해 혐오의 감정을 갖는다. 인간은 타자를 공격하는 데 이러한 오염물의 이미지를 사용한다. 이때 혐오는 특정 집단을 오염물인 것처럼 취급하고 자신은 오염되지 않은 쪽에 속함으로써 얻게 되는 심리적인 우월감 및 만족감과 연결되어 있다. 역사적으로 볼 때 이런 과정을 거쳐 오염물로 취급된 집단 중 하나가 유대인이다.

중세 이후 반유대주의 세력이 유대인에게 부여한 부정적 이미지는 점액성, 악취, 부패, 불결함과 같은 혐오스러운 것들과 결부되어 있다. 히틀러는 유대인을 깨끗하고 건강한 독일 민족의 몸속에 숨겨진, 썩어 가는 시체 속의 구더기라고 표현했다. 혐오스러운 적대자를 설정함으로써 자신의 야욕을 달성하려 했던 것이다. 불행하게도 대다수의 독일인은 이러한 야만적인 정치적 선동에 동의를 표했다. 심지어 유대인을 암세포, 종양, 세균 등으로 묘사하면서 이들을 비인간적 존재로 전락시키는 의학적 담론이 유행하기도 했다. 비인간적으로 묘사되는 유대인의 이미지는 나치가 만든 허상이었음에도 불구하고, 유대인과 연관된 혐오의 이미지는 아이들이 보는 당대의 동화 속에 담겨 있을 정도로 널리 퍼져 있었다.

[답안]

선택지	키워드	알 수 있는지 여부
① 혐오는 정치적 선동의 도구로 이용되지 않았다.		
② 개인뿐만 아니라 집단도 혐오의 대상이 될 수 있다.		
③ 혐오의 대상이 되는 집단은 비인간적으로 묘사되기도 한다.		
④ 혐오의 감정을 법적 판단의 근거로 삼아야 한다는 입장이 있었다.		
⑤ 인간에 대한 혐오의 감정은 타자를 혐오함으로써 주체가 얻을 수 있는 심리적인 만족감과 연관되어 있다.		

STEP3 가이드&정답 확인하기

문제 풀이 가이드와 정답을 확인해 봅시다.

잊지 말아야 할
핵심 포인트

인간에 대한 혐오의 감정을 긍정적으로 바라보는 인식을 바탕으로, 이를 사회 안정의 도구로 활용해야 한다거나 법적 판단의 근거로 삼아야 한다는 주장은 영미법의 오래된 역사에서 그리 낯설지 않다. 그러나 혐오의 감정이 특정 개인과 집단을 배척하기 위한 강력한 무기로 이용되었다는 사실을 고려하면 이러한 주장이 얼마나 그릇된 것인지 이해할 수 있다.

  일반적으로 우리는 분비물이나 배설물, 악취 등에 대해 그리고 시체와 같이 부패하고 퇴화하는 것들에 대해 혐오의 감정을 갖는다. 인간은 타자를 공격하는 데 이러한 오염물의 이미지를 사용한다. 이때 혐오는 특정 집단을 오염물인 것처럼 취급하고 자신은 오염되지 않은 쪽에 속함으로써 얻게 되는 심리적인 우월감 및 만족감과 연결되어 있다. 역사적으로 볼 때 이런 과정을 거쳐 오염물로 취급된 집단 중 하나가 유대인이다.

  중세 이후 반유대주의 세력이 유대인에게 부여한 부정적 이미지는 점액성, 악취, 부패, 불결함과 같은 혐오스러운 것들과 결부되어 있다. 히틀러는 유대인을 깨끗하고 건강한 독일 민족의 몸속에 숨겨진, 썩어 가는 시체 속의 구더기라고 표현했다. 혐오스러운 적대자를 설정함으로써 자신의 야욕을 달성하려 했던 것이다. 불행하게도 대다수의 독일인은 이러한 야만적인 정치적 선동에 동의를 표했다. 심지어 유대인을 암세포, 종양, 세균 등으로 묘사하면서 이들을 비인간적 존재로 전락시키는 의학적 담론이 유행하기도 했다. 비인간적으로 묘사되는 유대인의 이미지는 나치가 만든 허상이었음에도 불구하고, 유대인과 연관된 혐오의 이미지는 아이들이 보는 당대의 동화 속에 담겨 있을 정도로 널리 퍼져 있었다.

하나의 키워드를 제시하고 그에 대한 개념 정의나 특징 등이 서술되어 있는 지문은 그 키워드와 같은 계열의 단어와 반대 계열의 단어가 제시되는 경우가 많습니다. 이 지문도 '혐오'의 감정에 대해 긍정적으로 바라보는 인식과 부정적으로 바라보는 인식이 함께 제시되어 있습니다. 대비되는 부분을 잘 체크해두면, 선택지를 판별할 때 도움이 됩니다.

[STEP1 정답]

- 주요 키워드: 인간에 대한 혐오의 감정
- 특징: 법적 판단의 근거, 사회 안정의 도구, 특정 개인과 집단을 배척, 오염물, 심리적인 우월감 및 만족감, 유대인

[STEP2 정답]

선택지	키워드	알 수 있는지 여부
① 혐오는 정치적 선동의 도구로 이용되지 않았다.	정치적 선동의 도구	X
② 개인뿐만 아니라 집단도 혐오의 대상이 될 수 있다.	집단도 혐오의 대상	O
③ 혐오의 대상이 되는 집단은 비인간적으로 묘사되기도 한다.	비인간적으로 묘사	O
④ 혐오의 감정을 법적 판단의 근거로 삼아야 한다는 입장이 있었다.	법적 판단의 근거	O
⑤ 인간에 대한 혐오의 감정은 타자를 혐오함으로써 주체가 얻을 수 있는 심리적인 만족감과 연관되어 있다.	심리적인 만족감	O

02 대조되는 개념이 제시된 글의 구조를 파악하자.

대조되는 개념이 제시되어 있는 글의 구조는 언어논리에서 중요한 지문 구조입니다. 대조되는 개념은 두 개가 제시될 수도 있지만, 세 개 이상이 제시되기도 합니다. 대조 지문이 제시되었다면, 세부적인 정보를 찾거나 내용을 이해하는 데 집중하는 것보다는 대조되는 각 개념의 특징적인 키워드를 찾아주는 것이 좋습니다. 즉, 지문에 대조되는 개념 A와 개념 B가 제시되어 있다면, 개념 A에 해당되는 키워드들은 그 단어 위에 동그라미를 표시하고, 개념 B에 해당되는 키워드들은 그 단어 위에 세모를 표시하는 것입니다. 이러한 방식은 선택지를 판별하는 데도 유용합니다. 키워드들이 매칭된 형태로 선택지의 옳고 그름이 판별되는 경우가 많기 때문입니다.

📍 대조 지문

두 가지 이상의 대조되는 개념이 제시되는 글입니다. 내용보다는 대조되는 개념의 키워드를 체크하는 데 중점을 두고 읽어야 합니다.

예제

다음 글에 따를 때, 아래 문장이 적합하면 O, 적합하지 않으면 X로 표시해 봅시다.

> 소설과 영화는 인물, 배경, 사건과 같은 이야기 구성 요소들을 공유하고 있다 하더라도 이야기를 전달하는 방법에 뚜렷한 차이를 보인다. 예컨대 어떤 인물의 내면 의식을 드러낼 때 소설은 문자 언어를 통해 표현하지만, 영화는 인물의 대사나 화면 밖의 목소리를 통해 전달하거나 혹은 연기자의 표정이나 행위를 통해 암시적으로 표현한다. 또한 소설과 영화의 중개자는 각각 서술자와 카메라이기에 그로 인한 서술 방식의 차이도 크다. 가령 1인칭 시점의 원작 소설과 이를 각색한 영화를 비교해 보면, 소설의 서술자 '나'의 경우 영화에서는 화면에 인물로 등장해야 하므로 이들의 서술 방식은 달라진다.

소설과 달리 영화는 중개자인 카메라의 효과에 따라 주제가 달라진다. (　　　)

[정답 및 해설] X
위 글은 소설과 영화의 특성이 대조를 이루는 글입니다. 글에 따르면 소설과 카메라는 중개자가 서술자와 카메라로 각각 다르고, 그로 인해 서술 방식이 달라집니다. 그러나 그에 따라 주제가 달라진다고 볼 수는 없습니다.

문제에 적용해보기

STEP1 직접 해보기

다음 글에서 대조되고 있는 개념을 찾고, 그와 관련된 키워드를 적어 봅시다.

> 대체재와 대안재의 구별은 소비자뿐만 아니라 판매자에게도 중요하다. 형태는 달라도 동일한 핵심 기능을 제공하는 제품이나 서비스는 각각 서로의 대체재가 될 수 있다. 대안재는 기능과 형태는 다르나 동일한 목적을 충족하는 제품이나 서비스를 의미한다.
>
> 사람들은 회계 작업을 위해 재무 소프트웨어를 구매하여 활용하거나 회계사를 고용해 처리하기도 한다. 회계 작업을 수행한다는 측면에서, 형태는 다르지만 동일한 기능을 갖고 있는 두 방법 중 하나를 선택할 수 있다.
>
> 이와는 달리 형태와 기능이 다르지만 같은 목적을 충족시켜주는 제품이나 서비스가 있다. 여가 시간을 즐기고자 영화관 또는 카페를 선택해야 하는 상황을 보자. 카페는 물리적으로 영화관과 유사하지도 않고 기능도 다르다. 하지만 이런 차이에도 불구하고 사람들은 여가 시간을 보내기 위한 목적으로 영화관 또는 카페를 선택한다.
>
> 소비자들은 구매를 결정하기 전에 대안적인 상품들을 놓고 저울질한다. 일반 소비자나 기업 구매자 모두 그러한 의사결정 과정을 갖는다. 그러나 어떤 이유에서인지 우리가 파는 사람의 입장이 됐을 때는 그런 과정을 생각하지 못한다. 판매자들은 고객들이 대안 산업군 전체에서 하나를 선택하게 되는 과정을 주목하지 못한다. 반면에 대체재의 가격 변동, 상품 모델의 변화, 광고 캠페인 등에 대한 새로운 정보는 판매자들에게 매우 큰 관심거리이므로 그들의 의사결정에 중요한 역할을 한다.

[답안]

꿀 풀이 TIP

대조되는 개념이라 할지라도 그 특성에 공통적인 부분이 있을 수 있음을 염두에 두어야 합니다. 이 공통점은 문제 풀이에 중요한 정보가 됩니다.

STEP2 심화 학습하기

제시된 문장의 키워드를 표에 따라 구분한 후, 각 문장이 글의 내용에 부합하는지 정오를 O, X로 표시해 봅시다.

> 대체재와 대안재의 구별은 소비자뿐만 아니라 판매자에게도 중요하다. 형태는 달라도 동일한 핵심 기능을 제공하는 제품이나 서비스는 각각 서로의 대체재가 될 수 있다. 대안재는 기능과 형태는 다르나 동일한 목적을 충족하는 제품이나 서비스를 의미한다.
>
> 사람들은 회계 작업을 위해 재무 소프트웨어를 구매하여 활용하거나 회계사를 고용해 처리하기도 한다. 회계 작업을 수행한다는 측면에서, 형태는 다르지만 동일한 기능을 갖고 있는 두 방법 중 하나를 선택할 수 있다.
>
> 이와는 달리 형태와 기능이 다르지만 같은 목적을 충족시켜주는 제품이나 서비스가 있다. 여가 시간을 즐기고자 영화관 또는 카페를 선택해야 하는 상황을 보자. 카페는 물리적으로 영화관과 유사하지도 않고 기능도 다르다. 하지만 이런 차이에도 불구하고 사람들은 여가 시간을 보내기 위한 목적으로 영화관 또는 카페를 선택한다.
>
> 소비자들은 구매를 결정하기 전에 대안적인 상품들을 놓고 저울질한다. 일반 소비자나 기업 구매자 모두 그러한 의사결정 과정을 갖는다. 그러나 어떤 이유에서인지 우리가 파는 사람의 입장이 됐을 때는 그런 과정을 생각하지 못한다. 판매자들은 고객들이 대안 산업군 전체에서 하나를 선택하게 되는 과정을 주목하지 못한다. 반면에 대체재의 가격 변동, 상품 모델의 변화, 광고 캠페인 등에 대한 새로운 정보는 판매자들에게 매우 큰 관심거리이므로 그들의 의사결정에 중요한 역할을 한다.

[답안]

문장	대체재에 해당하는 키워드	대안재에 해당하는 키워드	정오 판단
판매자들은 대안재보다 대체재 관련 정보에 민감하게 반응한다.			
판매자들은 소비자들의 대안재 선택 과정을 잘 이해한다.			
재무 소프트웨어와 회계사는 서로 대안재의 관계에 있다.			
소비자들은 대안재보다 대체재를 선호하는 경향이 있다.			
영화관과 카페는 서로 대체재의 관계에 있다.			

잊지 말아야 할 핵심 포인트

문제에 제시된 지문을 읽을 때는 세부 정보를 물리적으로 표시하면서 읽어주는 것이 좋습니다. 물리적 표시는 밑줄을 긋는 것일 수도 있고, 기호를 사용하여 표시하는 것일 수도 있습니다. 어떤 방식이든 대조되는 개념을 각각 다른 방식으로 구분되게 표시하면 선택지를 판별할 때 쉽게 확인할 수 있습니다.

STEP3 가이드&정답 확인하기

문제 풀이 가이드와 정답을 확인해 봅시다.

> 대체재와 대안재의 구별은 소비자뿐만 아니라 판매자에게도 중요하다. 형태는 달라도 동일한 핵심 기능을 제공하는 제품이나 서비스는 각각 서로의 대체재가 될 수 있다. 대안재는 기능과 형태는 다르나 동일한 목적을 충족하는 제품이나 서비스를 의미한다.
>
> 사람들은 회계 작업을 위해 재무 소프트웨어를 구매하여 활용하거나 회계사를 고용해 처리하기도 한다. 회계 작업을 수행한다는 측면에서, 형태는 다르지만 동일한 기능을 갖고 있는 두 방법 중 하나를 선택할 수 있다.
>
> 이와는 달리 형태와 기능이 다르지만 같은 목적을 충족시켜주는 제품이나 서비스가 있다. 여가 시간을 즐기고자 영화관 또는 카페를 선택해야 하는 상황을 보자. 카페는 물리적으로 영화관과 유사하지도 않고 기능도 다르다. 하지만 이런 차이에도 불구하고 사람들은 여가 시간을 보내기 위한 목적으로 영화관 또는 카페를 선택한다.
>
> 소비자들은 구매를 결정하기 전에 대안적인 상품들을 놓고 저울질한다. 일반 소비자나 기업 구매자 모두 그러한 의사결정 과정을 갖는다. 그러나 어떤 이유에서인지 우리가 파는 사람의 입장이 됐을 때는 그런 과정을 생각하지 못한다. 판매자들은 고객들이 대안 산업군 전체에서 하나를 선택하게 되는 과정을 주목하지 못한다. 반면에 대체재의 가격 변동, 상품 모델의 변화, 광고 캠페인 등에 대한 새로운 정보는 판매자들에게 매우 큰 관심거리이므로 그들의 의사결정에 중요한 역할을 한다.

[STEP1 정답]

- 대체재: 동일한 핵심 기능, 재무 소프트웨어나 회계사, 판매자
- 대안재: 동일한 목적, 영화관이나 카페, 소비자

[STEP2 정답]

문장	대체재에 해당하는 키워드	대안재에 해당하는 키워드	정오 판단
판매자들은 대안재보다 대체재 관련 정보에 민감하게 반응한다.	판매자	—	O
판매자들은 소비자들의 대안재 선택 과정을 잘 이해한다.	판매자	소비자	X
재무 소프트웨어와 회계사는 서로 대안재의 관계에 있다.	재무 소프트웨어, 회계사	—	X
소비자들은 대안재보다 대체재를 선호하는 경향이 있다. → 선호 경향은 글에 나타나지 않음	—	소비자	알 수 없음
영화관과 카페는 서로 대체재의 관계에 있다.	—	영화관, 카페	X

PSAT 기출문제

01. 다음 글에서 추론할 수 있는 것만을 <보기>에서 모두 고르면?

17 민경채

전전두엽 피질에는 뇌의 중요한 기제가 있는데, 이 기제는 당신이 다른 사람과 실시간으로 대화하고 있는 동안 당신과 그 사람을 동시에 감시한다. 이는 상대에게 적절하고 부드럽게 응답하도록 하며, 무례하게 행동하거나 분노를 표출하려는 충동을 억제하는 역할을 한다.

이 조절 기제가 잘 작동하기 위해서는 얼굴을 맞대고 대화하면서 실시간으로 피드백을 받을 수 있어야 한다. 하지만 인터넷은 그러한 피드백을 허용하지 않는다. 이는 전전두엽에 있는 충동억제회로를 당황하게 만든다. 서로를 바라보며 대화 상대방의 반응을 관찰할 수 없기 때문이다. 이로 인해 '탈억제' 현상, 즉 충동이 억제에서 풀려나는 현상이 나타날 수 있다.

탈억제는 사람들이 긍정적이거나 중립적인 감정 상태에 있는 동안에는 잘 일어나지 않는 경향이 있다. 인터넷에서 의사소통이 원활하게 이루어지는 경우는 이러한 경향 때문이다. 탈억제는 사람들이 부정적인 감정을 강하게 느낄 때 훨씬 더 잘 일어난다. 그 결과 충동이 억제되지 못하고 화를 내거나 감정적으로 거친 메시지를 보내는 현상이 나타난다. 만약 상대방을 마주 보고 있었더라면 쓰지 않았을 말을 인터넷상에서 쓰는 식이다. 충동억제회로가 제대로 작동하면 인터넷상에서는 물론 오프라인과 일상생활에서도 조심스러운 매너로 상대를 대하게 된다. 그런 경우 상호교제는 더 매끄럽게 진행될 수 있다.

〈보 기〉

ㄱ. 부정적인 감정을 조절하는 교육 프로그램은 탈억제 현상을 감소시키는 데 도움이 될 것이다.
ㄴ. 전전두엽의 충동억제회로에 이상이 생기면 상대방에게 무례한 응답을 할 가능성이 높아질 것이다.
ㄷ. 기술의 발전으로 인터넷상에서도 면대면 실시간 대화의 효과를 낼 수 있다면, 인터넷상에서 탈억제 현상이 감소할 수 있다.

① ㄱ
② ㄴ
③ ㄱ, ㄷ
④ ㄴ, ㄷ
⑤ ㄱ, ㄴ, ㄷ

02. 다음 글에서 추론할 수 있는 것만을 〈보기〉에서 모두 고르면?　　21 7급공채

> 갑: 조(粗)출생률은 인구 1천 명당 출생아 수를 의미합니다. 조출생률은 인구 규모가 상이한 지역이나 시점 간의 출산 수준을 간편하게 비교할 때 유용한 지표입니다. 예를 들어, 2016년에 세종시보다 인구 규모가 훨씬 큰 경기도의 출생아 수는 10만 5천 명으로 세종시의 3천 명보다 많지만, 조출생률은 경기도가 8.4명이고 세종시는 14.6명입니다. 출산 수준은 세종시가 더 높다는 의미입니다.
> 을: 그렇군요. 그럼 합계 출산율은 무엇인가요?
> 갑: 합계 출산율은 여성 한 명이 평생 동안 낳을 것으로 예상되는 출생아 수를 의미합니다. 여성이 실제 평생 동안 낳은 아이 수를 측정하는 것은 가임 기간 35년이 지나야 산출할 수 있다는 문제가 있습니다. 이에 비해 합계 출산율은 여성 1명이 출산 가능한 시기를 15세부터 49세까지로 가정하고 그 사이의 각 연령대 출산율을 모두 합해서 얻습니다. 15~19세 연령대 출산율은 한 해 동안 15~19세 여성에게서 태어난 출생아 수를 15~19세 여성의 수로 나눈 수치인데, 15~19세부터 45~49세까지 7개 구간 각각의 연령대 출산율을 모두 합한 것이 합계 출산율입니다. 합계 출산율은 한 여성이 가임 기간 내내 특정 시기의 연령대 출산율 패턴을 그대로 따른다는 가정을 전제로 산출하므로 실제 출산 현실과 차이가 있을 수 있습니다.
> 을: 그렇다면 조출생률과 합계 출산율을 구별하는 이유가 뭐죠?
> 갑: 조출생률과 달리 합계 출산율은 성비 및 연령 구조에 따른 출산 수준의 차이를 표준화할 수 있는 장점이 있습니다. 예를 들어, 이스라엘의 합계 출산율은 3.0인 반면 남아프리카공화국은 2.5 가량입니다. 하지만 조출생률은 거의 비슷하지요. 이것은 남아프리카공화국의 경우 전체 인구 대비 젊은 여성의 비율이 이스라엘보다 높기 때문입니다.

〈보 기〉

ㄱ. 조출생률을 계산할 때는 전체 인구 대비 여성의 비율은 고려하지 않는다.
ㄴ. 두 나라가 인구수와 조출생률에 차이가 없다면 각 나라의 합계 출산율에는 차이가 없다.
ㄷ. 합계 출산율은 한 명의 여성이 일생 동안 출산한 출생아의 수를 집계한 자료를 바탕으로 산출한다.

① ㄱ
② ㄴ
③ ㄱ, ㄷ
④ ㄴ, ㄷ
⑤ ㄱ, ㄴ, ㄷ

03. 다음 글에서 알 수 있는 것은?

23 7급공채

> ○○시 교육청은 초·중학교 기초학력 부진학생의 기초학력 향상을 위해 3단계의 체계적인 지원체계를 구축하였다. 이는 학습 사각지대에 놓여있는 학생들을 조기에 발견하고, 학생 여건과 특성에 맞는 서비스를 제공하여 기초학력 부진을 해결하기 위한 조치이다.
>
> 1단계 지원은 기초학력 부진 판정을 받은 모든 학생을 대상으로 하며, 해당 학생에 대한 지도는 학교 내에서 담임교사가 담당한다. 학교 내에서 교사가 특별학습 프로그램을 진행하는 것이다.
>
> 2단계 지원은 기초학력 부진 판정을 받은 학생 중 복합적인 요인으로 어려움을 겪는 것으로 판정된 학생인 복합요인 기초학력 부진학생을 대상으로 권역학습센터에서 이루어진다. 권역학습센터는 권역별 1곳씩 총 5곳에 설치되어 있으며, 이곳에서 학습멘토 프로그램을 운영한다. 이 프로그램에 참여하는 지원 인력은 ○○시의 인증을 받은 학습상담사이며, 기초학력 부진학생의 학습멘토 역할을 담당하게 된다.
>
> 3단계 지원은 복합요인 기초학력 부진학생 중 주의력결핍 과잉행동장애 또는 난독증 등의 문제로 학습에 어려움을 겪는 학생을 대상으로 ○○시 학습종합클리닉센터에서 이루어진다. ○○시 학습종합클리닉센터는 교육청 차원에서 지역사회 교육 전문가를 초빙하여 해당 학생들을 위한 전문학습클리닉 프로그램을 운영한다. 이에 더해 소아정신과 전문의 등으로 이루어진 의료지원단을 구성하여 의료적 도움을 줄 수 있도록 한다.

① ○○시 학습종합클리닉센터는 ○○시에 총 5곳이 설치되어 있다.
② 기초학력 부진학생으로 판정된 학생은 학습멘토 프로그램에 참여할 수 없다.
③ 복합요인 기초학력 부진학생으로 판정된 학생 중 의료지원단의 의료적 도움을 받는 학생이 있을 수 있다.
④ 학습멘토 프로그램 및 전문학습클리닉 프로그램에 참여하는 지원 인력은 ○○시의 인증을 받지 않아도 된다.
⑤ 난독증이 있는 학생은 기초학력 부진 판정을 받지 않았더라도 ○○시 학습종합클리닉센터에서 운영하는 프로그램에 참여할 수 있다.

04. 다음 글에서 알 수 있는 것만을 〈보기〉에서 모두 고르면?

13 민경채

영국의 식민지였던 시기의 미국 남부와 북부 지역에서는 사회 형성과 관련하여 전혀 다른 상황이 전개되었다. 가난한 형편을 면하기 위해 남부로 이주한 영국 이주민들은 행실이 방정하지 못하고 교육도 받지 못한 하층민이었다. 이들 중에는 황금에 눈이 먼 모험가와 투기꾼 기질이 강한 사람들도 있었다. 반면에 뉴잉글랜드 해안에 정착한 북부 이주민들은 모두 영국에서 경제적으로 여유 있던 사람들로서, 새 보금자리인 아메리카에서 빈부귀천의 차이가 없는 특이한 사회 유형을 만들어냈다. 적은 인구에도 불구하고 그들은 거의 예외 없이 훌륭한 교육을 받았으며, 상당수는 뛰어난 재능과 업적으로 유럽 대륙에도 이미 널리 알려져 있었다.

북부 이주민들을 아메리카로 이끈 것은 순수한 종교적 신념과 새로운 사회에 대한 열망이었다. 그들은 청교도라는 별칭을 가진 교파에 속한 이들로, 스스로를 '순례자'로 칭했을 만큼 엄격한 규율을 지켰다. 이들의 종교적 교리는 민주공화이론과 일치했다. 뉴잉글랜드의 이주자들이 가족을 데리고 황량한 해안에 상륙하자마자 맨 먼저 한 일은 자치를 위한 사회 규약을 만드는 일이었다. 유럽인들이 전제적인 신분질서에 얽매여 있는 동안, 뉴잉글랜드에서는 평등한 공동사회가 점점 모습을 드러냈다. 반면에 남부 이주민들은 부양가족이 없는 모험가들로서 기존의 사회 체계를 기반으로 자신들의 사회를 건설하였다.

〈보 기〉

ㄱ. 북부 이주민은 종교 규율과 사회 규약을 중시했다.
ㄴ. 남·북부 이주민 사이에 이주 목적의 차이가 있었다.
ㄷ. 북부 이주민은 남부 이주민보다 영국의 사회 체계를 유지하려는 성향이 강했다.

① ㄱ
② ㄷ
③ ㄱ, ㄴ
④ ㄴ, ㄷ
⑤ ㄱ, ㄴ, ㄷ

05. 다음 글에서 알 수 있는 것은?

> 1948년 정부 수립 직후에 전기업공업통제협회와 같은 기관이 출범하기도 했지만, 한국에서 전자기술의 산업화에 대한 관심이 싹트기 시작한 것은 한국전쟁이 정전된 1953년 무렵이다. 미군이 전쟁 중 가지고 들어온 라디오와 가전기기 등이 전자기술의 산업화에 대한 관심을 촉발했다. 그런데 전자기술의 하나인 반도체 기술은 1960년대에 외국 반도체 기업들을 통해 국내에 도입되기 시작했다. 따라서 이 시기를 한국 반도체 산업의 태동기라 부를 수 있다.
>
> 1960년에 한국은 외자도입의 양적 확대에 초점을 둔 「외자도입촉진법」을 제정했다. 이 법을 통해 한국은 여러 나라와 국제기구로부터의 차관을 확대하여 경제 발전을 이루고자 했다. 1966년에는 「외자도입법」을 제정하였는데, 이 법은 외자도입의 양적 확대를 지양하고 질적 선별을 강화함과 더불어 외국 기업의 투자에 대한 제한을 철폐함으로써, 외국의 선진기술을 받아들이는 것을 장려하였다. 외국 반도체 기업들이 국내 자본과의 합작 또는 직접 투자의 방식으로 한국에 진출하기 시작한 것이 이 법의 제정을 전후한 시기였다. 1965년에 미국의 코미사가 한국 자본과의 합작 투자로 한국 최초의 반도체 조립 업체인 고미전자산업을 설립했다. 당시 반도체 생산을 주도했던 국가는 미국과 일본이었는데, 이들 국가의 기업들은 기술집약적인 공정과 노동집약적인 조립 생산을 분리했다. 그리고 저임금으로 장시간 노동할 수 있는 인력이 풍부해 노동집약적 생산에 적합한 한국에 반도체 제품을 단순 조립할 회사를 연이어 설립했다.

① 외국 반도체 기업 가운데 코미사는 합작 투자가 아닌 방식으로 한국에 진출했다.
② 한국 최초의 반도체 조립 업체가 설립된 것은 「외자도입촉진법」이 제정되기 이전이었다.
③ 전기업공업통제협회가 출범할 당시 한국에 반도체 기술은 아직 도입되지 않은 상태였다.
④ 「외자도입법」이 제정됨으로써 여러 국제기구가 한국의 경제 발전을 위한 차관을 양적으로 확대했다.
⑤ 한국전쟁 발발 이전부터 미군을 통해 유입된 라디오와 가전기기 등은 전자기술에 대한 관심을 촉발했다.

06. 다음 글에서 알 수 있는 것은?

25 7급공채

> 말은 정치·경제 발전의 중요한 수단이었다. 말은 빠르기도 하거니와 지구력이 좋고 힘이 세다. 행정, 농업, 목축업, 광업, 제조업, 운송, 통신, 전투 등 거의 모든 분야에서 말의 이런 능력이 활용되었다. 그렇기에 말의 능력을 활용한 지역은 그렇지 않은 지역보다 더 빠르게 발전하는 양상을 보였다.
>
> 말은 인간에게 길들여지기 전에 야생에서 살았는데, 야생말은 시기별로 서식지의 분포가 달랐다. 기원전 1만 년경 후기 홍적세 시기까지 야생말은 유라시아의 전 지역과 아메리카 및 북부 아프리카에 서식했다. 그런데 이 시기부터 기원전 약 6천 년경 중기 충적세 시기에 이르는 동안 야생말의 서식 지역의 분포가 바뀌었다. 이 시기에 유라시아의 중북부 스텝 기후 지역을 제외한 대부분의 유라시아 지역에서 사람들이 식용을 목적으로 야생말을 대규모로 사냥했다. 이로 인해 이 스텝 기후 지역을 제외한 유라시아의 야생말은 거의 멸종하다시피 했다. 이와 달리 유라시아 중북부의 스텝 기후 지역은 인구가 많지 않아 인간으로부터 사냥을 당하는 경우가 적었으며, 이 덕분에 야생말은 생존할 수 있었다.
>
> 이후 기원전 3,500년경 당나귀에 이어 야생말이 길들여졌다. 그 당시 메소포타미아 지역의 목축업자들이 북쪽으로 이동하면서 유라시아 중북부의 스텝 기후 지역에 들어갔는데, 그들은 이 지역에 살던 야생말을 길들이기 시작했다. 이때부터 인류는 말을 실생활에 이용했다. 말에 안장을 얹어 장거리 이동 수단으로 사용하기도 했고, 등에 짐을 실어 운송 수단으로 활용하기도 했다. 이뿐 아니라 전쟁과 농업에서도 말이 널리 사용되었다. 이런 과정을 거쳐 말은 인류 발전의 밑바탕이 되었다.

① 중기 충적세 시기에 야생말의 지구력이 좋아지기 시작했다.
② 후기 홍적세 시기 이전부터 북부 아프리카에서는 야생말을 운송 수단으로 썼다.
③ 기원전 3,500년경 유라시아 중북부의 스텝 기후 지역에 살던 야생말이 길들여지기 시작했다.
④ 후기 홍적세 시기부터 초기 충적세 시기 사이에 인류는 농업과 운송 등의 실생활에 말을 이용했다.
⑤ 당나귀를 이동 수단으로 쓰던 지역은 말을 이동 수단으로 이용하던 지역보다 정치·경제적으로 더 발전했다.

정답 및 해설

01. ⑤

ㄱ. 탈억제는 사람들이 부정적인 감정을 느낄 때 훨씬 더 잘 일어나므로 부정적인 감정을 조절하는 교육 프로그램은 탈억제 현상을 감소시키는 데 도움이 될 것이다.

ㄴ. 탈억제는 전전두엽 피질에서 상대방에게 무례하게 행동하거나 분노를 표출하려는 충동을 억제하는 역할을 하는 조절 기제가 잘 작동하지 않아 충동이 억제에서 풀려나는 현상이다. 따라서 전전두엽의 충동억제회로에 이상이 생기면 상대방에게 무례한 응답을 할 가능성이 높아질 것이다.

ㄷ. 충동억제회로가 잘 작동하기 위해서는 얼굴을 맞대고 대화하면서 실시간으로 피드백을 받을 수 있어야 하는데 인터넷에서는 그러한 피드백을 허용하지 않기 때문에 탈억제 현상이 발생한다. 따라서 기술의 발전으로 인터넷상에서도 면대면 실시간 대화의 효과를 낼 수 있다면, 인터넷상에서 탈억제 현상이 감소할 수 있다.

02. ①

지문은 대화체로 구성되어 있고 조출생률과 합계 출산율에 대한 개념 정의와 각각의 특성이 제시되어 있으므로 이러한 정보에 주목하여 전체적으로 지문을 읽는다.

ㄱ. 첫 번째 갑의 진술에서 조출생률은 인구 1천 명당 출생아 수를 의미한다고 했으므로 조출생률의 개념은 전체 인구수가 기준이 될 뿐 전체 인구 대비 여성의 비율은 고려하지 않음을 추론할 수 있다.

✓오답체크

ㄴ. 두 나라의 인구수와 조출생률에 차이가 없다면, 두 나라의 출생아 수가 동일함을 알 수 있으나, 합계 출산율은 여성 한 명이 평생 동안 낳을 것으로 예상되는 출생아 수로서 조출생률과 관련이 없으므로 두 나라의 인구수와 조출생률에 차이가 없다고 하더라도 합계 출산율에 차이가 없는지는 추론할 수 없다.

ㄷ. 합계 출산율은 여성 한 명이 평생 동안 낳을 것으로 예상되는 출생아 수로, 15~49세까지 각 연령대 출산율을 모두 합해서 구하는 것임을 추론할 수 있으나, 합계 출산율이 한 명의 여성이 일생 동안 출산한 출생아의 수를 집계한 자료를 바탕으로 산출하는지는 추론할 수 없다.

03. ③

네 번째 단락에서 복합요인 기초학력 부진학생 중 주의력결핍 과잉행동장애 또는 난독증 등의 문제로 학습에 어려움을 겪는 학생을 대상으로 소아정신과 전문의 등으로 이루어진 의료지원단을 구성하여 의료적 도움을 줄 수 있음을 알 수 있다. 따라서 복합요인 기초학력 부진학생으로 판정된 학생 중 의료지원단의 의료적 도움을 받는 학생이 있을 수 있다는 것을 알 수 있다.

✓오답체크

① 세 번째 단락에서 ○○시에 총 5곳이 설치되어 있는 것은 학습종합클리닉센터가 아니라 권역학습센터임을 알 수 있다.

② 세 번째 단락에서 기초학력 부진 판정을 받은 학생 중 복합요인 기초학력 부진학생을 대상으로 학습멘토 프로그램을 운영한다는 것을 알 수 있다. 따라서 기초학력 부진학생으로 판정된 학생은 학습멘토 프로그램에 참여할 수 없다는 것은 알 수 없다.

④ 세 번째 단락에서 학습멘토 프로그램에 참여하는 지원 인력은 ○○시의 인증을 받은 학습상담사임을 알 수 있지만, 전문학습클리닉 프로그램에 참여하는 지원 인력의 인증 여부는 알 수 없다.
⑤ 네 번째 단락에서 3단계 지원은 복합요인 기초학력 부진학생 중 주의력결핍 과잉행동장애 또는 난독증 등의 문제로 학습에 어려움을 겪는 학생을 대상으로 ○○시 학습종합클리닉센터에서 이루어진다는 것을 알 수 있다.

04. ③

ㄱ. 두 번째 단락에서 북부 이주민은 종교적 신념을 가지고 있었고, 사회 규약을 만드는 것을 중요하게 생각했음을 알 수 있다.
ㄴ. 첫 번째 단락에서 남부 이주민의 목적은 가난을 면하기 위해서였고, 두 번째 단락에서 북부 이주민의 목적은 새로운 사회를 건설하기 위해서였음을 알 수 있다.

✔오답체크

ㄷ. 두 번째 단락에서 북부 이주민이 오히려 새로운 사회에 대한 열망을 가지고 있었음을 알 수 있다.

05. ③

첫 번째 단락에 따르면 전기업공업통제협회가 출범한 것은 1948년이고, 한국에 반도체 기술이 도입되기 시작한 때는 1960년대이다.
따라서 전기업공업통제협회가 출범할 당시 한국에 반도체 기술은 아직 도입되지 않은 상태였다.

✔오답체크

① 두 번째 단락에 따르면 1965년에 미국의 코미사가 한국 자본과의 합작 투자로 한국 최초의 반도체 조립 업체인 고미전자산업을 설립했다. 따라서 외국 반도체 기업 가운데 코미사는 합작 투자가 아닌 방식으로 한국에 진출했다는 것은 옳지 않다.
② 한국 최초의 반도체 조립 업체가 설립된 때는 미국의 코미사가 한국 자본과의 합작 투자로 설립한 1965년이고, 「외자도입촉진법」은 1960년에 제정되었다. 따라서 한국 최초의 반도체 조립 업체가 설립된 것은 「외자도입촉진법」이 제정되기 이전이었다는 것은 옳지 않다.
④ 두 번째 단락에 따르면 1960년에 한국은 외자도입의 양적 확대에 초점을 둔 「외자도입촉진법」을 제정했고, 그 후 1966년에 「외자도입법」을 제정하여 외국의 선진기술을 받아들이는 것을 장려하였다. 따라서 「외자도입법」이 제정됨으로써 여러 국제기구가 한국의 경제 발전을 위한 차관을 양적으로 확대했다는 것은 옳지 않다.
⑤ 첫 번째 단락에 따르면 한국에서 전자기술의 산업화에 대한 관심이 싹트기 시작한 것은 한국전쟁이 정전된 1953년 무렵이다. 따라서 한국전쟁 발발 이전부터 미군을 통해 유입된 라디오와 가전기기 등은 전자기술에 대한 관심을 촉발했다는 것은 옳지 않다.

06. ③

세 번째 단락에 따르면 기원전 3,500년경 메소포타미아 지역의 목축업자들이 유라시아 중북부의 스텝 기후 지역에 들어가 이 지역에 살던 야생말을 길들이기 시작했다.

따라서 기원전 3,500년경 유라시아 중북부의 스텝 기후 지역에 살던 야생말이 길들여지기 시작했다는 것을 알 수 있다.

✔오답체크

① 두 번째 단락에 따르면 중기 충적세 시기에 야생말의 서식 지역 분포가 바뀌었으나 지구력이 좋아지기 시작했는지는 알 수 없다.
② 세 번째 단락에 따르면 말을 장거리 이동 수단으로 쓴 것은 기원전 3,500년경이다. 따라서 후기 홍적세 시기 이전부터 북부 아프리카에서는 야생말을 운송 수단으로 썼다는 것은 옳지 않다.
④ 세 번째 단락에 따르면 인류가 말을 농업과 운송 등의 실생활에 이용한 것은 기원전 3,500년경 야생말을 길들이 때부터이다. 따라서 후기 홍적세 시기부터 초기 충적세 시기 사이에 인류는 농업과 운송 등의 실생활에 말을 이용했다는 것은 옳지 않다.
⑤ 당나귀를 이동 수단으로 쓰던 지역은 말을 이동 수단으로 이용하던 지역보다 정치 · 경제적으로 더 발전했다는 것은 알 수 없다.

정답 01. ⑤ 02. ① 03. ③ 04. ③ 05. ③ 06. ③

☑ **이번 기본기, 이것만은 기억하자!**

01. 생소한 용어에 대해 설명하고 있는 지문은 그 용어의 정의, 특성, 목적 등을 키워드로 체크해 둡시다.
02. 대조 지문은 대조되는 키워드를 각각 구별하여 표시해 두어야 합니다.
03. 병렬 구조의 지문은 단락별 중요도가 모두 동등합니다.

PSAT 교육 1위, 해커스PSAT **psat.Hackers.com**

Public
Service
Aptitude
Test

PSAT 교육 1위, 해커스PSAT **psat.Hackers.com**

언어논리
핵심 기본기 4

문장 간의 맥락에 주목한다.

글을 잘 읽는다는 것은 문장의 맥(脈), 즉 '문맥'을 잘 잡는다는 의미입니다. 문맥이란 글의 흐름을 의미합니다. 언어논리에서는 문맥을 잘 파악하고 있는지 물어보는 문제가 항상 등장합니다. 대표적인 것이 빈칸 추론 문제와 밑줄 추론 문제입니다. 빈칸에 들어갈 말을 고르라거나 밑줄의 의미를 묻는 문제는 결국 그 글의 전체적인 흐름을 제대로 따라가고 있는지 묻는 것이므로 문장 간의 맥락을 정확히 파악해야 합니다.

01 빈칸을 채우기 위한 직접적인 단서를 파악하자.
02 밑줄의 의미를 추론하기 위한 직접적인 단서를 파악하자.

PSAT 기출문제

01 빈칸을 채우기 위한 직접적인 단서를 파악하자.

빈칸에 들어갈 말을 찾아야 하는 문제는 그 빈칸에 들어갈 말을 추론할 수 있는 단서가 지문에 제시됩니다. 그렇지 않으면 다섯 개의 선택지 중 정답이 되는 선택지의 내용만이 빈칸에 들어갈 것이라고 단정할 수 없기 때문입니다. 따라서 빈칸에 들어갈 말을 추론하기 위해서는 지문에 주어진 단서를 잘 찾아내는 것이 중요합니다. 단서를 찾아내는 작업은 일반적인 글 읽기 방식과는 다릅니다. 일반적인 독해 문제를 해결하듯이 지문의 세부정보를 꼼꼼히 찾는 것보다는 조금 더 전략적인 접근법이 필요합니다. 글 전체의 흐름에 따르되, 빈칸을 채우는 데 필요한 내용은 일부분이므로 그 부분을 찾아내는 것이 핵심이 됩니다. 빈칸을 채우기 위한 직접적인 단서는 빈칸의 주변에 있으므로 이를 빠르게 찾아내는 것에 초점을 두어야 합니다.

예제

다음 글을 읽고, 아래 단어가 빈칸에 들어갈 내용으로 적합하면 O, 적합하지 않으면 X로 표시해 봅시다.

> 생물다양성을 증가시키는 유인책 중에서 □□□□의 효과가 큰 편이다. 시장 형성이 마땅치 않아 이전에는 무료로 이용할 수 있었던 것에 대해 요금을 부과함으로써 생태계의 무분별한 이용을 억제하는 것이 이 제도의 골자이다. 최근 이 제도의 도입 사례가 증가하고 있으며 앞으로도 늘어날 전망이다.

생태계 사용료 (   )

[정답 및 해설] O
빈칸의 내용을 채우기 위해서는 빈칸 주변 문장에서 단서를 파악해야 합니다. 두 번째 문장에서 요금을 부과함으로써 생태계의 무분별한 이용을 억제하는 것이 골자라고 했으므로 빈칸에 '생태계 사용료'가 들어가면 글의 흐름상 적합하다고 볼 수 있습니다.

📝 문제에 적용해보기

STEP1 직접 해보기

다음 글에서 빈칸에 들어갈 말을 추론하기 위한 키워드와 주요 내용을 적어 봅시다.

> 텔레비전이라는 단어는 '멀리'라는 뜻의 그리스어 '텔레'와 '시야'를 뜻하는 라틴어 '비지오'에서 왔다. 원래 텔레비전은 우리가 멀리서도 볼 수 있도록 해주는 기기로 인식됐다. 하지만 조만간 텔레비전은 멀리에서 우리를 보이게 해 줄 것이다. 오웰의 『1984』에서 상상한 것처럼, 우리가 텔레비전을 보는 동안 텔레비전이 우리를 감시할 것이다. 우리는 텔레비전에서 본 내용을 대부분 잊어버리겠지만, 텔레비전에 영상을 공급하는 기업은 우리가 만들어낸 데이터를 기반으로 하여 알고리즘을 통해 우리 입맛에 맞는 영화를 골라 줄 것이다. 나아가 인생에서 중요한 것들, 이를테면 어디서 일해야 하는지, 누구와 결혼해야 하는지도 대신 결정해 줄 것이다.
>
> 그들의 답이 늘 옳지는 않을 것이다. 그것은 불가능하다. 데이터 부족, 프로그램 오류, 삶의 근본적인 무질서 때문에 알고리즘은 실수를 범할 수밖에 없다. 하지만 완벽해야 할 필요는 없다. 평균적으로 우리 인간보다 낫기만 하면 된다. 그 정도는 그리 어려운 일이 아니다. 왜냐하면 대부분의 사람은 자신을 잘 모르기 때문이다. 사람들은 인생의 중요한 결정을 내리면서도 끔찍한 실수를 저지를 때가 많다. 데이터 부족, 프로그램 오류, 삶의 근본적인 무질서로 인한 고충도 인간이 알고리즘보다 훨씬 더 크게 겪는다.
>
> 우리는 알고리즘을 둘러싼 많은 문제들을 열거하고 나서, 그렇기 때문에 사람들은 결코 알고리즘을 신뢰하지 않을 거라고 결론 내릴 수도 있다. 하지만 그것은 민주주의의 모든 결점들을 나열한 후에 '제정신인 사람이라면 그런 체제는 지지하려 들지 않을 것'이라고 결론짓는 것과 비슷하다. 처칠의 유명한 말이 있지 않은가? "민주주의는 세상에서 가장 나쁜 정치 체제다. 다른 모든 체제를 제외하면." 알고리즘에 대해서도 마찬가지로 다음과 같은 결론을 내릴 수 있다. _____

꿀 풀이 TIP

빈칸 추론 문제의 지문을 읽을 때는 빈칸 주변의 정보를 먼저 확인하는 것이 좋습니다. 이 문제에서 빈칸 주변을 확인할 때, 빈칸에 들어갈 내용을 추론하기 위해서는 '알고리즘에 대해서도 마찬가지로'가 구체적으로 어떤 내용인지 알아야 함을 알 수 있습니다. 따라서 빈칸 앞의 문장을 꼼꼼히 읽어 그 부분의 단서가 될 수 있는 '민주주의'에 대한 정보를 찾아냅니다.

[답안]

- 키워드:

- 주요 내용:

STEP2 심화 학습하기

제시된 문장 중 빈칸에 들어갈 말로 적절한 것을 골라 봅시다.

텔레비전이라는 단어는 '멀리'라는 뜻의 그리스어 '텔레'와 '시야'를 뜻하는 라틴어 '비지오'에서 왔다. 원래 텔레비전은 우리가 멀리서도 볼 수 있도록 해주는 기기로 인식됐다. 하지만 조만간 텔레비전은 멀리에서 우리를 보이게 해 줄 것이다. 오웰의 『1984』에서 상상한 것처럼, 우리가 텔레비전을 보는 동안 텔레비전이 우리를 감시할 것이다. 우리는 텔레비전에서 본 내용을 대부분 잊어버리겠지만, 텔레비전에 영상을 공급하는 기업은 우리가 만들어낸 데이터를 기반으로 하여 알고리즘을 통해 우리 입맛에 맞는 영화를 골라 줄 것이다. 나아가 인생에서 중요한 것들, 이를테면 어디서 일해야 하는지, 누구와 결혼해야 하는지도 대신 결정해 줄 것이다.

그들의 답이 늘 옳지는 않을 것이다. 그것은 불가능하다. 데이터 부족, 프로그램 오류, 삶의 근본적인 무질서 때문에 알고리즘은 실수를 범할 수밖에 없다. 하지만 완벽해야 할 필요는 없다. 평균적으로 우리 인간보다 낫기만 하면 된다. 그 정도는 그리 어려운 일이 아니다. 왜냐하면 대부분의 사람은 자신을 잘 모르기 때문이다. 사람들은 인생의 중요한 결정을 내리면서도 끔찍한 실수를 저지를 때가 많다. 데이터 부족, 프로그램 오류, 삶의 근본적인 무질서로 인한 고충도 인간이 알고리즘보다 훨씬 더 크게 겪는다.

우리는 알고리즘을 둘러싼 많은 문제들을 열거하고 나서, 그렇기 때문에 사람들은 결코 알고리즘을 신뢰하지 않을 거라고 결론 내릴 수도 있다. 하지만 그것은 민주주의의 모든 결점들을 나열한 후에 '제정신인 사람이라면 그런 체제는 지지하려 들지 않을 것'이라고 결론짓는 것과 비슷하다. 처칠의 유명한 말이 있지 않은가? "민주주의는 세상에서 가장 나쁜 정치 체제다. 다른 모든 체제를 제외하면." 알고리즘에 대해서도 마찬가지로 다음과 같은 결론을 내릴 수 있다. _____

① 알고리즘의 모든 결점을 제거하면 최선의 선택이 가능할 것이다.
② 우리는 자신이 무엇을 원하는지를 알기 위해서 점점 더 알고리즘에 의존한다.
③ 데이터를 가진 기업이 다수의 사람을 은밀히 감시하는 사례는 더 늘어날 것이다.
④ 실수를 범하기는 하지만 현실적으로 알고리즘보다 더 신뢰할 만한 대안을 찾기 어렵다.
⑤ 알고리즘이 갖는 결점이 지금은 보이지 않지만, 어느 순간 이 결점 때문에 우리의 질서가 무너질 것이다.

[답안]

STEP3 가이드&정답 확인하기

문제 풀이 가이드와 정답을 확인해 봅시다.

> 텔레비전이라는 단어는 '멀리'라는 뜻의 그리스어 '텔레'와 '시야'를 뜻하는 라틴어 '비지오'에서 왔다. 원래 텔레비전은 우리가 멀리서도 볼 수 있도록 해주는 기기로 인식됐다. 하지만 조만간 텔레비전은 멀리에서 우리를 보이게 해 줄 것이다. 오웰의 『1984』에서 상상한 것처럼, 우리가 텔레비전을 보는 동안 텔레비전이 우리를 감시할 것이다. 우리는 텔레비전에서 본 내용을 대부분 잊어버리겠지만, 텔레비전에 영상을 공급하는 기업은 우리가 만들어낸 데이터를 기반으로 하여 알고리즘을 통해 우리 입맛에 맞는 영화를 골라 줄 것이다. 나아가 인생에서 중요한 것들, 이를테면 어디서 일해야 하는지, 누구와 결혼해야 하는지도 대신 결정해 줄 것이다.
>
> 그들의 답이 늘 옳지는 않을 것이다. 그것은 불가능하다. 데이터 부족, 프로그램 오류, 삶의 근본적인 무질서 때문에 알고리즘은 실수를 범할 수밖에 없다. 하지만 완벽해야 할 필요는 없다. 평균적으로 우리 인간보다 낫기만 하면 된다. 그 정도는 그리 어려운 일이 아니다. 왜냐하면 대부분의 사람은 자신을 잘 모르기 때문이다. 사람들은 인생의 중요한 결정을 내리면서도 끔찍한 실수를 저지를 때가 많다. 데이터 부족, 프로그램 오류, 삶의 근본적인 무질서로 인한 고충도 인간이 알고리즘보다 훨씬 더 크게 겪는다.
>
> 우리는 알고리즘을 둘러싼 많은 문제들을 열거하고 나서, 그렇기 때문에 사람들은 결코 알고리즘을 신뢰하지 않을 거라고 결론 내릴 수도 있다. 하지만 그것은 민주주
> ↳ *알고리즘에 대해 긍정적인 결론이 내려질 것임을 알 수 있는 단서*
> 의의 모든 결점들을 나열한 후에 '제정신인 사람이라면 그런 체제는 지지하려 들지 않을 것'이라고 결론짓는 것과 비슷하다. 처칠의 유명한 말이 있지 않은가? "민주주의는 세상에서 가장 나쁜 정치 체제다. 다른 모든 체제를 제외하면." 알고리즘에 대
> ↳ *현재 존재하는 체제 중 민주주의가 가장 최선임을 의미함*
> 해서도 마찬가지로 다음과 같은 결론을 내릴 수 있다. ⬚
> ↳ *빈칸에 알고리즘에 대해 들어갈 내용이 민주주의와 유사한 것임을 알 수 있는 단서*

잊지 말아야 할 핵심 포인트

문맥을 잡기 위해서는 접속사에 유의해야 합니다. 접속사는 문장과 문장을 잇는 연결고리입니다. 접속사에 주목하면 문장 간의 관계를 잡기가 수월해지고, 글 전체의 흐름을 잡기도 쉬워집니다. 문장의 흐름을 잘 잡는 것이 빈칸을 추론하는 첫 걸음이고, 접속사는 이 과정에 중요한 역할을 하는 단서가 됩니다.

[STEP1 정답]

- 키워드: 알고리즘, 민주주의, 마찬가지로
- 주요 내용: 민주주의가 현재 존재하는 체제 중 가장 최선인 것과 마찬가지로 알고리즘 역시 현재 가장 신뢰할 만한 것이다.

[STEP2 정답]

④ 실수를 범하기는 하지만 현실적으로 알고리즘보다 더 신뢰할 만한 대안을 찾기 어렵다.

02 밑줄의 의미를 추론하기 위한 직접적인 단서를 파악하자.

밑줄 친 단어나 구절의 의미를 추론하는 문제는 빈칸에 들어갈 내용을 추론하는 문제와 그 접근법이 다르지 않습니다. 밑줄의 의미를 추론하는 문제 역시 문맥을 묻는 문제이기 때문에 지문의 세부적인 정보에 집중하기보다는 지문에 주어진 단서를 잘 찾아내는 것이 중요합니다. 특히 밑줄 친 단어나 구절은 생소하고 추상적인 것일 확률이 높으므로 내용을 이해하려고 하면 문제 해결에 지나치게 많은 시간이 소요될 수 있습니다. 따라서 이 문제를 효율적으로 해결하기 위해서는 밑줄 친 단어나 구절의 의미를 파악할 수 있는 키워드에 주목하는 것이 좋습니다. 키워드가 의미 추론을 위한 직접적인 단서가 될 수 있습니다.

> **예제**
>
> 다음 글을 읽고, 아래 사례가 ㉠에 해당하는 것으로 적합하면 O, 적합하지 않으면 X로 표시해 봅시다.
>
> > 우리는 2보다 큰 짝수들을 원하는 만큼 많이 조사하여 각각이 두 소수의 합이라는 것을 알아낼 수 있다. 그러나 이러한 과정을 통해 얻은 결과를 ㉠'A정리'라고 말할 수 없다. 반면에, 수학자들은 모두 의심할 수 없는 공리들로부터 시작한다. 두 점을 잇는 직선을 하나만 그을 수 있다는 것과 같이 의심할 수 없는 공리들을 참이라고 받아들이면, 이로부터 연역적 증명을 통해 나오는 임의의 삼각형의 세 각의 합이 180도라는 것이 참이라는 것을 받아들여야만 한다. 이런 식으로 증명된 결론을 A정리라고 한다.
>
> 어떤 삼각형의 세 각의 합이 오차 없이 측정되었을 때의 결과 (   )
>
> [정답 및 해설] X
> ㉠에 해당하는 사례를 찾기 위해서는 이를 설명하는 특징적인 키워드들을 글에서 체크해야 합니다. 즉, '의심할 수 없는 공리, 연역적 증명' 등의 키워드가 중요합니다. 사례에 제시된 '오차 없이 측정'은 이러한 키워드에 해당하지 않으므로 위 사례는 ㉠에 해당하는 사례로 적합하다고 볼 수 없습니다.

문제에 적용해보기

STEP1 직접 해보기

다음 글에서 밑줄 친 원리를 추론하기 위한 주요 키워드를 모두 찾고, 밑줄의 의미를 추론해 적어 봅시다.

꿀 풀이 TIP

키워드를 찾는 쉬운 방법은 지문 전체적으로 반복되고 있는 표현에 집중하는 것입니다. 반복된다는 것은 중요하다는 의미가 될 수 있습니다.

> 디지털 이미지는 사용자가 가장 손쉽게 정보를 전달할 수 있는 멀티미디어 객체이다. 일반적으로 디지털 이미지는 화소에 의해 정보가 표현되는데, M×N개의 화소로 이루어져 있다. 여기서 M과 N은 가로와 세로의 화소 수를 의미하며, M 곱하기 N을 한 값을 해상도라 한다.
>
> 무선 네트워크와 모바일 기기의 사용이 보편화되면서 다양한 스마트 기기의 보급이 진행되고 있다. 스마트 기기는 그 사용 목적이나 제조 방식, 가격 등의 요인에 의해 각각의 화면 표시 장치들이 서로 다른 해상도와 화면 비율을 가진다. 이에 대응하여 동일한 이미지를 다양한 화면 표시 장치 환경에 맞출 필요성이 발생했다. 하나의 멀티미디어의 객체를 텔레비전용, 영화용, 모바일 기기용 등 표준적인 화면 표시 장치에 맞추어 각기 독립적인 이미지 소스로 따로 제공하는 것이 아니라, 하나의 이미지 소스를 다양한 화면 표시 장치에 맞도록 적절히 변환하는 기술을 요구하고 있다.
>
> 이러한 변환 기술을 '이미지 리타겟팅'이라고 한다. 이는 A×B의 이미지를 C×D 화면에 맞추기 위해 해상도와 화면 비율을 조절하거나 이미지의 일부를 잘라 내는 방법 등으로 이미지를 수정하는 것이다. 이러한 수정에서 입력 이미지에 있는 콘텐츠 중 주요 콘텐츠는 그대로 유지되어야 한다. 즉 리타겟팅 처리 후에도 원래 이미지의 중요한 부분을 그대로 유지하면서 동시에 왜곡을 최소화하는 형태로 주어진 화면에 맞게 이미지를 변형하여야 한다. 이러한 조건을 만족하기 위해 ㉠<u>다양한 접근</u>이 일어나고 있는데, 이미지의 주요한 콘텐츠 및 구조를 분석하는 방법과 분석된 주요 사항을 바탕으로 어떤 식으로 이미지 해상도를 조절하느냐가 주요 연구 방향이다.

[답안]

- 키워드:

- 밑줄의 의미:

STEP2 심화 학습하기

다음 글을 읽고 사례의 키워드를 찾아 적고, 밑줄 친 ⊙의 사례가 될 수 있는지 적합성 여부를 O, X로 표시해 봅시다.

> 디지털 이미지는 사용자가 가장 손쉽게 정보를 전달할 수 있는 멀티미디어 객체이다. 일반적으로 디지털 이미지는 화소에 의해 정보가 표현되는데, M×N개의 화소로 이루어져 있다. 여기서 M과 N은 가로와 세로의 화소 수를 의미하며, M 곱하기 N을 한 값을 해상도라 한다.
>
> 무선 네트워크와 모바일 기기의 사용이 보편화되면서 다양한 스마트 기기의 보급이 진행되고 있다. 스마트 기기는 그 사용 목적이나 제조 방식, 가격 등의 요인에 의해 각각의 화면 표시 장치들이 서로 다른 해상도와 화면 비율을 가진다. 이에 대응하여 동일한 이미지를 다양한 화면 표시 장치 환경에 맞출 필요성이 발생했다. 하나의 멀티미디어의 객체를 텔레비전용, 영화용, 모바일 기기용 등 표준적인 화면 표시 장치에 맞추어 각기 독립적인 이미지 소스로 따로 제공하는 것이 아니라, 하나의 이미지 소스를 다양한 화면 표시 장치에 맞도록 적절히 변환하는 기술을 요구하고 있다.
>
> 이러한 변환 기술을 '이미지 리타겟팅'이라고 한다. 이는 A×B의 이미지를 C×D 화면에 맞추기 위해 해상도와 화면 비율을 조절하거나 이미지의 일부를 잘라 내는 방법 등으로 이미지를 수정하는 것이다. 이러한 수정에서 입력 이미지에 있는 콘텐츠 중 주요 콘텐츠는 그대로 유지되어야 한다. 즉 리타겟팅 처리 후에도 원래 이미지의 중요한 부분을 그대로 유지하면서 동시에 왜곡을 최소화하는 형태로 주어진 화면에 맞게 이미지를 변형하여야 한다. 이러한 조건을 만족하기 위해 ⊙다양한 접근이 일어나고 있는데, 이미지의 주요한 콘텐츠 및 구조를 분석하는 방법과 분석된 주요 사항을 바탕으로 어떤 식으로 이미지 해상도를 조절하느냐가 주요 연구 방향이다.

[답안]

사례	사례의 키워드	적합성 여부
광고 사진에서 화면 전반에 걸쳐 흩어져 있는 콘텐츠를 무작위로 추출하여 화면을 재구성하는 방법		
풍경 사진에서 전체 풍경에 대한 구도를 추출하고 구도가 그대로 유지될 수 있도록 해상도를 조절하는 방법		
인물 사진에서 얼굴 추출 기법을 사용하여 인물의 주요 부분을 왜곡하지 않고 필요 없는 부분을 잘라 내는 방법		
정물 사진에서 대상물의 영역은 그대로 두고 배경 영역에 대해서는 왜곡을 최소로 하며 이미지를 축소하는 방법		
상품 사진에서 상품을 충분히 인지할 수 있을 정도의 범위 내에서 가로와 세로의 비율을 화면에 맞게 조절하는 방법		

잊지 말아야 할 핵심 포인트

밑줄 친 구절의 의미를 추론하여 사례에 적용하는 문제에서 밑줄 친 구절은 구체적인 내용을 파악할 수 없는 일반적인 표현일 수 있습니다. 이 문제의 '다양한 접근'이라는 것도 그 표현만으로는 구체적인 내용을 파악할 수 없는 표현입니다. 따라서 지문을 읽으면서 그 구체적인 내용이 될 수 있는 부분을 찾아주어야 합니다. 이때 지문에 반복적으로 제시되어 있는 키워드가 밑줄 친 구절의 의미를 파악하는 단서가 될 수 있습니다.

STEP3 가이드&정답 확인하기

문제 풀이 가이드와 정답을 확인해 봅시다.

디지털 이미지는 사용자가 가장 손쉽게 정보를 전달할 수 있는 멀티미디어 객체이다. 일반적으로 디지털 이미지는 화소에 의해 정보가 표현되는데, M×N개의 화소로 이루어져 있다. 여기서 M과 N은 가로와 세로의 화소 수를 의미하며, M 곱하기 N을 한 값을 해상도라 한다.

무선 네트워크와 모바일 기기의 사용이 보편화되면서 다양한 스마트 기기의 보급이 진행되고 있다. 스마트 기기는 그 사용 목적이나 제조 방식, 가격 등의 요인에 의해 각각의 화면 표시 장치들이 서로 다른 해상도와 화면 비율을 가진다. 이에 대응하여 동일한 이미지를 다양한 화면 표시 장치 환경에 맞출 필요성이 발생했다. 하나의 멀티미디어의 객체를 텔레비전용, 영화용, 모바일 기기용 등 표준적인 화면 표시 장치에 맞추어 각기 독립적인 이미지 소스로 따로 제공하는 것이 아니라, 하나의 이미지 소스를 다양한 화면 표시 장치에 맞도록 적절히 변환하는 기술을 요구하고 있다.

이러한 변환 기술을 '이미지 리타겟팅'이라고 한다. 이는 A×B의 이미지를 C×D 화면에 맞추기 위해 해상도와 화면 비율을 조절하거나 이미지의 일부를 잘라 내는 방법 등으로 이미지를 수정하는 것이다. 이러한 수정에서 입력 이미지에 있는 콘텐츠 중 주요 콘텐츠는 그대로 유지되어야 한다. 즉 리타겟팅 처리 후에도 원래
↳ '다양한 접근'의 구체적인 내용 ①
이미지의 중요한 부분을 그대로 유지하면서 동시에 왜곡을 최소화하는 형태로 주
↳ '다양한 접근'의 구체적인 내용 ① 반복, 강조   ↳ '다양한 접근'의 구체적인 내용 ②
어진 화면에 맞게 이미지를 변형하여야 한다. 이러한 조건을 만족하기 위해 ㉠다
                                                              ↳ '다양한 접근'의 구체적인 내용을
                                                                 추론할 수 있는 근거
양한 접근이 일어나고 있는데, 이미지의 주요한 콘텐츠 및 구조를 분석하는 방법
↳ '다양한 접근'의 구체적인 내용 ③
        ↳ 일반적인 단어가 밑줄로 제시되었으므로 이에 대한 구체적인 내용을 찾아주어야 함
과 분석된 주요 사항을 바탕으로 어떤 식으로 이미지 해상도를 조절하느냐가 주요 연구 방향이다.

[STEP1 정답]

- 키워드: 주요 콘텐츠 그대로 유지, 중요한 부분을 그대로 유지, 왜곡을 최소화, 화면에 맞게 이미지를 변형
- 밑줄의 의미: 리타겟팅 처리 후에도 원래 이미지의 중요한 부분을 그대로 유지하면서 동시에 왜곡을 최소화하는 형태로 주어진 화면에 맞게 이미지를 변형하기 위한 접근

[STEP2 정답]

사례	사례의 키워드	적합성 여부
광고 사진에서 화면 전반에 걸쳐 흩어져 있는 콘텐츠를 무작위로 추출하여 화면을 재구성하는 방법	콘텐츠를 무작위로 추출	X
풍경 사진에서 전체 풍경에 대한 구도를 추출하고 구도가 그대로 유지될 수 있도록 해상도를 조절하는 방법	구도가 그대로 유지	O
인물 사진에서 얼굴 추출 기법을 사용하여 인물의 주요 부분을 왜곡하지 않고 필요 없는 부분을 잘라 내는 방법	주요 부분을 왜곡하지 않고	O
정물 사진에서 대상물의 영역은 그대로 두고 배경 영역에 대해서는 왜곡을 최소로 하며 이미지를 축소하는 방법	왜곡을 최소로	O
상품 사진에서 상품을 충분히 인지할 수 있을 정도의 범위 내에서 가로와 세로의 비율을 화면에 맞게 조절하는 방법	화면에 맞게 조절	O

PSAT 기출문제

01. 다음 대화의 빈칸에 들어갈 내용으로 가장 적절한 것은? 　　21 7급공채

> 갑: 국회에서 법률들을 제정하거나 개정할 때, 법률에서 조례를 제정하여 시행하도록 위임하는 경우가 있습니다. 그리고 이런 위임에 따라 지방자치단체에서는 조례를 새로 제정하게 됩니다. 각 지방자치단체가 법률의 위임에 따라 몇 개의 조례를 제정했는지 집계하여 '조례 제정 비율'을 계산하는데, 이 지표는 작년에 이어 올해도 지방자치단체의 업무 평가 기준에 포함되었습니다.
> 을: 그렇군요. 그 평가 방식이 구체적으로 어떻게 되고, A시의 작년 평가 결과는 어땠는지 말씀해 주세요.
> 갑: 먼저 그 해 1월 1일부터 12월 31일까지 법률에서 조례를 제정하도록 위임한 사항이 몇 건인지 확인한 뒤, 그 중 12월 31일까지 몇 건이나 조례로 제정되었는지로 평가합니다. 작년에는 법률에서 조례를 제정하도록 위임한 사항이 15건이었는데, 그 중 A시에서 제정한 조례는 9건으로 그 비율은 60%였습니다.
> 을: 그러면 올해는 조례 제정 상황이 어떻습니까?
> 갑: 1월 1일부터 7월 10일 현재까지 법률에서 조례를 제정하도록 위임한 사항은 10건인데, A시는 이 중 7건을 조례로 제정하였으며 조례로 제정하기 위하여 입법 예고 중인 것은 2건입니다. 현재 시의회에서 조례로 제정되기를 기다리며 계류 중인 것은 없습니다.
> 을: 모든 조례는 입법 예고를 거친 뒤 시의회에서 제정되므로, 현재 입법 예고 중인 2건은 입법 예고 기간이 끝나야만 제정될 수 있겠네요. 이 2건의 제정 가능성은 예상할 수 있나요?
> 갑: 어떤 조례는 신속히 제정되기도 합니다. 그러나 때로는 시의회가 계속 파행하기도 하고 의원들의 입장에 차이가 커 공전될 수도 있기 때문에 현재 시점에서 조례 제정 가능성을 단정하기는 어렵습니다.
> 을: 그러면 A시의 조례 제정 비율과 관련하여 알 수 있는 것은 무엇이 있을까요?
> 갑: A시는 ☐☐☐☐☐☐.

① 현재 조례로 제정하기 위하여 입법 예고가 필요한 것이 1건입니다.
② 올 한 해의 조례 제정 비율이 작년보다 높아집니다.
③ 올 한 해 총 9건의 조례를 제정하게 됩니다.
④ 현재 시점을 기준으로 평가를 받으면 조례 제정 비율이 90%입니다.
⑤ 올 한 해 법률에서 조례를 제정하도록 위임 받은 사항이 작년보다 줄어듭니다.

02. 다음 글의 (가)와 (나)에 들어갈 말을 <보기>에서 골라 적절하게 짝지은 것은? 23 7급공채

> 고대 철학자 A가 궁극적인 목적으로 삼았던 것은 행복한 삶이었다. 그런데 A가 가진 행복 개념은 현대인들이 가지고 있는 행복 개념과 다소 차이가 있다. 우리가 일상적으로 '행복'이라는 말을 사용할 때는 단순히 주관적 심리 상태를 지칭하는 경우가 많다. 하지만 A는 행복이 주관적 심리 상태만으로는 충분하지 않고, 그런 심리 상태를 뒷받침하는 객관적 조건이 반드시 갖추어져 있어야 한다고 생각했다. 요컨대, A가 사용한 행복 개념에 따르면, (가) . 그러나 A는 행복이 주관적 심리 상태만으로는 충분하지 않다고 하더라도, 주관적 심리 상태가 행복의 필수 조건임은 부정할 수 없다고 보았다. 따라서 A에게는 (나) .

⟨보 기⟩

ㄱ. 자신이 행복하다고 느끼고 있으면서도 행복하지 않은 경우란 있을 수 없다
ㄴ. 자신이 행복하다고 느끼고 있으면서도 행복하지 않은 경우가 있을 수 있다
ㄷ. 자신이 행복하지 않다고 느끼고 있으면서도 행복한 경우란 있을 수 없다

	(가)	(나)
①	ㄱ	ㄴ
②	ㄱ	ㄷ
③	ㄴ	ㄱ
④	ㄴ	ㄷ
⑤	ㄷ	ㄱ

03. 다음 대화의 ㉠으로 적절한 것만을 <보기>에서 모두 고르면? 23 7급공채

> 갑: 최근 전동킥보드, 전동휠 등 개인형 이동장치 사고가 급증하고 있습니다. 도대체 무엇 때문에 이러한 현상이 나타나는 것일까요? 이에 대해 여러분은 어떤 의견을 가지고 있나요?
>
> 을: 원동기 면허만 있으면 19세 미만 미성년자도 개인형 이동장치를 이용할 수 있습니다. 하지만 원동기 면허가 없는 사람들도 많이 이용하고 있습니다. 안전 의식이 부족한 이용자가 증가해 사고가 더 많이 발생하는 것이지요.
>
> 병: 저는 개인형 이동장치의 경음기 부착 여부가 사고 발생 확률에 유의미한 영향을 미친다고 생각합니다. 현재 상당수의 개인형 이동장치는 경고음을 낼 수 있는 경음기가 부착되어 있지 않기 때문에 개인형 이동장치가 빠른 속도로 달려와도 주변에서 이를 인지하지 못하는 경우가 많습니다. 이것이 사고가 발생하는 주요한 원인이라고 생각합니다.
>
> 정: 저는 개인형 이동장치를 이용할 수 있는 인프라가 부족하다는 점이 가장 큰 원인이라고 생각합니다. 개인형 이동장치 이용자들은 안전한 운행이 가능한 도로를 원하고 있으나, 그러한 개인형 이동장치 전용도로를 갖춘 지역은 드뭅니다. 이처럼 인프라 수요를 공급이 따라가지 못해 사고가 발생하는 것입니다.
>
> 갑: 여러분 좋은 의견 제시해주셔서 감사합니다. 그렇다면 말씀하신 의견을 검증하기 위해 ㉠ <u>필요한 자료</u>를 조사해 주세요.

〈보 기〉

ㄱ. 미성년자 중 원동기 면허 취득 비율과 19세 이상 성인 중 원동기 면허 취득 비율

ㄴ. 경음기가 부착된 개인형 이동장치 1대당 평균 사고 발생 건수와 경음기가 부착되지 않은 개인형 이동장치 1대당 평균 사고 발생 건수

ㄷ. 개인형 이동장치 등록 대수가 가장 많은 지역의 개인형 이동장치 사고 발생 건수와 개인형 이동장치 등록 대수가 가장 적은 지역의 개인형 이동장치 사고 발생 건수

① ㄱ
② ㄴ
③ ㄱ, ㄷ
④ ㄴ, ㄷ
⑤ ㄱ, ㄴ, ㄷ

04. 다음 글의 (가)~(다)에 들어갈 말을 적절하게 나열한 것은?

25 7급공채

> 조선 후기에 지주들은 소작인으로부터 소작료를 거둘 때, 수확된 결과물의 절반을 수취하는 정률제 방식, 곧 '타작'을 대부분의 논과 밭에 적용했지만, 일부 농토에는 정액제에 해당하는 '도지'를 적용하기도 했다. 도지는 토지를 이용한 대가인 지대량을 이른 봄철에 지주와 소작인이 미리 정하는 농업경영 형태이므로 풍흉에 따른 지대량의 변화가 없는 것이 원칙이었다. 도지가 적용된 논에서는 평년작의 절반 수준에서, 그리고 밭에서는 평년작의 절반보다 훨씬 낮은 수준에서 지대량이 정해지는 것이 일반적이었다.
> ㅤㅤ(가)ㅤ은/는 다음과 같은 점에서 지주에게 여러 장점이 있었다. 첫째, 직접적인 관리가 어려운 원격지 소재 전답을 더 효율적으로 관리할 수 있었다. 소작인들의 수확물 은닉 여부를 일일이 감독할 필요가 없었기 때문이다. 둘째, 밭작물의 경우 수확 시기가 매우 다양한데, 이 방식을 적용하면 수확의 정도를 확인하기 위해 서로 다른 수확 시기마다 먼 곳까지 올 필요가 없었다. 이러한 방식하에서 만약 어느 해에 예상과는 달리 풍년이 들었다면, ㅤ(나)ㅤ에게 훨씬 더 유리했다.
> ㅤㅤ지주들은 18세기 후반부터 '집조'를 적용하기도 했다. 집조란 수확이 임박한 시점에 지주가 농사 상황을 실지 조사하여 그해의 작황 수준을 살펴본 다음, 현장에서 지대량을 결정하는 농업경영 형태이다. 이 방식은 당해 연도의 작황 수준이 비교적 정확히 반영된다는 측면에서 ㅤ(다)ㅤ와/과 유사하다.

	(가)	(나)	(다)
①	도지	소작인	타작
②	도지	소작인	도지
③	도지	지주	타작
④	타작	소작인	도지
⑤	타작	지주	타작

05. 다음 글의 ㉠에 해당하는 것은?

> 시각도란 대상물의 크기가 관찰자의 눈에 파악되는 상대적인 각도이다. 대상의 윤곽선으로부터 관찰자 눈의 수정체로 선을 확장시킴으로써 시각도를 측정할 수 있는데, 대상의 위아래 또는 좌우의 최외각 윤곽선과 수정체가 이루는 두 선 사이의 예각이 시각도가 된다. 시각도는 대상의 크기와 대상에서 관찰자까지의 거리 두 가지 모두에 의존하며, 대상이 가까울수록 그 시각도가 커진다. 따라서 ㉠<u>다른 크기의 대상들이 동일한 시각도를 만들어 내는 사례들이 생길 수 있다.</u>
>
> 작은 원이 관찰자에게 가까이 위치하도록 하고, 큰 원이 멀리 위치하도록 해서 두 원이 1도의 시각도를 유지하도록 하는 실험을 한다고 가정해보자. 이 실험에서 눈과 원의 거리를 가늠할 수 있게 하는 모든 정보를 제거하면 두 원의 크기가 같다고 판단된다. 즉 두 원은 관찰자의 망막에 동일한 크기의 영상을 낳기 때문에 다른 정보가 없는 한 동일한 크기의 원으로 인식된다. 왜냐하면 관찰자의 크기 지각이 대상의 실제 크기에 의해 결정되지 않고 관찰자의 망막에 맺힌 영상의 크기에 의해 결정되기 때문이다.

① 어떤 물체의 크기가 옆에 같이 놓인 연필의 크기를 통해 지각된다.
② 고공을 날고 있는 비행기에서 지상에 있는 사물은 매우 작게 보인다.
③ 가까운 화분의 크기가 멀리 떨어진 고층 빌딩과 같은 크기로 지각된다.
④ 차창 밖으로 보이는 집의 크기를 이용해 차와 집과의 거리를 지각한다.
⑤ 빠르게 달리는 차 안에서 보면 가까이 있는 물체는 멀리 있는 물체에 비해 빠르게 지나간다.

정답 및 해설

01. ①

지문이 대화체로 구성되어 있고 빈칸에 들어갈 문장은 A시의 조례 제정 비율과 관련하여 알 수 있는 것은 무엇인지에 대한 답변이어야 하므로 지문을 전체적으로 읽으면서 A시의 조례 제정 비율에 대한 정보를 찾아주어야 한다.

1월 1일부터 7월 10일 현재까지 법률에서 조례를 제정하도록 위임한 사항은 10건인데, A시는 이 중 7건을 조례로 제정하였으며 조례로 제정하기 위하여 입법 예고 중인 것은 2건이다. 따라서 A시의 조례 제정 비율과 관련하여 현재 조례로 제정하기 위하여 입법 예고가 필요한 것은 1건이라는 사실은 알 수 있으므로 빈칸에 들어갈 내용으로 적절하다.

✓오답체크

②, ③, ⑤ 올해는 1월 1일부터 7월 10일까지의 정보만 알 수 있으므로 올 한 해의 조례 제정 비율이 작년보다 높아질지, 올 한 해 총 9건의 조례를 제정하게 될지, 올 한 해 법률에서 조례를 제정하도록 위임 받은 사항이 작년보다 줄어들지는 알 수 없으므로 빈칸에 들어갈 내용으로 적절하지 않다.

④ 현재까지 법률에서 조례를 제정하도록 위임한 사항은 10건인데, A시는 이 중 7건을 조례로 제정하였으며 조례로 제정하기 위하여 입법 예고 중인 것은 2건이다. 이때 현재 입법 예고 중인 2건의 제정 가능성은 단정하기 어려우므로 현재 시점을 기준으로 평가를 받으면 조례 제정 비율은 70%이다. 따라서 빈칸에 들어갈 내용으로 적절하지 않다.

02. ④

(가) A가 사용한 행복 개념은 행복이 주관적 심리 상태만으로는 충분하지 않고, 그런 심리 상태를 뒷받침하는 객관적 조건이 반드시 갖추어져 있어야 한다는 것이다. 따라서 (가)에 들어갈 내용은 주관적인 심리 상태를 만족했음에도 불구하고 행복하지 않은 경우에 해당할 것이다. <보기> 중 이와 가장 유사한 내용은 '자신이 행복하다고 느끼고 있으면서도 행복하지 않은 경우가 있을 수 있다'는 ㄴ이다.

(나) A는 행복이 주관적 심리 상태만으로는 충분하지 않다고 하더라도, 주관적 심리 상태가 행복의 필수 조건임은 부정할 수 없다고 보고 있으므로 (나)에 들어갈 말은 주관적인 심리 상태가 만족해야만 행복한 경우에 해당할 것이다. <보기> 중 이와 가장 유사한 내용은 '자신이 행복하지 않다고 느끼고 있으면서도 행복한 경우란 있을 수 없다'는 ㄷ이다.

03. ②

ㄴ. 경음기가 부착된 개인형 이동장치 1대당 평균 사고 발생 건수와 경음기가 부착되지 않은 개인형 이동장치 1대당 평균 사고 발생 건수는 경음기 부착 여부가 사고 발생에 유의미한 영향을 미친다고 보는 병의 의견을 검증하기 위해 필요한 자료가 될 수 있다.

✓ 오답체크

ㄱ. 을이 문제 삼는 것은 원동기 면허가 없는 사람들도 개인형 이동장치를 많이 이용한다는 것이다. 미성년자 중 원동기 면허 취득 비율과 19세 이상 성인 중 원동기 면허 취득 비율은 이와는 직접적인 관련성이 없으므로 의견을 검증하기 위해 필요한 자료라고 볼 수 없다.

ㄷ. 개인형 이동장치 등록 대수가 가장 많은 지역의 개인형 이동장치 사고 발생 건수와 개인형 이동장치 등록 대수가 가장 적은 지역의 개인형 이동장치 사고 발생 건수는 의견을 검증하기 위해 필요한 자료라고 볼 수 없다.

04. ①

(가) 소작인들의 수확물 은닉 여부를 일일이 감독할 필요가 없고, 수확의 정도를 확인하기 위해 서로 다른 수확 시기마다 먼 곳까지 올 필요가 없었다는 내용을 통해 정액제에 해당하는 '도지'가 들어가는 것이 적절하다.
(나) '도지'는 정액제이므로 이 방식하에서 예상과는 달리 풍년이 들었다면 소작인에게 더 유리할 것이다. 따라서 '소작인'이 들어가는 것이 적절하다.
(다) '집조'는 당해 연도의 작황 수준이 비교적 정확히 반영된다는 특징이 있고, 이는 수확된 결과물의 절반을 수취하는 정률제 방식인 '타작'과 유사하다. 따라서 '타작'이 들어가는 것이 적절하다.

05. ③

밑줄 친 부분에 해당하는 사례를 찾기 위해서는 다른 크기의 대상들이 동일한 시각도를 만들어 내는 사례를 찾아야 한다. 키워드인 '다른 크기의 대상', '동일한 시각도' 두 가지를 모두 만족하는 사례는 화분과 고층 빌딩이 다른 크기의 대상임에도 불구하고 같은 크기로 지각되어 동일한 시각도를 가지는 '가까운 화분의 크기가 멀리 떨어진 고층 빌딩과 같은 크기로 지각된다.'이다.

정답 01. ① 02. ④ 03. ② 04. ① 05. ③

☑ 이번 기본기, 이것만은 기억하자!

01. 빈칸의 내용을 추론하기 위해서는 빈칸 주변에서 문맥의 단서를 파악해야 합니다.
02. 밑줄의 의미를 추론하기 위해서는 밑줄 주변에서 키워드를 체크하여 파악해야 합니다.

PSAT 교육 1위, 해커스PSAT **psat.Hackers.com**

Public
Service
Aptitude
Test

PSAT 교육 1위, 해커스PSAT **psat.Hackers.com**

언어논리
핵심 기본기 5

문장 속 논리 구조에 주목한다.

영역의 명칭이 '언어논리'인 만큼 언어논리에서 논리 파트는 중요한 비중을 차지합니다. 지문 속의 정보에만 주목하는 독해 파트와는 다르게, 논리 파트의 문제들은 지문의 정보뿐만 아니라 기본적인 논리 이론에 대한 이해가 숙지되어야 문제를 해결할 수 있습니다. 따라서 연역논증과 귀납논증을 필두로 타당성을 판단하는 방법, 기호화하는 방법 등을 연습해야 합니다.

01 연역논증과 귀납논증의 차이점을 파악하자.
02 논리 문장을 기호화하는 방식을 파악하자.
03 논증의 타당성을 파악하자.

PSAT 기출문제

01 연역논증과 귀납논증의 차이점을 파악하자.

논리 공부를 시작할 때는 연역논증과 귀납논증이라는 두 개의 기둥을 세워놓고 들어가야 합니다. 논증이란 전제와 결론으로 구성된 글입니다. 여기서 결론은 최종적으로 하고 싶은 말이고, 전제는 그 결론을 지지해주는 문장입니다. 연역논증은 전제가 참일 때, 결론 역시 반드시 참입니다. 참이라는 것은 주어진 문장을 사실이라고 받아들인다는 의미로 이해하면 됩니다. 반면 귀납논증은 전제가 참이라는 사실이 결론이 반드시 참이라는 사실을 보장하지 않습니다. 즉, 연역논증과 귀납논증은 전제가 참이라고 할 때, 결론이 반드시 참이 되는지 여부로 구별된다고 볼 수 있습니다. 이러한 연역논증과 귀납논증의 차이점이 언어논리의 논리 문제에서 어떤 방식으로 구현되는지 알아두는 것이 중요합니다.

예제

다음 논증을 읽고, 이에 대한 진술로 적합하면 O, 적합하지 않으면 X로 표시해 봅시다.

> 이 코르크 마개는 나무이고 그것은 물 위에 뜬다. 육면체로 된 이 물체는 나무이고 그것은 물 위에 뜬다. 그러므로 나무로 된 모든 물체는 물 위에 뜬다.

위 논증은 귀납논증이다. (   )

[정답 및 해설] O
위 논증은 두 개의 전제와 결론으로 구성되어 있습니다. 그런데 코르크 마개와 육면체인 물체가 모두 나무이고 물 위에 뜬다고 해도 나무로 된 모든 물체가 물 위에 뜬다고 확정할 수 없습니다. 주어진 전제는 부분적인 사례이기 때문입니다. 따라서 위 논증은 두 개의 전제가 모두 참이라 할지라도 결론이 반드시 참이라는 보장이 없으므로 귀납논증에 해당합니다.

✏️ 문제에 적용해보기

STEP1 직접 해보기

다음 논증의 전제와 결론을 구분하고, 논리적 추론 형식이 연역인지 귀납인지 구분해 봅시다.

> ① 어떤 탑은 에펠탑보다 더 높다. 에펠탑의 높이는 123m이다. 따라서 123m보다 높은 탑이 존재한다.
> ② 어떤 수이건 그보다 더 큰 수가 존재한다. 따라서 가장 큰 수란 존재하지 않는다.
> ③ 지금까지 관찰된 모든 까마귀는 까맸다. 따라서 앞으로 관찰될 까마귀도 까말 것이다.
> ④ 흡연은 폐암을 일으킬 가능성이 매우 높다. 따라서 흡연자인 철수가 폐암에 걸릴 확률이 매우 높다.
> ⑤ 모든 고래는 어류이다. 따라서 인천 앞바다의 고래는 어류이다.

연역논증과 귀납논증은 문장의 표현방식이 다릅니다. 연역논증은 전제와 결론의 주어 부분이 서로 일치하거나 어느 한 쪽에 포함되는 관계로 나타납니다. 반면 귀납논증은 전제와 결론의 주어가 동일한 대상을 지칭하지도 않고, 어느 한 쪽에 포함되지도 않습니다.

[답안]

핵심 기본기 5 문장 속 논리 구조에 주목한다.

잊지 말아야 할 핵심 포인트

언어논리에서 문제가 출제되는 포인트는 연역논증과 귀납논증의 개념 정의를 암기하는 것이 아니라, 어떤 문장을 보았을 때 이 문장들이 연역논증인지 귀납논증인지를 구별하는 것입니다. 따라서 문제의 출제 포인트를 파악하여 감각적으로 접근해야 합니다.

STEP2 가이드&정답 확인하기

문제 풀이 가이드와 정답을 확인해 봅시다.

① 어떤 탑은 에펠탑보다 더 높다. 에펠탑의 높이는 123m이다. 따라서 123m보다 높은 탑이 존재한다.
② 어떤 수이건 그보다 더 큰 수가 존재한다. 따라서 가장 큰 수란 존재하지 않는다.
③ 지금까지 관찰된 모든 까마귀는 까맸다. 따라서 앞으로 관찰될 까마귀도 까말 것이다.
④ 흡연은 폐암을 일으킬 가능성이 매우 높다. 따라서 흡연자인 철수가 폐암에 걸릴 확률이 매우 높다.
⑤ 모든 고래는 어류이다. 따라서 인천 앞바다의 고래는 어류이다.

[정답]

	전제와 결론 구별		연역논증/귀납논증
①	전제1: 어떤 탑은 에펠탑보다 더 높다. 전제2: 에펠탑의 높이는 123m이다. 결론: 123m보다 높은 탑이 존재한다.	→	전제1: 참 전제2: 참이면 ⇒ 연역논증 결론: 반드시 참
②	전제: 어떤 수이건 그보다 더 큰 수가 존재한다. 결론: 가장 큰 수란 존재하지 않는다.	→	전제: 참이면 ⇒ 연역논증 결론: 반드시 참
③	전제: 지금까지 관찰된 모든 까마귀는 까맸다. 결론: 앞으로 관찰될 까마귀도 까말 것이다.	→	전제: 참이라 해도 ⇒ 귀납논증 결론: 반드시 참은 아님
④	전제: 흡연은 폐암을 일으킬 가능성이 매우 높다. 결론: 흡연자인 철수가 폐암에 걸릴 확률이 매우 높다.	→	전제: 참이면 ⇒ 연역논증 결론: 반드시 참
⑤	전제: 모든 고래는 어류이다. 결론: 인천 앞바다의 고래는 어류이다.	→	전제: 참이면 ⇒ 연역논증 결론: 반드시 참

02 논리 문장을 기호화하는 방식을 파악하자.

때로는 논리 문제의 지문이 매우 긴 문장으로 구성되기도 합니다. 이런 경우 일반적인 독해 지문을 읽듯이 내용에 빠져서 지문을 읽게 될 우려가 있습니다. 그러나 언어논리의 논리 파트에 해당하는 문제는 내용을 이해하고 파악하기보다는 기계적인 접근법이 필요한 경우가 많습니다. 그러한 기계적인 접근법이 바로 논리 문장을 기호화하는 것입니다. 기호화하는 방법은 다양하지만, 아래 표와 같이 일반적인 논리 교재에 통용되는 방식이 있습니다. 이에 따라 논리 문장을 기호화하는 연습을 충분히 할 수 있도록 합시다.

※ 기호의 의미

→	조건명제의 조건절(if)과 서술절을 연결한다.
~	부정(not)의 의미를 나타낸다.
∧	'그리고(and)'와 '하지만(but)'의 의미를 나타낸다.
∨	'~(이)거나, 또는, 적어도 둘 중 하나(or)'의 의미를 가진다.

예제

다음 문장을 읽고, 이를 기호화한 것으로 적합하면 O, 적합하지 않으면 X로 표시해 봅시다.

> 비가 오고 바람이 불면, 소풍을 가지 않는다.

비∧바람 → ~소풍 ( )

[정답 및 해설] O
위 문장은 '~면, ~한다.'로 되어 있으므로 조건명제에 해당합니다. 따라서 조건절과 서술절 사이는 '→'로 기호화될 수 있습니다. 또한 조건절의 비와 바람은 '그리고'로 연결되어 있으므로 '비∧바람'으로 기호화될 수 있고, 서술절의 소풍은 가지 않는다고 부정되어 있으므로 '~소풍'으로 기호화될 수 있습니다. 따라서 전체 문장은 '비∧바람 → ~소풍'으로 기호화되는 것이 적합합니다.

핵심 기본기 5 문장 속 논리 구조에 주목한다.

문제에 적용해보기

STEP1 직접 해보기

다음 명제들을 기호화하여 연결하고, 제시된 선택지가 반드시 참인지 여부를 O, X로 표시해 봅시다.

01. A를 추진한다면, B도 추진한다.
02. C를 추진한다면, D도 추진한다.
03. A나 C 가운데 적어도 한 사업은 추진한다.

[답안]

명제의 기호화	선택지	반드시 참인지 여부
01.	① 적어도 두 사업은 추진한다.	
02.	② A를 추진하지 않기로 결정한다면, 추진하는 사업은 정확히 두 개이다.	
03.	③ B를 추진하지 않기로 결정한다면, C는 추진한다.	
	④ C를 추진하지 않기로 결정한다면, B는 추진한다.	
	⑤ D를 추진하지 않기로 결정한다면, 다른 세 사업의 추진 여부도 모두 정해진다.	

꿀 풀이 TIP

조건명제에서 앞부분에 있는 조건을 전건, 뒷부분에 있는 서술절을 후건이라고 할 때, 조건명제는 전건과 후건의 위치를 바꾸거나 전건과 후건을 부정하는 방법으로 다양하게 변용될 수 있습니다. 예를 들어 'A → B'라는 조건명제는 다음과 같이 바뀔 수 있습니다.

- B → A
  전건과 후건의 위치를 바꾸어 줍니다. (역)
- ~A → ~B
  전건과 후건을 각각 부정해 줍니다. (이)
- ~B → ~A
  전건과 후건의 위치를 바꾸고, 전건과 후건을 각각 부정해 줍니다. (대우)

STEP2 가이드&정답 확인하기

문제 풀이 가이드와 정답을 확인해 봅시다.

01. A를 추진한<u>다면</u>, B도 추진한다.
02. C를 추진한<u>다면</u>, D도 추진한다. ⎫ '~면'(조건절)의 기호화: →
03. A나 C 가운데 <u>적어도 한</u> 사업은 추진한다.
  └ '적어도 둘 중 하나'의 기호화: ∨

[정답]

명제의 기호화	선택지	반드시 참인지 여부
01. A → B 02. C → D 03. A ∨ C A ∨ C ↓ ↓ B D	① 적어도 두 사업은 추진한다. └ A ∨ C이므로 A→B, C→D가 됨.	O
	② A를 추진하지 않기로 결정한다면, 추진하는 사업은 정확히 두 개이다. └ A ∨ C이므로 ~A→C→D이고, B도 추진 가능함.	X
	③ B를 추진하지 않기로 결정한다면, C는 추진한다.	O
	④ C를 추진하지 않기로 결정한다면, B는 추진한다. └ A ∨ C이므로 ~C→A이고, 따라서 B도 추진함.	O
	⑤ D를 추진하지 않기로 결정한다면, 다른 세 사업의 추진 여부도 모두 정해진다.	O

잊지 말아야 할 핵심 포인트

기호화한 명제들이 여러 개 연결되면 문제 해결의 열쇠가 될 수 있습니다. 문장을 연결시키면 따로 떨어져 있을 때는 보이지 않던 새로운 정보가 보이기 때문입니다. 따라서 논리 문제를 해결할 때, 단순히 주어진 조건을 기호화하는 데 그치지 말고, 조건의 연결고리를 찾으며 접근해야 합니다.

03 논증의 타당성을 파악하자.

전제가 참일 때 결론이 참이 되는 논증을 '타당한 논증'이라고 합니다. 즉, '논증의 타당성'이란 전제가 참일 경우 결론이 반드시 참이 되는 것을 의미합니다. 전제가 참일 경우 결론이 반드시 참이 되는 논증이 연역논증이므로 연역논증은 타당한 논증이 됩니다. 반면 전제가 참인데도 결론이 참이라 할 수 없는 논증은 타당하지 않은 논증, 즉 부당한 논증이라고 합니다. 결국 논증의 타당성을 판단하기 위해서는 전제가 참이라고 가정했을 때, 결론이 반드시 참이 되는지 여부를 판단하면 됩니다. 전제가 참일 때 결론이 참이 되는지 여부는 내용적으로 판단할 수도 있지만, 복잡하고 어려운 논리 문장일수록 기계적인 접근이 더 효율적입니다. 이를 위해 타당성을 판단하는 기준이 되는 법칙을 알아두면, 조금 더 쉽게 논증의 타당성을 판단할 수 있습니다.

※ 논증의 타당성을 판단하는 법칙

전건 긍정법	A → B가 참일 때, A가 참이면 B는 반드시 참이다.
후건 부정법	A → B가 참일 때, ~B가 참이면 ~A는 반드시 참이다.
선언지 제거법	A ∨ B가 참일 때, ~A가 참이면 B는 반드시 참이다.

> **예제**
>
> 다음 논증을 읽고, 타당성에 대한 판단이 적합하면 O, 적합하지 않으면 X로 표시해 봅시다.
>
> > 운동을 열심히 하면 체중이 줄어든다. 영희는 최근 체중이 줄어들지 않았다. 그러므로 영희는 최근 운동을 열심히 하지 않았음에 틀림없다.
>
> 위 논증은 타당하다. (   )
>
> [정답 및 해설] O
> 위 논증을 기호화하면 다음과 같습니다.
> • 전제 1: 운동 → 체중 줄어듦
> • 전제 2: ~체중 줄어듦
> • 결론: ~운동
> 이는 후건 부정법에 따라 전제가 참일 때 결론이 반드시 참이 되므로 타당한 논증입니다.

✏️ 문제에 적용해보기

STEP1 직접 해보기

다음 논증에서 전제와 결론을 구분하고, 전제가 모두 참일 때 결론이 반드시 참이 되는지 표시해 봅시다.

> 영희: 갑이 A부처에 발령을 받으면, 을은 B부처에 발령을 받아. 그런데 을이 B부처에 발령을 받지 않았어. 그러므로 갑은 A부처에 발령을 받지 않았어.
> 철수: 갑이 A부처에 발령을 받으면, 을도 A부처에 발령을 받아. 그런데 을이 B부처가 아닌 A부처에 발령을 받았어. 따라서 갑은 A부처에 발령을 받았어.
> 현주: 갑이 A부처에 발령을 받지 않거나, 을과 병이 C부처에 발령을 받아. 그런데 갑이 A부처에 발령을 받았어. 그러므로 을과 병 모두 C부처에 발령을 받았어.

꿀 풀이 TIP

논증을 타당하지 않게 만드는 논리적 오류를 알아둡시다.
- 전건 부정의 오류
  A → B가 참일 때, ~A → ~B는 참이 아닙니다.
- 후건 긍정의 오류
  A → B가 참일 때, B → A는 참이 아닙니다.
- 선언지 긍정의 오류
  A ∨ B가 참일 때, A → ~B는 참이 아닙니다.

[답안]

STEP2 심화 학습하기

다음 글에서 영희, 철수, 현주의 말을 기호화하고, 각 논증이 타당한 이유 또는 타당하지 않은 이유를 적어 봅시다.

> 영희: 갑이 A부처에 발령을 받으면, 을은 B부처에 발령을 받아. 그런데 을이 B부처에 발령을 받지 않았어. 그러므로 갑은 A부처에 발령을 받지 않았어.
> 철수: 갑이 A부처에 발령을 받으면, 을도 A부처에 발령을 받아. 그런데 을이 B부처가 아닌 A부처에 발령을 받았어. 따라서 갑은 A부처에 발령을 받았어.
> 현주: 갑이 A부처에 발령을 받지 않거나, 을과 병이 C부처에 발령을 받아. 그런데 갑이 A부처에 발령을 받았어. 그러므로 을과 병 모두 C부처에 발령을 받았어.

[답안]

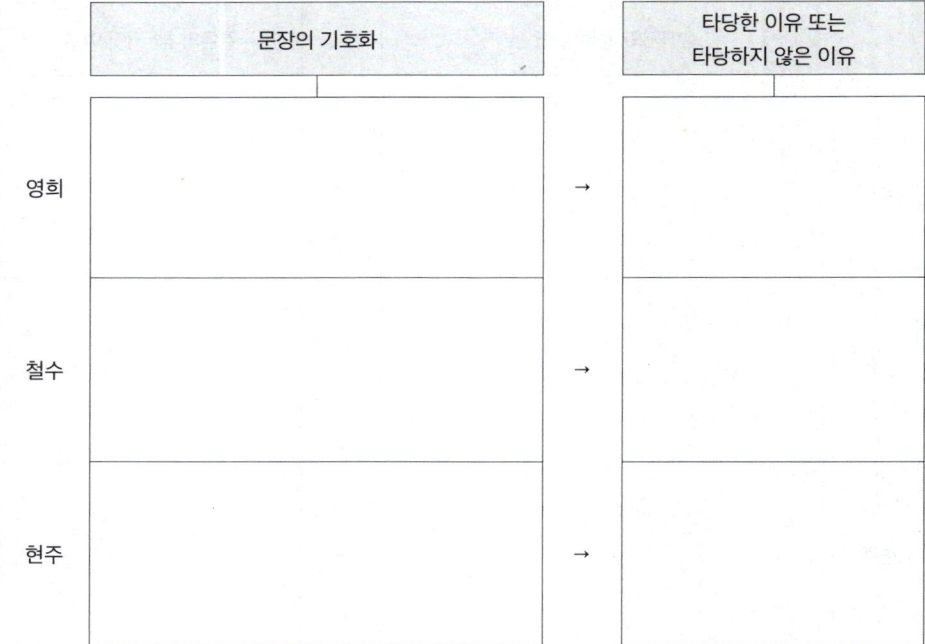

STEP3 가이드&정답 확인하기

문제 풀이 가이드와 정답을 확인해 봅시다.

> 영희: 갑이 A부처에 발령을 받으면, 을은 B부처에 발령을 받아. 그런데 을이 B부처에 발령을 받지 않았어. 그러므로 갑은 A부처에 발령을 받지 않았어.
> 철수: 갑이 A부처에 발령을 받으면, 을도 A부처에 발령을 받아. 그런데 을이 B부처가 아닌 A부처에 발령을 받았어. 따라서 갑은 A부처에 발령을 받았어.
> 현주: 갑이 A부처에 발령을 받지 않거나, 을과 병이 C부처에 발령을 받아. 그런데 갑이 A부처에 발령을 받았어. 그러므로 을과 병 모두 C부처에 발령을 받았어.

잊지 말아야 할 핵심 포인트

논증의 타당성을 판단하는 것은 논리적이고 기계적인 작업입니다. 논증의 타당성을 판단하면서 흔히 저지르는 실수 중 하나는 논증의 내용에 따라 타당성을 판단하려고 하는 것입니다. 그러나 지문이 독해 문제처럼 길게 주어져 있다고 해도, 논리 문제는 내용이 아니라 논리 이론에 근거하여 매우 기계적으로 접근해야 합니다.

[STEP1 정답]

	전제와 결론 구별		결론의 참·거짓 여부
영희	전제1: 갑이 A부처에 발령을 받으면, 을은 B부처에 발령을 받아. 전제2: 을이 B부처에 발령을 받지 않았어. 결론: 갑은 A부처에 발령을 받지 않았어.	→	전제1: 참(T) 전제2: 참(T)이면 결론: 반드시 참(T)
철수	전제1: 갑이 A부처에 발령을 받으면, 을도 A부처에 발령을 받아. 전제2: 을이 B부처가 아닌 A부처에 발령을 받았어. 결론: 갑은 A부처에 발령을 받았어.	→	전제1: 참(T) 전제2: 참(T)이라도 결론: 반드시 참(T)은 아님
현주	전제1: 갑이 A부처에 발령을 받지 않거나, 을과 병이 C부처에 발령을 받아. 전제2: 갑이 A부처에 발령을 받았어. 결론: 을과 병 모두 C부처에 발령을 받았어.	→	전제1: 참(T) 전제2: 참(T)이면 결론: 반드시 참(T)

[STEP2 정답]

	문장의 기호화		타당한 이유 또는 타당하지 않은 이유
영희	전제1: 갑 A → 을 B 전제2: ~을 B 결론: ~갑 A	→	타당성O, 후건 부정법
철수	전제1: 갑 A → 을 A 전제2: 을 A 결론: 갑 A	→	타당성X, 후건 긍정의 오류
현주	전제1: ~갑 A ∨ 을·병 C 전제2: 갑 A 결론: 을·병 C	→	타당성O, 선언지 제거법

PSAT 교육 1위, 해커스PSAT **psat.Hackers.com**

PSAT 기출문제

01. 전제가 참일 경우 결론을 지지하는 추론의 강도가 아래의 논증과 같은 것은? 05 5급공채

> 우리 등산 동우회 회원은 모두 여덟 명이다. 따라서 우리 동우회원 중 같은 요일에 태어난 사람이 적어도 두 명은 된다.

① 지금까지 해가 서쪽에서 뜬 적은 없었다. 따라서 내일도 해는 서쪽에서 뜨지 않을 것이다.
② 철수는 바로 아래 동생 영수와 닮았고, 영수는 막내 길수와 닮았다. 따라서 철수가 길수와 닮았음은 당연하다.
③ 올림픽대회와 세계선수권대회 모두에서 우승한 사람만이 유도의 일인자이다. 그런데 갑수는 올림픽대회에 출전한 적이 없으므로 유도의 일인자는 아니다.
④ X백과사전에는 공생 관계에 대한 항목이 있다. Y백과사전도 X백과사전처럼 매우 좋은 백과사전이다. 따라서 Y백과사전에도 공생 관계에 대한 항목이 있을 것이다.
⑤ 오늘 아침 신문에 북아프리카에서 리히터 규모 9.0의 강진이 일어나 많은 사망자가 발생했다는 충격적인 보도가 있었다. 따라서 많은 사람들이 무고하게 목숨을 잃었음에 틀림이 없다.

02. 다음 (가)~(마) 각각의 논증에서 전제가 모두 참일 때, 결론이 반드시 참인 것을 모두 고르면?

12 민경채

> (가) 삼촌은 우리를 어린이대공원에 데리고 간다고 약속했다. 삼촌이 이 약속을 지킨다면, 우리는 어린이대공원에 갈 것이다. 우리는 어린이대공원에 갔다. 따라서 삼촌이 이 약속을 지킨 것은 확실하다.
> (나) 내일 비가 오면, 우리는 박물관에 갈 것이다. 내일 날씨가 좋으면, 우리는 소풍을 갈 것이다. 내일 비가 오거나 날씨가 좋을 것이다. 따라서 우리는 박물관에 가거나 소풍을 갈 것이다.
> (다) 영희는 학생이다. 그녀는 철학도이거나 과학도임이 틀림없다. 그녀는 과학도가 아니라는 것이 밝혀졌다. 따라서 그녀는 철학도이다.
> (라) 그가 나를 싫어하지 않는다면, 나를 데리러 올 것이다. 그는 나를 싫어한다. 따라서 그는 나를 데리러 오지 않을 것이다.
> (마) 그가 유학을 간다면, 그는 군대에 갈 수 없다. 그가 군대에 갈 수 없다면, 결혼을 미루어야 한다. 그가 결혼을 미룬다면, 그녀와 헤어지게 될 것이다. 따라서 그녀와 헤어지지 않으려면, 그는 군대에 가서는 안 된다.

① (가), (나)
② (가), (라)
③ (나), (다)
④ (나), (마)
⑤ (다), (마)

03. 다음 글의 내용이 참일 때, 반드시 참인 것만을 <보기>에서 모두 고르면? 17 민경채

> 교수 갑~정 중에서 적어도 한 명을 국가공무원 5급 및 7급 민간경력자 일괄채용 면접위원으로 위촉한다. 위촉 조건은 아래와 같다.
> ○ 갑과 을 모두 위촉되면, 병도 위촉된다.
> ○ 병이 위촉되면, 정도 위촉된다.
> ○ 정은 위촉되지 않는다.

―〈보 기〉―
ㄱ. 갑과 병 모두 위촉된다.
ㄴ. 정과 을 누구도 위촉되지 않는다.
ㄷ. 갑이 위촉되지 않으면, 을이 위촉된다.

① ㄱ
② ㄷ
③ ㄱ, ㄴ
④ ㄴ, ㄷ
⑤ ㄱ, ㄴ, ㄷ

04. 사무관 A, B, C, D, E는 다음 조건에 따라 회의에 참석할 예정이다. 반드시 참이라고는 할 수 없는 것은?

12 민경채

> ○ A가 회의에 참석하면, B도 참석한다.
> ○ A가 참석하면 E도 참석하고, C가 참석하면 E도 참석한다.
> ○ D가 참석하면, B도 참석한다.
> ○ C가 참석하지 않으면, B도 참석하지 않는다.

① A가 참석하면, C도 참석한다.
② A가 참석하면, D도 참석한다.
③ C가 참석하지 않으면, D도 참석하지 않는다.
④ D가 참석하면, C도 참석한다.
⑤ E가 참석하지 않으면, B도 참석하지 않는다.

05. 다음을 참이라고 가정할 때, 회의를 반드시 개최해야 하는 날의 수는?

○ 회의는 다음 주에 개최한다.
○ 월요일에는 회의를 개최하지 않는다.
○ 화요일과 목요일에 회의를 개최하거나 월요일에 회의를 개최한다.
○ 금요일에 회의를 개최하지 않으면, 화요일에도 회의를 개최하지 않고 수요일에도 개최하지 않는다.

① 0
② 1
③ 2
④ 3
⑤ 4

정답 및 해설

01. ③

지문에 제시된 논증은 전제가 참일 때 결론이 참일 수밖에 없는 연역논증에 해당한다. '올림픽대회와 세계선수권대회 모두에서 우승한 사람만이 유도의 일인자이다. 그런데 갑수는 올림픽대회에 출전한 적이 없으므로 유도의 일인자는 아니다.'는 올림픽과 세계선수권에서 모두 우승해야만 유도의 일인자가 될 수 있는데, 올림픽 자체에 출전하지 않았다면 당연히 우승할 수도 없으므로 갑수는 유도의 일인자가 될 수 없다. 이는 전제가 참일 경우 결론은 반드시 참이 될 수밖에 없는 연역논증이다.

✓ 오답체크

①, ②, ④, ⑤ 전제가 참이라고 해도 결론은 참이 될 수도, 참이 되지 않을 수도 있는 논증이다. 이는 귀납논증에 해당하므로 지문의 논증보다 약한 추론 강도를 가진다. 전제가 참일 때 결론이 반드시 참이 되는 연역논증이 추론 강도가 귀납논증보다 강하다.

02. ③

각 논증을 기호화하여 타당성 여부를 판단하면 다음과 같다.

(나) 비 → 박물관
　　　날씨 좋음 → 소풍
　　　비 ∨ 날씨 좋음
　　　∴ 박물관 ∨ 소풍
　　　전제가 모두 참일 때, 결론이 반드시 참이 된다.

(다) 철학도 ∨ 과학도
　　　~과학도
　　　∴ 철학도
　　　선언지 제거법에 의해 전제가 모두 참일 때, 결론이 반드시 참이 된다.

✓ 오답체크

(가) 약속
　　　약속 → 대공원
　　　대공원
　　　∴ 약속
　　　후건 긍정의 오류이므로 전제가 모두 참이라고 해도 결론이 반드시 참이 되지 않는다.

(라) ~싫어함 → 데리러 옴
　　　싫어함
　　　∴ ~데리러 옴
　　　전건 부정의 오류이므로 전제가 모두 참이라고 해도 결론이 반드시 참이 되지 않는다.

(마) 유학 → ~군대
　　　~군대 → ~결혼
　　　~결혼 → 헤어짐
　　　∴ ~헤어짐 → ~군대
　　　전제가 모두 참이라고 해도 결론이 반드시 참이 되지 않는다.

03. ②

주어진 명제를 간단히 기호화하면 다음과 같다.
- 갑 ∧ 을 → 병
- 병 → 정
- ~정

세 명제를 순서대로 연결하면 '~정 → ~병 → ~갑 ∨ ~을'이 된다. 따라서 정과 병은 위촉되지 않는다. 이때 지문에서 갑, 을, 병, 정 중 적어도 한 명은 위촉된다고 했으므로 갑과 을 중 적어도 한 명이 위촉된다.

ㄷ. 갑과 을 중 적어도 한 명은 위촉되므로 갑이 위촉되지 않으면 을이 위촉되므로 반드시 참이다.

✓ 오답체크

ㄱ. 병은 위촉되지 않고, 갑이 위촉되는지는 알 수 없으므로 반드시 참이 되지 않는다.
ㄴ. 정은 위촉되지 않지만, 을이 위촉되는지 알 수 없으므로 반드시 참이 되지는 않는다.

04. ②

주어진 명제를 간단히 기호화하면 다음과 같다.
- A → B
- A → E
  C → E
- D → B
- ~C → ~B

첫 번째 명제에 따라 A가 참석하면 B가 참석함은 알 수 있으나 D도 참석하는지는 알 수 없다. 따라서 'A가 참석하면, D가 참석한다'는 것은 반드시 참이 되지는 않는다.

✓ 오답체크

① 첫 번째 명제와 네 번째 명제의 대우에 따라 A가 참석하면 B가 참석하고, B가 참석하면 C도 참석하므로 'A가 참석하면, C도 참석한다'는 것은 반드시 참이 된다.
③ 네 번째 명제에 따라 C가 참석하지 않으면 B도 참석하지 않고, 세 번째 명제의 대우에 따라 B가 참석하지 않으면 D도 참석하지 않으므로 'C가 참석하지 않으면, D도 참석하지 않는다'는 반드시 참이 된다.
④ 세 번째 명제에 따라 D가 참석하면 B도 참석하고, 네 번째 명제의 대우에 따라 B가 참석하면 C도 참석하므로 'D가 참석하면, C도 참석한다'는 반드시 참이 된다.
⑤ 두 번째 명제에 따라 E가 참석하지 않으면 C도 참석하지 않고, C가 참석하지 않으면 B도 참석하지 않으므로 'E가 참석하지 않으면, B도 참석하지 않는다'는 반드시 참이 된다.

05. ④

주어진 명제를 기호화하면 다음과 같다.
1) 다음 주
2) ~월
3) (화 & 목) ∪ 월
4) ~금 → (~화 & ~수)

2)에 의해 월요일에 회의를 개최하지 않는 것이 확정된다. 따라서 3)에 의해 화요일과 목요일에는 회의를 개최해야 한다. 화요일에 회의를 개최하는 것이 확정되었으므로 4)에서 금요일에도 회의가 개최되는 것이 확정된다. 결국 회의를 반드시 개최하는 날의 수는 화요일, 목요일, 금요일 총 3일이다.

정답 01. ③ 02. ③ 03. ② 04. ② 05. ④

☑ 이번 기본기, 이것만은 기억하자!

01. 연역논증과 귀납논증은 전제가 참일 때, 결론이 반드시 참이 되는지 여부로 구분됩니다.
02. 논증의 타당성을 판단하는 법칙과 오류를 알아두어야 합니다.

Public
Service
Aptitude
Test

PSAT 교육 1위, 해커스PSAT **psat.Hackers.com**

해커스PSAT 7급 PSAT 입문서

PART 2

상황판단

Public
Service
Aptitude
Test

PSAT 교육 1위, 해커스PSAT **psat.Hackers.com**

상황판단
핵심 기본기 1

묻는 바만 빠르게 해결한다.

상황판단은 언어, 자료, 상황 세 영역 중에서도 특히 수험생들이 시간 부족을 느끼는 영역이므로 각 문제가 무엇을 묻고 있는지 파악하여 문제를 빠르게 해결하는 것이 가장 중요합니다. 발문을 통해 해당 문제에서 무엇을 해결해야 하는지 또는 제시된 글에서 어디를 중요하게 읽어야 하는지 파악하거나, 선택지나 보기를 통해 지문에서 중요하게 봐야 할 부분이 어디인지 파악하는 것은 문제를 효율적으로 해결하는 데 꼭 필요합니다. 따라서 문제를 풀 때에는 가장 먼저 묻는 내용이 무엇인가를 파악한 뒤에 묻는 바만 빠르게 해결해야 합니다.

01 발문을 활용해 묻는 바를 확인하자.
02 선택지나 보기를 활용해 묻는 바를 확인하자.

PSAT 기출문제

01 발문을 활용해 묻는 바를 확인하자.

발문
어떠한 문제를 해결하려고 할 때 해당 문제에서 가장 먼저 보게 되는 정보로써 쉽게 말해 '묻는 문장'입니다.

시간이 부족한 PSAT의 특성상 한 문제를 최대한 빠르게 해결하는 것이 매우 중요합니다. 이를 위해 가장 먼저 필요한 것은 문제에서 묻고자 하는 바가 무엇인지를 빠르게 파악하는 것입니다. 이때 우리가 유용하게 활용할 수 있는 것이 문제를 보면 우리가 가장 먼저 확인하게 되는 발문입니다.

상황판단에서 제시되는 발문의 형태는 '다음 글을 근거로 판단할 때 옳은 것은?', '다음 글과 <상황>을 근거로 판단할 때 옳은 것은?' 등 선택지나 보기를 판단할 수 있는 근거로 제시된 정보가 무엇인지 언급하고, 다음으로 문제가 묻고자 하는 바가 무엇인지 언급합니다. 위와 같이 발문에서 옳은 것 또는 옳지 않은 것을 고르도록 단순하게 묻는 경우에는 문제에서 묻고자 하는 바가 파악되지는 않습니다. 그러나 특정 발문에서는 해당 문항에서 해결해야 할 것을 직접적으로 알려주거나 발문에서 중점적으로 봐야 할 내용을 알려 주는 등 특정 사항을 묻는 경우도 있습니다. 이 때문에 발문을 확인하면 해당 문제에서 무엇을 묻는지 빠르게 파악이 가능하고, 제시된 정보에서 확인해야 할 부분이 어떤 부분인지 알 수 있으므로 이를 중점으로 제시된 정보를 파악해야 합니다.

이 스킬의 핵심은 발문을 통해 '해당 문항에서 묻고자 하는 바'가 파악되는지 그렇지 않은지의 여부를 판단하는 것입니다. 묻고자 하는 바가 발문에 제시되었다면 그에 맞춰서 글을 읽고, 제시되지 않았다면 다른 방법을 통해 묻고자 하는 바를 알아내야 합니다.

예제

다음 발문을 보고 문제에서 묻고자 하는 바가 파악된다면 O, 파악되지 않는다면 X로 표시해 봅시다.

01. 다음 글을 근거로 판단할 때, <보기>에서 옳은 것만을 모두 고르면? (   )
02. 다음 글을 근거로 추론할 때, <보기>에서 옳은 것만을 모두 고르면? (   )
03. 다음은 신라시대의 골품제도에 관한 어느 사학자의 주장이다. 이를 근거로 판단할 때, <보기>에서 옳지 않은 것을 모두 고르면? (   )
04. 다음 글을 근거로 판단할 때, 적극적 다문화주의 정책에 해당하는 것을 <보기>에서 모두 고르면? (   )
05. 다음 글을 근거로 판단할 때, <보기>에서 방정식 $x^3+4x+2=0$의 표현으로 옳은 것만을 모두 고르면? (   )

[정답 및 해설] 01. X, 02. X, 03. X, 04. O, 05. O

01. 상황판단에서 제시되는 가장 전형적인 발문의 형태입니다. 단순히 〈보기〉에서 옳은 것을 골라야 한다는 것만 확인할 수 있을 뿐, 문제에서 묻고자 하는 바가 파악되지는 않습니다.

02. 텍스트 유형에서 제시되는 전형적인 발문의 형태입니다. 상황판단에서 묻는 '추론'은 언어논리에서의 '추론'문제만큼 애매하게 출제되지 않습니다. 따라서 거의 '일치부합형'처럼 풀더라도 크게 문제되지 않는 경우가 대부분입니다. 그밖에 단순히 〈보기〉에서 옳은 것을 골라야 한다는 것만 확인할 수 있을 뿐, 문제에서 묻고자 하는 바가 파악되지는 않습니다.

03. 신라시대의 골품제도에 관한 어느 사학자의 주장이 지문으로 제시되었다는 것만을 알 수 있을 뿐, 문제에서 묻고자 하는 바가 파악되지는 않습니다.

04. 발문에서 적극적 다문화주의 정책에 해당하는 것을 골라야 함을 알 수 있습니다. 따라서 발문에서 묻고자 하는 바를 알아낼 수 있습니다. 그러면 바로 지문을 읽더라도 자연스럽게 정보의 강약처리가 가능할 것입니다. 즉, 어떤 내용이 적극적 다문화주의 정책에 해당되는지, 어떤 내용이 적극적 다문화주의에 해당하지 않는지를 구분하면서 지문을 읽어야 합니다.

05. 방정식에 등장한 $x^3+4x+2=0$을 표현하는 방식을 지문에서 찾아내야 합니다. 즉, 이 문제 또한 발문을 통해서 문제에서 묻고자 하는 바를 확인할 수 있습니다.

문제에 적용해보기

STEP1 직접 해보기

꿀 풀이 TIP
발문에서 묻는 내용은 지문에서 각 단락의 핵심 내용이나 핵심 단어로 제시되는 경우가 많습니다. 또한 핵심 단어는 작은 따옴표(' ') 등으로 표시되기도 합니다.

다음 글과 〈상황〉을 근거로 판단할 때, 甲에게 가장 적절한 유연근무제를 골라 봅시다.

유연근무제는 획일화된 공무원의 근무형태를 개인·업무·기관별 특성에 맞게 다양화하여 일과 삶의 균형을 꾀하고 공직생산성을 향상시키는 것을 목적으로 하며, 시간제근무, 탄력근무제, 원격근무제로 나눌 수 있다.

시간제근무는 다른 유연근무제와 달리 주 40시간보다 짧은 시간을 근무하는 것이다. 수시로 신청할 수 있으며 보수 및 연가는 근무시간에 비례하여 적용한다.

탄력근무제에는 네 가지 유형이 있다. '시차출퇴근형'은 1일 8시간 근무체제를 유지하면서 출퇴근시간을 자율적으로 조정할 수 있다. 07:00~10:00에 30분 단위로 출근시간을 스스로 조정하여 8시간 근무 후 퇴근한다. '근무시간선택형'은 주 5일 근무를 준수해야 하지만 1일 8시간을 반드시 근무해야 하는 것은 아니다. 근무가능 시간대는 06:00~24:00이며 1일 최대 근무시간은 12시간이다. '집약근무형'은 1일 8시간 근무체제에 구애받지 않으며, 주 3.5~4일만을 근무한다. 근무가능 시간대는 06:00~24:00이며 1일 최대 근무시간은 12시간이다. 이 경우 정액급식비 등 출퇴근을 전제로 지급되는 수당은 출근하는 일수만큼만 지급한다. '재량근무형'은 출퇴근 의무 없이 프로젝트 수행으로 주 40시간의 근무를 인정하는 형태이며 기관과 개인이 협의하여 수시로 신청한다.

원격근무제에는 '재택근무형'과 '스마트워크근무형'이 있는데, 실시 1주일 전까지 신청하면 된다. 재택근무형은 사무실이 아닌 자택에서 근무하는 것이며, 초과근무는 불인정된다. 스마트워크근무형은 자택 인근의 스마트워크센터 등 별도 사무실에서 근무하며, 초과근무를 위해서는 사전에 부서장의 승인이 필요하다.

〈상 황〉

A부서의 공무원 甲은 유연근무제를 신청하고자 한다. 甲은 원격근무보다는 A부서 사무실에 출근하여 일하는 것을 원하며, 주 40시간의 근무시간은 지킬 예정이다. 이틀은 아침 7시에 출근하여 12시간씩 근무하고, 나머지 사흘은 5~6시간의 근무를 하고 일찍 퇴근하려는 계획을 세웠다.

---

① 근무시간선택형
② 시차출퇴근형
③ 시간제근무
④ 집약근무형
⑤ 재택근무형

[답안]

STEP2 심화 학습하기

다음 글을 읽고, 질문에 답해 봅시다.

> 유연근무제는 획일화된 공무원의 근무형태를 개인·업무·기관별 특성에 맞게 다양화하여 일과 삶의 균형을 꾀하고 공직생산성을 향상시키는 것을 목적으로 하며, 시간제근무, 탄력근무제, 원격근무제로 나눌 수 있다.
>
> 시간제근무는 다른 유연근무제와 달리 주 40시간보다 짧은 시간을 근무하는 것이다. 수시로 신청할 수 있으며 보수 및 연가는 근무시간에 비례하여 적용한다.
>
> 탄력근무제에는 네 가지 유형이 있다. '시차출퇴근형'은 1일 8시간 근무체제를 유지하면서 출퇴근시간을 자율적으로 조정할 수 있다. 07:00~10:00에 30분 단위로 출근시간을 스스로 조정하여 8시간 근무 후 퇴근한다. '근무시간선택형'은 주 5일 근무를 준수해야 하지만 1일 8시간을 반드시 근무해야 하는 것은 아니다. 근무가능 시간대는 06:00~24:00이며 1일 최대 근무시간은 12시간이다. '집약근무형'은 1일 8시간 근무체제에 구애받지 않으며, 주 3.5~4일만을 근무한다. 근무가능 시간대는 06:00~24:00이며 1일 최대 근무시간은 12시간이다. 이 경우 정액급식비 등 출퇴근을 전제로 지급되는 수당은 출근하는 일수만큼만 지급한다. '재량근무형'은 출퇴근 의무 없이 프로젝트 수행으로 주 40시간의 근무를 인정하는 형태이며 기관과 개인이 협의하여 수시로 신청한다.
>
> 원격근무제에는 '재택근무형'과 '스마트워크근무형'이 있는데, 실시 1주일 전까지 신청하면 된다. 재택근무형은 사무실이 아닌 자택에서 근무하는 것이며, 초과근무는 불인정된다. 스마트워크근무형은 자택 인근의 스마트워크센터 등 별도 사무실에서 근무하며, 초과근무를 위해서는 사전에 부서장의 승인이 필요하다.

─〈상 황〉─

> A부서의 공무원 甲은 유연근무제를 신청하고자 한다. 甲은 원격근무보다는 A부서 사무실에 출근하여 일하는 것을 원하며, 주 40시간의 근무시간은 지킬 예정이다. 이틀은 아침 7시에 출근하여 12시간씩 근무하고, 나머지 사흘은 5~6시간의 근무를 하고 일찍 퇴근하려는 계획을 세웠다.

[답안]

- 발문에서 묻고자 하는 바가 무엇인지 확인하셨습니까? (   )
- 발문을 본 직후 어디를 확인하셨습니까? (   )

STEP3 가이드&정답 확인하기

문제 풀이 가이드와 정답을 확인해 봅시다.

> 유연근무제는 획일화된 공무원의 근무형태를 개인·업무·기관별 특성에 맞게 다양화하여 일과 삶의 균형을 꾀하고 공직생산성을 향상시키는 것을 목적으로 하며, 시간제근무, 탄력근무제, 원격근무제로 나눌 수 있다.
> 시간제근무는 다른 유연근무제와 달리 주 40시간보다 짧은 시간을 근무하는 것이다. 수시로 신청할 수 있으며 보수 및 연가는 근무시간에 비례하여 적용한다.
> ↳ 조건 ⓑ 충족 X, '③ 시간제근무' 제외
> 탄력근무제에는 네 가지 유형이 있다. 시차출퇴근형은 1일 8시간 근무체제를 유지하면서 출퇴근시간을 자율적으로 조정할 수 있다. 07:00~10:00에 30분 단위로 출근시간을 스스로 조정하여 8시간 근무 후 퇴근한다. 근무시간선택형은 주 5일
> ↳ 조건 ⓒ 충족 X, '② 시차출퇴근형' 제외
> 근무를 준수해야 하지만 1일 8시간을 반드시 근무해야 하는 것은 아니다. 근무가능 시간대는 06:00~24:00이며 1일 최대 근무시간은 12시간이다. 집약근무형은 1일
> ↳ 조건 ⓐ, ⓑ, ⓒ 모두 충족 O, '① 근무시간선택형' 정답
> 8시간 근무체제에 구애받지 않으며, 주 3.5~4일만을 근무한다. 근무가능 시간대는 06:00~24:00이며 1일 최대 근무시간은 12시간이다. 이 경우 정액급식비 등 출퇴근을 전제로 지급되는 수당은 출근하는 일수만큼만 지급한다. '재량근무형'은 출퇴
> ↳ 조건 ⓒ 충족 X, '④ 집약근무형' 제외
> 근 의무 없이 프로젝트 수행으로 주 40시간의 근무를 인정하는 형태이며 기관과 개인이 협의하여 수시로 신청한다.
> 원격근무제에는 '재택근무형'과 '스마트워크근무형'이 있는데, 실시 1주일 전까지 신청하면 된다. 재택근무형은 사무실이 아닌 자택에서 근무하는 것이며, 초과근무는 불인정된다. 스마트워크근무형은 자택 인근의 스마트워크센터 등 별도 사무실에
> ↳ 조건 ⓐ 충족 X, '⑤ 재택근무형' 제외
> 서 근무하며, 초과근무를 위해서는 사전에 부서장의 승인이 필요하다.

─〈상 황〉─

> A부서의 공무원 甲은 유연근무제를 신청하고자 한다. 甲은 원격근무보다는 A부
> ↳ 조건 ⓐ
> 서 사무실에 출근하여 일하는 것을 원하며, 주 40시간의 근무시간은 지킬 예정이
> ↳ 조건 ⓑ
> 다. 이틀은 아침 7시에 출근하여 12시간씩 근무하고, 나머지 사흘은 5~6시간의 근
> ↳ 조건 ⓒ
> 무를 하고 일찍 퇴근하려는 계획을 세웠다.

① 근무시간선택형
② 시차출퇴근형
③ 시간제근무
④ 집약근무형
⑤ 재택근무형

[STEP1 정답]

① 근무시간선택형

[STEP2 정답]

- 발문에서 묻고자 하는 바가 무엇인지 확인하셨습니까? (O)
  ↳ 발문을 통해 주어진 글과 〈상황〉을 근거로 甲에게 가장 적절한 유연근무제를 찾아내야 함을 알 수 있으므로 발문에서 묻고자 하는 바를 바로 파악할 수 있음
- 발문을 본 직후 어디를 확인하셨습니까? (지문)
  ↳ 지문에서 유연근무제의 여러 종류가 나열되어 있음. 따라서 지문에 등장한 다양한 유연근무제의 종류를 빠르게 스캔하여 〈상황〉에 비추어 가장 적절한 종류를 선택함

02 선택지나 보기를 활용해 묻는 바를 확인하자.

통독
제시된 글을 처음부터 끝까지 읽는 것을 말합니다.

발췌독
문제 해결에 필요한 부분만 찾아 읽는 것을 의미합니다.

상황판단의 텍스트 유형에서 출제되는 글은 정보를 제시하는 형태가 대부분입니다. 정보를 제공하는 글에서는 통독을 필요로 하지 않습니다. 문제 해결을 위한 정보가 어디 있는지 빠르게 찾는 발췌독으로 충분히 해결이 가능합니다. 이때 문제에서는 선택지나 보기 내용이 적절한지를 묻기에 선택지나 보기를 먼저 확인하면 지문의 내용과 함께 문제 해결에 필요한 정보가 무엇인지 확인할 수 있습니다. 이때 각 선택지나 보기에서 언급하는 키워드를 정리하고, 지문에서 해당 키워드의 내용을 발췌독하면 빠르게 문제를 해결할 수 있습니다.

예제

다음 글을 근거로 추론할 때 옳은 것을 골라 봅시다.

미국인의 일상생활은 1919년 이후 꾸준히 변해왔다. 1919년 5월 어느 날 아침, 식탁에 앉은 스미스씨의 복장만 보면 1930년이라고 착각할지도 모른다. 물론 눈썰미가 있는 사람이라면 스미스씨의 바지통이 1930년보다 좁다는 것을 눈치챌 수도 있다. 이처럼 남성들의 패션은 빙하의 움직임처럼 느리게 변화한다.

이와는 달리 스미스 부인은 당시의 유행대로 발목 부분에서 오므라들고, 발목에서 10cm 올라가 있는 치마를 입고 있다. 부인은 패션잡지에서 "부르봉 왕조 이래 여자들이 이렇게 다리를 내놓았던 적은 없다"는 놀라운 이야기와 앞으로 치마 길이가 더욱 짧아질 것임을 전망하는 기사를 보았지만, 발목에서 10cm 위는 여전히 당시의 표준적인 치마 길이였다.

또한 스미스 부인은 지난 겨울 내내 끈으로 꼭 맞게 조인 워킹 부츠 혹은 사슴 가죽을 부착한 에나멜 구두로 복사뼈를 감싸고 있었지만, 지금은 봄이라는 계절에 맞게 단화를 신고 단화 안에는 검은색 스타킹을 신었다. 스미스 부인은 황갈색 구두를 신을 때 황갈색 스타킹을 신는다.

1919년이면 화장은 매춘부들이나 하는 것이라는 고정관념이 희미해지고, 세련된 소녀들은 이미 대담하게 화장을 시작했을 때이다. 하지만 스미스 부인은 분을 바르는 정도로 얼굴 화장을 마무리하고, 색조 화장품은 사용하지 않았다. 가정교육을 잘 받은 스미스 부인 같은 여성들은 아직 '볼연지'라면 미간을 찌푸린다.

스미스 부인의 머리는 길다. 그래서 부인은 외출할 때에는 모자를 쓰고 긴머리를 머리 뒤쪽에 핀으로 단정하게 고정시키는 베일(veil)을 착용한다. 스미스 부인에게는 긴머리를 짧게 자른다는 것은 상상조차 할 수 없는 일이었다. 왜냐하면 당시에는 단발머리 여성이나 장발의 남성은 자유연애주의자까지는 아니더라도 급진적인 사상과 관련이 있다고 생각되었기 때문이다.

① 1919년과 1930년 사이에 미국 남성들의 바지 모양에는 약간의 변화가 있었다.
② 1919년의 여성들의 치마는 대체로 무릎을 드러내는 정도의 길이였다.
③ 스미스 부인은 외출을 할 때는 볼에 색조 화장을 하였을 것이다.
④ 긴 머리의 여성은 자유연애주의자의 대표적인 모습이었다.
⑤ 스미스 부인이 신은 단화는 황갈색이었다.

( )

[정답 및 해설] ①
선택지별 키워드를 잡아보면, ① 바지, ② 치마, ③ 화장, ④ 머리, ⑤ 단화입니다. 이를 통해 이 지문은 '패션'에 대한 글임을 알 수 있습니다. 지문의 다섯 개의 문단을 순서대로 문단 i), ii), iii), iv), v)라고 할 때, 지문을 스키밍하면서 문단별 중심내용을 찾아보면, 문단 i)에서는 바지, 문단 ii)에서는 치마, 문단 iii)에서는 구두와 스타킹, 문단 iv)에서는 화장, 문단 v)에서는 머리를 찾을 수 있습니다. 이처럼 문단별로 구분되는 내용을 이야기하고 있으므로 선지의 키워드와 각 문단의 중심내용을 통해 연결한 후, 선지에서 묻는 내용만 지문에서 확인하면 가장 빠른 해결이 가능합니다.
문단 i) 세 번째 문장에서 1919년 스미스씨의 바지통이 1930년보다 좁다고 하고, 다음 네 번째 문장에서 남성들의 패션은 느리게 변화한다고 하는데, 이러한 내용으로부터 1919년과 1930년 사이에 미국 남성들의 바지 모양에는 약간의 변화가 있었을 것으로 추론할 수 있습니다.

문제에 적용해보기

STEP1 직접 해보기

다음 〈보기〉에서 파악할 수 있는 키워드를 적어 봅시다.

> 스위스에는 독일어, 프랑스어, 이탈리아어, 레토로만어 등 4개 언어가 공식어로 지정되어 있다. 스위스는 '칸톤'이라 불리는 20개의 주(州)와 6개의 '할프칸톤(半州)'으로 구성되어 있으며, 이들 지방자치단체들 간의 사회적·경제적 격차는 그다지 심하지 않고 완벽에 가까운 사회보장제도가 시행되고 있다.
> 연방국가인 스위스의 정치제도적 특징은 직접민주주의(국민발의와 국민투표)에 있다. 직접민주주의 제도를 통해 헌법이나 법률의 개정을 제안하거나 연방정부 또는 연방의회가 이미 인준한 헌법이나 법률조항을 거부하기도 한다. 안건도 매우 다양하여 출산보험 도입, 신예전투기 도입, 외국인의 귀화절차와 난민권, 알프스 산맥의 철도터널 신설, 쥐라 주의 독립문제 등을 대상으로 삼았다. 더 나아가 외교정책도 다루어졌는데 1986년에는 유엔가입 여부를 국민투표에 부쳤고, 그 결과 의회가 가결한 유엔가입안을 부결시킨 적이 있다.
> 연방정부는 7인의 연방장관(4대 정당 대표와 3대 언어권 대표)으로 구성되며 모든 안건은 이들이 만장일치 혹은 압도적 다수로 결정한다. 따라서 국가수반이나 행정부의 수반은 없는 것과 다름없다. 이러한 제도는 타협이 이루어질 때까지 많은 시간이 소요되므로 시급한 문제의 처리나 위급상황 발생시에는 문제점이 나타날 수 있다.

―〈보 기〉―
ㄱ. 스위스 국민은 어느 주에 살더라도 사회보장을 잘 받을 수 있을 것이다.
ㄴ. 스위스에서는 연방정부에서 결정된 사항을 국민투표에 부칠 수 없을 것이다.
ㄷ. 스위스에서는 연방정부의 의사결정 방식으로 인해 국가의 중요 안건을 신속하게 결정하기 어려울 수 있다.

[답안]

ㄱ.

ㄴ.

ㄷ.

꿀 풀이 TIP

키워드는 지문에서 필요한 정보를 파악하기 위한 것으로 키워드를 정할 때 꼭 어떤 특정 단어를 정해야만 그 문제를 풀 수 있고, 그렇지 않으면 그 문제를 풀 수 없는 것은 아닙니다. 따라서 키워드는 자유롭게 정리할 수 있습니다.

STEP2 심화 학습하기

〈보기〉에서 파악한 키워드를 토대로 다음 글을 파악하여, 〈보기〉 중 옳은 보기와 옳지 않은 보기를 적어 봅시다.

> 스위스에는 독일어, 프랑스어, 이탈리아어, 레토로만어 등 4개 언어가 공식어로 지정되어 있다. 스위스는 '칸톤'이라 불리는 20개의 주(州)와 6개의 '할프칸톤(半州)'으로 구성되어 있으며, 이들 지방자치단체들 간의 사회적·경제적 격차는 그다지 심하지 않고 완벽에 가까운 사회보장제도가 시행되고 있다.
>
> 연방국가인 스위스의 정치제도적 특징은 직접민주주의(국민발의와 국민투표)에 있다. 직접민주주의 제도를 통해 헌법이나 법률의 개정을 제안하거나 연방정부 또는 연방의회가 이미 인준한 헌법이나 법률조항을 거부하기도 한다. 안건도 매우 다양하여 출산보험 도입, 신예전투기 도입, 외국인의 귀화절차와 난민권, 알프스 산맥의 철도터널 신설, 쥐라 주의 독립문제 등을 대상으로 삼았다. 더 나아가 외교정책도 다루어졌는데 1986년에는 유엔가입 여부를 국민투표에 부쳤고, 그 결과 의회가 가결한 유엔가입안을 부결시킨 적이 있다.
>
> 연방정부는 7인의 연방장관(4대 정당 대표와 3대 언어권 대표)으로 구성되며 모든 안건은 이들이 만장일치 혹은 압도적 다수로 결정한다. 따라서 국가수반이나 행정부의 수반은 없는 것과 다름없다. 이러한 제도는 타협이 이루어질 때까지 많은 시간이 소요되므로 시급한 문제의 처리나 위급상황 발생시에는 문제점이 나타날 수 있다.

〈보 기〉

ㄱ. 스위스 국민은 어느 주에 살더라도 사회보장을 잘 받을 수 있을 것이다.
ㄴ. 스위스에서는 연방정부에서 결정된 사항을 국민투표에 부칠 수 없을 것이다.
ㄷ. 스위스에서는 연방정부의 의사결정 방식으로 인해 국가의 중요 안건을 신속하게 결정하기 어려울 수 있다.

[답안]

- 옳은 보기:

- 옳지 않은 보기:

잊지 말아야 할 핵심 포인트

상황판단에서 출제되는 지문은 반드시 처음부터 끝까지 다 읽어야 하는 것이 아닙니다. 따라서 시간을 절약하려면 발췌독을 하는 것이 절대적으로 유리합니다.

STEP3 가이드&정답 확인하기

문제 풀이 가이드와 정답을 확인해 봅시다.

스위스에는 독일어, 프랑스어, 이탈리아어, 레토로만어 등 4개 언어가 공식어로 지정되어 있다. 스위스는 '칸톤'이라 불리는 20개의 주(州)와 6개의 '할프칸톤(半州)'으로 구성되어 있으며, 이들 지방자치단체들 간의 사회적·경제적 격차는 그다지 심하지 않고 완벽에 가까운 사회보장제도가 시행되고 있다.
→ 보기 ㄱ의 키워드
→ 스위스 국민은 어느 주에 살더라도 사회보장을 잘 받을 수 있음

연방국가인 스위스의 정치제도적 특징은 직접민주주의(국민발의와 국민투표)에 있다. 직접민주주의 제도를 통해 헌법이나 법률의 개정을 제안하거나 연방정부 또는 연방의회가 이미 인준한 헌법이나 법률조항을 거부하기도 한다. 안건도 매우 다양하여 출산보험 도입, 신예전투기 도입, 외국인의 귀화절차와 난민권, 알프스 산맥의 철도터널 신설, 쥐라 주의 독립문제 등을 대상으로 삼았다. 더 나아가 외교정책도 다루어졌는데 1986년에는 유엔가입 여부를 국민투표에 부쳤고, 그 결과 의회가 가결한 유엔가입안을 부결시킨 적이 있다.
→ 연방정부에서 결정된 사항을 국민투표에 부칠 수 있음
→ 보기 ㄴ의 키워드

연방정부는 7인의 연방장관(4대 정당 대표와 3대 언어권 대표)으로 구성되며 모든 안건은 이들이 만장일치 혹은 압도적 다수로 결정한다. 따라서 국가수반이나 행정부의 수반은 없는 것과 다름없다. 이러한 제도는 타협이 이루어질 때까지 많은 시간이 소요되므로 시급한 문제의 처리나 위급상황 발생시에는 문제점이 나타날 수 있다.
→ 보기 ㄷ의 키워드
→ 연방정부의 의사결정 방식으로 인해 국가의 중요 안건을 신속하게 결정하기 어려울 수 있음

〈보 기〉

ㄱ. 스위스 국민은 어느 주에 살더라도 사회보장을 잘 받을 수 있을 것이다. → 옳음
ㄴ. 스위스에서는 연방정부에서 결정된 사항을 국민투표에 부칠 수 없을 것이다.
　　→ 옳지 않음
ㄷ. 스위스에서는 연방정부의 의사결정 방식으로 인해 국가의 중요 안건을 신속하게 결정하기 어려울 수 있다. → 옳음

[STEP1 정답]

ㄱ. 스위스 국민, 사회보장 등
ㄴ. 연방정부, 국민투표 등
ㄷ. 연방정부, 의사결정 방식, 중요 안건 등

[STEP2 정답]

- 옳은 보기: ㄱ, ㄷ
- 옳지 않은 보기: ㄴ

01. 다음 글을 근거로 판단할 때 옳은 것은?

23 7급공채

> 두부의 주재료는 대두(大豆)라는 콩이다. 50여 년 전만 해도, 모내기가 끝나는 5월쯤 대두의 씨앗을 심어 벼 베기가 끝나는 10월쯤 수확했다. 두부를 만들기 위해서 먼저 콩을 물에 불리는데, 겨울이면 하루 종일, 여름이면 반나절 정도 물에 담가둬야 한다. 콩을 적당히 불린 후 맷돌로 콩을 간다. 물을 조금씩 부어가며 콩을 갈면 맷돌 가운데에서 하얀색의 콩비지가 거품처럼 새어 나온다. 이 콩비지를 솥에 넣고 약한 불로 끓인다. 맷돌에서 막 갈려 나온 콩비지에서는 식물성 단백질에서 나는 묘한 비린내가 나는데, 익히면 이 비린내는 없어진다. 함지박 안에 삼베나 무명으로 만든 주머니를 펼쳐 놓고, 끓인 콩비지를 주머니에 담는다. 콩비지가 다 식기 전에 주머니의 입을 양쪽으로 묶고 그 사이에 나무 막대를 꽂아 돌리면서 마치 탕약 짜듯이 콩물을 빼낸다. 이 콩물을 두유라고 한다. 콩에 함유된 단백질은 두유에 녹아 있다.
>
> 두부는 두유를 응고시킨 음식이다. 두유의 응고를 위해 응고제가 필요한데, 예전에는 응고제로 간수를 사용했다. 간수의 주성분은 염화마그네슘이다. 두유에 함유된 식물성 단백질은 염화마그네슘을 만나면 응고된다. 두유에 간수를 넣고 잠시 기다리면 응고된 하얀 덩어리와 물로 분리된다. 하얀 덩어리는 주머니에 옮겨 담는다. 응고가 아직 다 되지 않았기 때문에 덩어리를 싼 주머니에서는 물이 흘러나온다. 함지박 위에 널빤지를 올리고 그 위에 입을 단단히 묶은 주머니를 올려놓는다. 또 다른 널빤지를 주머니 위에 얹고 무거운 돌을 올려놓는다. 이렇게 한참을 누르고 있으면 주머니에서 물이 빠져나오고 덩어리는 굳어져 두부의 모양을 갖추게 된다.

① 50여 년 전에는 5월쯤 그해 수확한 대두로 두부를 만들 수 있었다.
② 콩비지를 염화마그네슘으로 응고시키면 두부와 두유가 나온다.
③ 익힌 콩비지에서는 식물성 단백질로 인해서 비린내가 난다.
④ 간수는 두유에 함유된 식물성 단백질을 응고시키는 성질이 있다.
⑤ 여름에 두부를 만들기 위해서는 콩을 하루 종일 물에 담가둬야 한다.

02. 다음 글을 근거로 판단할 때, 〈보기〉에서 옳은 것만을 모두 고르면?

20 7급모의

> 기상예보는 일기예보와 기상특보로 구분할 수 있다. 일기예보는 단기예보, 중기예보, 장기예보 등 시간에 따른 것이고, 기상특보는 주의보, 경보 등 기상현상의 정도에 따른 것이다.
>
> 일기예보 중 가장 짧은 기간을 예보하는 단기예보는 3시간 예보와 일일예보로 나뉜다. 3시간 예보는 오늘과 내일의 날씨를 예보하며, 매일 0시 발표부터 시작하여 3시간 간격으로 1일 8회 발표한다. 일일예보는 오늘과 내일, 모레의 날씨를 1일 단위(0시~24시)로 예보하며 매일 5시, 11시, 17시, 23시에 발표한다. 다음으로 중기예보에는 주간예보와 1개월 예보가 있다. 주간예보는 일일예보를 포함하여 일일예보가 예보한 기간의 다음날부터 5일간의 날씨를 추가로 예보하며 매일 발표한다. 1개월 예보는 앞으로 한 달간의 기상전망을 발표한다. 마지막으로 장기예보는 계절예보로서 봄, 여름, 가을, 겨울의 각 계절별 기상전망을 발표한다.
>
> 기상특보는 주의보와 경보로 나뉜다. 주의보는 재해가 일어날 가능성이 있는 경우에, 경보는 중대한 재해가 예상될 때 발표하는 것이다. 주의보가 발표된 후 기상현상의 경과가 악화된다면 경보로 승격 발표되기도 한다. 또한 기상특보의 기준은 지역마다 다를 수도 있다. 대설주의보의 예보 기준은 24시간 신(新)적설량이 대도시일 때 5cm 이상, 일반지역일 때 10cm 이상, 울릉도일 때 20cm 이상이다. 대설경보의 예보 기준은 24시간 신적설량이 대도시일 때 20cm 이상, 일반지역일 때 30cm 이상, 울릉도일 때 50cm 이상이다.

〈보 기〉

ㄱ. 월요일에 발표되는 주간예보에는 그 다음 주 월요일의 날씨가 포함된다.
ㄴ. 일일예보의 발표 시각과 3시간 예보의 발표 시각은 겹치지 않는다.
ㄷ. 오늘 23시에 발표된 일일예보는 오늘 5시에 발표된 일일예보보다 18시간 더 먼 미래의 날씨까지 예보한다.
ㄹ. 대도시 A의 대설경보 예보 기준은 울릉도의 대설주의보 예보 기준과 같다.

① ㄱ, ㄴ
② ㄱ, ㄷ
③ ㄷ, ㄹ
④ ㄱ, ㄴ, ㄹ
⑤ ㄴ, ㄷ, ㄹ

03. 다음 글을 근거로 판단할 때 옳지 않은 것은?

> 정부는 저출산 문제 해소를 위해 공무원이 안심하고 일과 출산·육아를 병행할 수 있도록 관련 제도를 정비하여 시행 중이다.
> 먼저 임신 12주 이내 또는 임신 36주 이상인 여성 공무원을 대상으로 하던 '모성보호시간'을 임신 기간 전체로 확대하여 임신부터 출산시까지 근무시간을 1일에 2시간씩 단축할 수 있게 하였다.
> 다음으로 생후 1년 미만의 영아를 자녀로 둔 공무원을 대상으로 1주일에 2일에 한해 1일에 1시간씩 단축근무를 허용하던 '육아시간'을, 만 5세 이하 자녀를 둔 공무원을 대상으로 1주일에 2일에 한해 1일에 2시간 범위 내에서 사용할 수 있도록 하였다. 또한 부부 공동육아 실현을 위해 '배우자 출산휴가'를 10일(기존 5일)로 확대하였다.
> 마지막으로 어린이집, 유치원, 초·중·고등학교에서 공식적으로 주최하는 행사와 공식적인 상담에만 허용되었던 '자녀돌봄휴가'(공무원 1인당 연간 최대 2일)를 자녀의 병원진료·검진·예방접종 등에도 쓸 수 있도록 하고, 자녀가 3명 이상일 경우 1일을 가산할 수 있도록 하였다.

① 변경된 현행 제도에서는 변경 전에 비해 '육아시간'의 적용 대상 및 시간이 확대되었다.
② 변경된 현행 제도에 따르면, 초등학생 자녀 3명을 둔 공무원은 연간 3일의 '자녀돌봄휴가'를 사용할 수 있다.
③ 변경된 현행 제도에 따르면, 임신 5개월인 여성 공무원은 산부인과 진료를 받기 위해 '모성보호시간'을 사용할 수 있다.
④ 변경 전 제도에서 공무원은 초등학교 1학년인 자녀의 병원진료를 위해 '자녀돌봄휴가'를 사용할 수 있었다.
⑤ 변경된 현행 제도에 따르면, 만 2세 자녀를 둔 공무원은 '육아시간'을 사용하여 근무시간을 1주일에 총 4시간 단축할 수 있다.

04. 다음 글을 근거로 판단할 때, 우리나라에서 기단을 표시한 기호로 모두 옳은 것은?

15 민경채

> 기단(氣團)은 기온, 습도 등의 대기 상태가 거의 일정한 성질을 가진 공기 덩어리이다. 기단은 발생한 지역에 따라 분류할 수 있다. 대륙에서 발생하는 대륙성기단은 건조한 성질을 가지며, 해양에서 발생하는 해양성기단은 습한 성질을 갖는다. 또한 기단의 온도에 따라 한대기단, 열대기단, 적도기단, 극기단으로 나뉜다.
>
> 기단은 그 성질을 기호로 표시하기도 한다. 해양성기단은 알파벳 소문자 m을 기호 처음에 표기하고, 대륙성기단은 알파벳 소문자 c를 기호 처음에 표기한다. 이어서 한대기단은 알파벳 대문자 P로 표기하고, 열대기단은 알파벳 대문자 T로 표기한다. 예를 들어 해양성한대기단은 mP가 되는 것이다. 또한 기단이 이동하면서 나타나는 열역학적 특성에 따라 알파벳 소문자 w나 k를 마지막에 추가한다. w는 기단이 그 하층의 지표면보다 따뜻할 때 사용하며 k는 기단이 그 하층의 지표면보다 차가울 때 사용한다. 한편 적도기단은 E로, 북극기단은 A로 표시한다.
>
> 겨울철 우리나라에 영향을 주는 대표적인 기단은 시베리아기단으로 우리나라 지표면보다 차가운 대륙성한대기단이다. 북극기단이 우리나라에 영향을 주기도 하는데, 북극기단은 극기단의 일종으로 최근 우리나라 겨울철 혹한의 주범으로 지목되고 있다. 여름철에 우리나라에 영향을 주는 대표적 열대기단은 북태평양기단이다. 북태평양기단은 해수 온도가 높은 북태평양에서 발생하여 우리나라 지표면보다 덥고 습한 성질을 가져 고온다습한 날씨를 야기한다. 또 다른 여름철 기단인 오호츠크해기단은 해양성한대기단으로 우리나라 지표면보다 차갑고 습한 성질을 갖는다. 적도 지방에서 발생하여 북상하는 적도기단도 우리나라 여름철에 영향을 준다.

	시베리아기단	북태평양기단	오호츠크해기단
①	mPk	mTk	cPk
②	mPk	cTw	cPk
③	cPk	cTw	mPk
④	cPk	mTw	mTk
⑤	cPk	mTw	mPk

05. 다음 글과 <상황>을 근거로 판단할 때, 제사주재자를 옳게 짝지은 것은? 24 7급공채

사망한 사람의 제사를 주재하는 사람(이하 '제사주재자'라 한다)은 사망한 사람의 공동상속인들 간 협의에 의해 정하는 것이 원칙이다. 다만 공동상속인들 사이에 협의가 이루어지지 않을 때, 누구를 제사주재자로 결정할 것인지 문제가 된다.

종전 대법원 판례는, 제사주재자의 지위를 유지할 수 없는 특별한 사정이 없는 한 사망한 사람의 직계비속으로서 장남(장남이 이미 사망한 경우에는 장손자)이 제사주재자가 되고, 공동상속인들 중 아들이 없는 경우에는 장녀가 제사주재자가 된다고 하였다. 이 판례에 대해, 사망한 사람에게 아들, 손자가 있다는 이유만으로 여성 상속인이 자신의 의사와 무관하게 제사주재자가 되지 못한다는 점에서 양성평등의 원칙에 어긋난다는 비판이 있었다.

이를 반영해서 최근 대법원은 연령을 기준으로 하여 제사주재자가 결정되는 것으로 판례를 변경하였다. 즉, 공동상속인들 사이에 협의가 이루어지지 않으면, 제사주재자의 지위를 유지할 수 없는 특별한 사정이 없는 한 사망한 사람의 직계비속 가운데 남녀를 불문하고 최근친(最近親) 중 연장자가 제사주재자가 된다고 하였다.

─〈상 황〉─

甲과 乙은 혼인하여 자녀 A(딸), B(아들), C(아들)를 두었다. B는 혼인하여 자녀 D(아들)가 있고, A와 C는 자녀가 없다. B는 2023. 5. 1. 43세로 사망하였고, 甲은 2024. 5. 1. 사망하였다. 2024. 6. 1. 현재 甲의 공동상속인인 乙(73세), A(50세), C(40세), D(20세)는 각자 자신이 甲의 제사주재자가 되겠다고 다투고 있다. 이들에게는 제사주재자의 지위를 유지할 수 없는 특별한 사정이 없다.

	종전 대법원 판례	최근 대법원 판례
①	A	C
②	C	A
③	C	乙
④	D	A
⑤	D	乙

06. 다음 글을 근거로 판단할 때 옳은 것은?

24 7급공채

> 자기조절력은 스스로 목표를 설정하고 그 목표를 달성하기 위해 집념과 끈기를 발휘하는 능력을 말한다. 또한 자기조절력은 자기 자신의 감정을 잘 조절하는 능력이기도 하며, 내가 나를 존중하는 능력이기도 하다. 자기조절을 하기 위해서는 도달하고 싶으나 아직 구현되지 않은 나의 미래 상태를 현재 나의 상태와 구별해 낼 수 있어야 한다. 자기조절력의 하위 요소로는 자기절제와 목표달성 등이 있다. 이러한 하위 요소들은 신경망과도 관련이 있는 것으로 알려져 있다.
>
> 우선 자기절제는 충동을 통제하고, 일상적이고도 전형적인 혹은 자동적인 행동을 분명한 의도를 바탕으로 억제하는 것이다. 이처럼 특정한 의도를 갖고 자신의 행동이나 생각을 의식적으로 억제하거나 마음먹은 대로 조절하는 능력은 복외측전전두피질과 내측전전두피질을 중심으로 한 신경망과 관련이 깊다.
>
> 한편 목표달성을 위해서는 두 가지 능력이 필요하다. 첫 번째는 자기 자신에 집중할 수 있는 능력이다. 나 자신에 집중하기 위해서는 끊임없이 자신을 되돌아보며 현재 나의 상태를 알아차리는 자기참조과정이 필요하다. 자기참조과정에 주로 관여하는 것은 내측전전두피질을 중심으로 후방대상피질과 설전부를 연결하는 신경망이다. 두 번째는 자신이 도달하고자 하는 대상에 집중할 수 있는 능력이다. 특정 대상에 주의를 집중하는 데 필요한 뇌 부위는 배외측전전두피질로 알려져 있다. 배외측전전두피질은 주로 내측전전두피질과 연결되어 작동한다. 내측전전두피질과 배외측전전두피질 간의 기능적 연결성이 강할수록 목표를 위해 에너지를 집중하고 지속적인 노력을 쏟아 부을 수 있는 능력이 높아진다.

① 자기조절을 위해서는 현재 나의 상태와 아직 구현되지 않은 나의 미래 상태를 구분할 수 있어야 한다.
② 내측전전두피질과 배외측전전두피질 간의 기능적 연결성이 약할수록 목표를 위한 집중력이 높아진다.
③ 목표달성을 위해서는 일상적이고 전형적인 행동을 강화하는 능력이 필요하다.
④ 자신이 도달하고자 하는 대상에 집중하는 과정을 자기참조과정이라 한다.
⑤ 자기조절력은 자기절제의 하위 요소이다.

정답 및 해설

01. ④

두 번째 단락에 따르면 간수의 주성분은 염화마그네슘이고, 두유에 함유된 식물성 단백질은 염화마그네슘을 만나면 응고된다. 따라서 간수는 두유에 함유된 식물성 단백질을 응고시키는 성질이 있다.

✔ 오답체크

① 첫 번째 단락에 따르면 50여 년 전에는 5월쯤 대두의 씨앗을 심어 10월쯤 수확했다. 수확시기도 10월쯤이고, 5월에는 대두의 씨앗을 심는 시기이므로 5월쯤 그해 수확한 대두로 두부를 만드는 것은 가능하지 않다.
② 첫 번째 단락에 따르면 콩비지를 끓인 후 식기 전에 탕약 짜듯이 빼낸 것이 콩물, 즉 두유이고, 두 번째 단락에 따르면 두유를 간수를 이용하여 응고시킨 것이 두부이다. 따라서 두유를 염화마그네슘으로 응고시키면 두부가 나온다.
③ 첫 번째 단락에 따르면 맷돌에서 막 갈려 나온 콩비지에서는 식물성 단백질에서 나는 묘한 비린내가 나는데, 익히면 이 비린내는 없어진다. 따라서 식물성 단백질로 인해서 비린내가 나는 것은 맞지만 익히면 비린내는 사라진다.
⑤ 첫 번째 단락에 따르면 두부를 만들기 위해서 먼저 콩을 물에 불리는데, 겨울이면 하루 종일, 여름이면 반나절 정도 물에 담가둬야 한다. 따라서 여름에 두부를 만들기 위해서는 콩을 하루 종일이 아닌 반나절 정도만 물에 담가둬야 한다.

02. ④

ㄱ. 두 번째 단락에서 주간예보는 일일예보를 포함하여 일일예보가 예보한 기간의 다음날부터 5일간의 날씨를 추가로 예보하며 매일 발표하고, 주간예보에 포함된 일일예보는 오늘과 내일, 모레의 날씨를 1일 단위(0시~24시)로 예보함을 알 수 있다. 따라서 월요일에 발표되는 주간예보에는 일일예보로 발표되는 월요일부터 수요일의 날씨와 목요일부터 그 다음 주 월요일의 날씨가 포함됨을 알 수 있다.
ㄴ. 두 번째 단락에서 일일예보는 매일 5시, 11시, 17시, 23시에 발표한다고 했고, 3시간 예보는 매일 0시 발표부터 시작하여 3시간 간격으로 1일 8회 발표한다고 했으므로 일일예보의 발표시각과 3시간 예보의 발표시각은 겹치지 않음을 알 수 있다.
ㄹ. 세 번째 단락에서 대설경보의 예보 기준은 24시간 신적설량이 대도시일 때 20cm 이상이고, 대설주의보의 예보 기준은 24시간 신적설량이 울릉도일 때 20cm 이상이라고 했으므로 대도시 A의 대설경보 예보 기준은 울릉도의 대설주의보 예보 기준과 같음을 알 수 있다.

✔ 오답체크

ㄷ. 두 번째 단락에서 일일예보는 오늘과 내일, 모레의 날씨를 1일 단위(0시~24시)로 예보하며 매일 5시, 11시, 17시, 23시에 발표한다고 했고, 이는 동일한 기간의 예보 내용을 4번 반복해서 발표하는 것임을 알 수 있다. 따라서 발표 시점이 18시간이 더 늦다고 해서 18시간 더 먼 미래의 날씨까지 예보하는 것은 아님을 알 수 있다.

03. ④

마지막 단락에 따르면 '자녀돌봄휴가'는 변경 전 제도에서 어린이집, 유치원, 초·중·고등학교에서 공식적으로 주최하는 행사와 공식적인 상담에만 허용되었으므로 변경 전 제도에서 공무원은 자녀의 병원진료를 위해 '자녀돌봄휴가'를 사용할 수 없었다.

✓오답체크

① 세 번째 단락에 따르면 '육아시간'의 적용 대상이 변경 전 제도에서는 생후 1년 미만의 영아를 자녀로 둔 공무원만 해당되었으나, 변경된 현행 제도에서는 만 5세 이하 자녀를 둔 공무원으로 확대되었다. 또한 '육아시간'의 적용 시간도 변경 전 제도에서는 1주일에 2일에 한해 1일에 1시간씩 단축근무를 허용했으나, 변경된 현행 제도에서는 1주일에 2일에 한해 1일에 2시간 범위 내에서 사용할 수 있다. 따라서 변경된 현행 제도에서는 변경 전에 비해 '육아시간'의 적용 대상 및 시간이 확대되었음을 알 수 있다.

② 마지막 단락에 따르면 변경된 현행 제도의 '자녀돌봄휴가'는 공무원 1인당 연간 최대 2일을 쓸 수 있도록 하고, 자녀가 3명 이상일 경우 1일을 가산할 수 있으므로 자녀 3명을 둔 공무원은 연간 3일의 '자녀돌봄휴가'를 사용할 수 있다.

③ 두 번째 단락에 따르면 변경 전 제도에서의 '모성보호시간'은 임신 12주 이내 또는 임신 36주 이상인 여성 공무원만을 대상으로 했으나, 변경된 현행 제도에서는 임신 기간 전체로 확대하여 임신부터 출산시까지 근무시간을 1일에 2시간씩 단축할 수 있다. 따라서 변경된 현행 제도에 따르면, 임신 5개월인 여성 공무원도 '모성보호시간'을 사용할 수 있다.

⑤ 세 번째 단락에 따르면 변경된 현행 제도에서는 '육아시간'의 적용 대상이 만 5세 이하 자녀를 둔 공무원으로 확대되었고, '육아시간'의 적용 시간도 변경된 현행 제도에서는 1주일에 2일에 한해 1일에 2시간 범위 내에서 사용할 수 있다. 따라서 변경된 현행 제도에 따르면, 만 2세 자녀를 둔 공무원이 '육아시간'을 사용하여 근무시간을 1주일에 총 4시간 단축할 수 있다.

04. ⑤

제시된 글에서 기단을 기호로 표시하는 방법을 정리하면 다음과 같다.

성질	표시방법	위치
해양성기단	알파벳 소문자 m	기호 처음에 표기
대륙성기단	알파벳 소문자 c	
한대기단	알파벳 대문자 P	기호 중간에 표기
열대기단	알파벳 대문자 T	
기단이 그 하층의 지표면보다 따뜻할 때	알파벳 소문자 w	기호 마지막에 표기
기단이 그 하층의 지표면보다 차가울 때	알파벳 소문자 k	
적도기단	알파벳 대문자 E	-
북극기단	알파벳 대문자 A	

- 시베리아기단은 우리나라 지표면보다 차가운 대륙성한대기단이므로 cPk이다.
- 북태평양기단은 여름철에 우리나라에 영향을 주는 대표적 열대기단이고, 해수 온도가 높은 북태평양에서 발생하여 우리나라 지표면보다 덥고 습한 성질을 가졌으므로 mTw이다.
- 오호츠크해기단은 해양성한대기단으로 우리나라 지표면보다 차갑고 습한 성질을 갖는다고 했으므로 mPk이다.

05. ④

첫 번째 문단부터 각각 문단 ⅰ)~ⅲ)라고 한다. 문단 ⅱ)의 종전 대법원 판례에 따르면 특별한 사정이 없는 한 1) 사망한 사람의 직계비속으로서 장남(장남이 이미 사망한 경우에는 장손자), 2) 공동상속인들 중 아들이 없는 경우에는 장녀가 제사주재자가 된다. 그리고 문단ⅲ)의 최근 대법원 판례에 따르면 특별한 사정이 없는 한 연령을 기준으로 하여 사망한 사람의 직계비속 가운데 남녀를 불문하고 최근친(最近親) 중 연장자가 제사주재자가 된다.

<상황>에 따르면 A~D는 甲과 乙의 직계비속이고, 2024. 6. 1. 현재 甲의 공동상속인 乙, A, C, D의 연령을 각각 확인할 수 있다. 그리고 B는 2023. 5. 1. 사망 당시 43세이므로 C보다는 나이가 많아 B가 甲과 乙의 장남임을 알 수 있다. 따라서 종전 대법원 판례에 따르면 사망한 甲의 직계비속으로서 장남인 B가 제사주재자가 되어야 하나 이미 사망하였으므로 장손자인 D가 제사주재자가 된다. 그리고 최근 대법원 판례에 따르면 사망한 甲의 직계비속 가운데 남녀를 불문하고 최근친 중 연장자인 A(50세)가 제사주재자가 된다.

06. ①

첫 번째 문단부터 각각 문단 ⅰ)~ⅲ)이라고 한다.
문단 ⅰ)에 따르면 자기조절을 위해서는 현재 나의 상태와 도달하고 싶으나 아직 구현되지 않은 나의 미래 상태를 구별해 낼 수 있어야 한다.

✓오답체크

② 문단ⅲ)에 따르면 내측전전두피질과 배외측전전두피질 간의 기능적 연결성이 강할수록 목표를 위해 에너지를 집중하고 지속적인 노력을 쏟아부을 수 있는 능력이 높아진다고 한다. 이는 자신이 도달하고자 하는 대상에 집중할 수 있는 두 번째 능력과 관련된 것이다. 선지와 같이 내측전전두피질과 배외측전전두피질 간의 기능적 연결성이 약할수록 목표를 위한 집중력이 높아진다고 판단할 수는 없다.
③ 문단 ⅱ)에 따르면 자기절제는 일상적이고도 전형적인 행동을 분명한 의도를 바탕으로 억제하는 것이다. 이는 문단ⅲ)의 목표달성과는 무관하다. 따라서 목표달성을 위해서 일상적이고 전형적인 행동을 강화하는 능력이 필요하다고 판단할 수는 없다. 목표달성을 위해 필요한 두 가지 능력은 문단 ⅲ)에서 언급하고 있어, 문단 ⅱ)의 자기절제와는 무관하다.
④ 문단ⅲ)에서는 목표달성을 위해 두 가지 능력이 필요하다고 한다. 첫 번째는 자기 자신에 집중할 수 있는 능력이 필요하며 이를 위해서는 자기참조과정이 필요하다고 한다. 그리고 두 번째는 자신이 도달하고자 하는 대상에 집중할 수 있는 능력이 필요하다. 자신이 도달하고자 하는 대상에 집중하는 과정은 두 번째 능력에 관한 것이고 자신을 되돌아보며 현재 나의 상태를 알아차리는 자기참조과정은 첫 번째 능력에 관한 것이다.
⑤ 문단 ⅰ)에 따르면 자기조절력의 하위 요소로 자기절제와 목표달성 등이 있다. 자기조절력이 자기절제의 하위 요소인 것은 아니다.

정답 01. ④ 02. ④ 03. ④ 04. ⑤ 05. ④ 06. ①

☑ 이번 기본기, 이것만은 기억하자!

01. 발문을 확인한 후 발문에서 힌트를 얻는다면 그에 따라 지문을 바로 읽습니다.
02. 발문에서 힌트를 얻을 수 없다면 선택지나 보기를 활용하여 키워드를 얻은 후 그에 따라 지문을 읽습니다.

PSAT 교육 1위, 해커스PSAT **psat.Hackers.com**

Public
Service
Aptitude
Test

PSAT 교육 1위, 해커스PSAT **psat.Hackers.com**

상황판단
핵심 기본기 2

키워드를 잘 활용한다.

문제의 빠른 해결을 위해서는 묻는 바만 빠르게 해결하는 것이 중요합니다. 따라서 문제 해결에 필요한 부분만 발췌해야 하며, 이때 제시된 지문에서 발췌해야 하는 부분을 찾기 위해서 활용할 수 있는 것이 바로 '키워드'입니다. 키워드를 얼마나 잘 활용하는가가 문제를 얼마나 빠르고 정확하게 해결할 수 있는가의 관건이 될 것입니다. 특히 법조문 유형에서는 제시된 법조문과 선택지나 보기의 키워드를 각각 파악한 뒤에 관련 있는 정보만 매칭해서 확인함으로써 문제 해결 시간을 단축할 수 있습니다.

01 서술어를 키워드로 활용하자.
02 효과 부분을 키워드로 활용하자.
03 표제를 키워드로 활용하자.

PSAT 기출문제

01 서술어를 키워드로 활용하자.

법조문이 제시되는 문제 역시 텍스트 줄글이 제시되는 문제와 마찬가지로 문제에서 무엇을 묻는지 빠르게 파악한 후, 제시된 지문에서 필요한 부분만 정확하게 확인할 수 있어야 합니다.

법조문이 제시되는 문제에서 선택지나 보기를 먼저 확인하는 경우에는 각 선택지나 보기의 서술어를 키워드로 잡으면 지문에 제시된 법조문과 매칭하여 정보를 쉽게 파악할 수 있습니다. 따라서 선택지나 보기의 서술어를 빠르게 확인한 다음, 각각의 선택지와 관련 있는 법조문을 비교하면서 정오를 판단할 수 있도록 합니다.

예제

다음 제시된 선택지에서 키워드를 적어 봅시다.

① 신청인은 피신청인의 근무지를 관할하는 지방법원에 조정을 신청할 수 있다.
② 조정을 하지 아니하는 결정을 조정담당판사가 한 경우, 신청인은 이에 대해 불복할 수 있다.
③ 신청인과 피신청인 사이에 합의된 사항이 기재된 조정조서는 판결과 동일한 효력을 갖는다.
④ 조정 불성립으로 사건이 종결된 경우, 사건이 종결된 때를 민사소송이 제기된 시점으로 본다.
⑤ 조정담당판사는 신청인이 부당한 목적으로 조정신청을 한 것으로 인정하는 경우, 조정 불성립으로 사건을 종결시킬 수 있다.

(   )

[정답 및 해설] 신청할 수 있다, 불복할 수 있다, 동일한 효력을 갖는다, 제기된 시점으로 본다, 종결시킬 수 있다.

문제에 적용해보기

STEP1 직접 해보기

제시된 보기의 키워드를 찾은 후, 보기가 글의 내용과 부합하는지 O, X로 표시해 봅시다.

꿀 풀이 TIP

선택지나 보기의 서술어만 키워드로 잡았을 때 법조문과 내용 매칭이 어렵다면 서술어를 기본 키워드로 잡고, 추가로 다른 단어를 키워드로 잡는 것도 좋습니다.

제00조 ① 가정법원은 질병, 장애, 노령, 그 밖의 사유로 인한 정신적 제약으로 사무를 처리할 능력이 지속적으로 결여된 사람에 대하여 본인, 배우자, 4촌 이내의 친족, 검사 또는 지방자치단체의 장의 청구에 의하여 성년후견개시의 심판을 한다.
② 성년후견인은 피성년후견인의 법률행위를 취소할 수 있다.
③ 제2항에도 불구하고 일용품의 구입 등 일상생활에 필요하고 그 대가가 과도하지 아니한 법률행위는 성년후견인이 취소할 수 없다.
제00조 ① 피성년후견인은 자신의 신상에 관하여 그의 상태가 허락하는 범위에서 단독으로 결정한다.
② 성년후견인이 피성년후견인을 치료 등의 목적으로 정신병원이나 그 밖의 다른 장소에 격리하려는 경우에는 가정법원의 허가를 받아야 한다.
제00조 ① 성년후견인은 가정법원이 직권으로 선임한다.
② 가정법원은 성년후견인이 선임된 경우에도 필요하다고 인정하면 직권으로 또는 청구권자의 청구에 의하여 추가로 성년후견인을 선임할 수 있다.

[답안]

보기	키워드	부합 여부
성년후견인은 피성년후견인이 행한 일용품 구입행위를 그 대가의 정도와 관계없이 취소할 수 없다.		
가정법원은 성년후견개시의 심판절차에서 직권으로 성년후견인을 선임할 수 없다.		
성년후견인은 가정법원의 허가 없이 단독으로 결정하여 피성년후견인을 치료하기 위해 정신병원에 격리할 수 있다.		

잊지 말아야 할 핵심 포인트

법조문 유형은 각 선택지나 보기의 서술어를 키워드로 먼저 잡은 후, 지문과 매칭하여 정보를 확인하는 것이 좋습니다.

STEP2 가이드&정답 확인하기

문제 풀이 가이드와 정답을 확인해 봅시다.

제00조 ① 가정법원은 질병, 장애, 노령, 그 밖의 사유로 인한 정신적 제약으로 사무를 처리할 능력이 지속적으로 결여된 사람에 대하여 본인, 배우자, 4촌 이내의 친족, 검사 또는 지방자치단체의 장의 청구에 의하여 성년후견개시의 심판을 한다.
② 성년후견인은 피성년후견인의 법률행위를 취소할 수 있다.
③ 제2항에도 불구하고 <u>일용품의 구입 등 일상생활에 필요하고 그 대가가 과도하지 아니한 법률행위는 성년후견인이 취소할 수 없다.</u>
제00조 ① 피성년후견인은 자신의 신상에 관하여 그의 상태가 허락하는 범위에서 단독으로 결정한다.
② <u>성년후견인이 피성년후견인을 치료 등의 목적으로 정신병원이나 그 밖의 다른 장소에 격리하려는 경우에는 가정법원의 허가를 받아야 한다.</u>
제00조 ① <u>성년후견인은 가정법원이 직권으로 선임한다.</u>
② 가정법원은 성년후견인이 선임된 경우에도 필요하다고 인정하면 직권으로 또는 청구권자의 청구에 의하여 추가로 성년후견인을 선임할 수 있다.

[정답]

보기	키워드	부합 여부
성년후견인은 피성년후견인이 행한 일용품 구입행위를 그 대가의 정도와 관계없이 취소할 수 없다.	취소할 수 없다/ 구입행위를	X
가정법원은 성년후견개시의 심판절차에서 직권으로 성년후견인을 선임할 수 없다.	선임할 수 없다/ 성년후견인을	X
성년후견인은 가정법원의 허가 없이 단독으로 결정하여 피성년후견인을 치료하기 위해 정신병원에 격리할 수 있다.	격리할 수 있다/ 피성년후견인을	X

02 효과 부분을 키워드로 활용하자.

법조문은 '~하면, ~한다.'라는 식의 가언명제 형태로 되어 있는 경우가 대부분인데, '~하면'을 '요건', '~한다.'를 '효과'라고 합니다. 지문으로 제시된 법조문에서는 '효과' 부분에서 키워드를 잡으면 됩니다. 아래 제시된 조문에서 요건과 효과를 정리하면 다음과 같습니다.

> 법령 등을 제정·개정 또는 폐지하려는 경우에는 해당 입법안을 마련한 행정청은 이를 예고하여야 한다.

- 요건: 법령 등을 제정·개정 또는 폐지하려는 경우에는
- 주체: 해당 입법안을 마련한 행정청은
- 효과: 이를 예고하여야 한다.

예제

다음 제시된 법조문에서 키워드를 잡아 봅시다.

> 제00조 행정기관의 장은 민원사항을 접수·처리함에 있어서 민원인에게 소정의 구비서류 외의 서류를 추가로 요구하여서는 아니 된다.
> 제00조 행정기관의 장은 정보통신망을 이용하여 다른 행정 기관 소관의 민원사무를 접수·교부할 수 있다.
> 제00조 행정기관의 장은 민원사항을 처리한 결과(다른 행정 기관 소관의 민원사항을 포함한다)를 무인민원발급창구를 이용하여 교부할 수 있다.
> 제00조 행정기관의 장은 민원사무 처리상황의 확인·점검 등을 위하여 소속 공무원 중에서 민원사무심사관을 지정하여야 한다.
> 제00조 행정기관의 장은 민원 1회방문 처리제의 원활한 운영을 위하여 민원사무의 처리에 경험이 많은 소속 공무원을 민원후견인으로 지정하여 민원인 안내 및 민원인과의 상담에 응하도록 할 수 있다.
> 제00조 민원인은 대규모의 경제적 비용이 수반되는 민원 사항의 경우에 한하여 행정기관의 장에게 정식으로 민원서류를 제출하기 전에 약식 서류로 사전심사를 청구할 수 있다.

( )

[정답 및 해설] 요구하여서는 아니 된다, 접수·교부할 수 있다, 교부할 수 있다, 지정하여야 한다, 상담에 응하도록 할 수 있다, 청구할 수 있다

문제에 적용해보기

STEP1 직접 해보기

꿀 풀이 TIP
'효과' 부분을 빠르게 찾기 위해서는 각 조항의 맨 끝 부분인 서술어를 확인하면 됩니다.

다음 규정을 근거로 판단할 때, 〈보기〉에서 옳은 것을 모두 골라 봅시다.

> 제00조 ① 의회의 정기회는 법률이 정하는 바에 의하여 매년 1회 집회되며, 의회의 임시회는 대통령 또는 의회재적의원 4분의 1 이상의 요구에 의하여 집회된다.
> ② 정기회의 회기는 100일을, 임시회의 회기는 30일을 초과할 수 없다.
> ③ 대통령이 임시회의 집회를 요구할 때에는 기간과 집회요구의 이유를 명시하여야 한다.
> 제00조 의회는 헌법 또는 법률에 특별한 규정이 없는 한 재적의원 과반수의 출석과 출석의원 과반수의 찬성으로 의결한다. 가부동수(可否同數)인 때에는 부결된 것으로 본다.
> 제00조 의회에 제출된 법률안 및 기타의 의안은 회기 중에 의결되지 못한 이유로 폐기되지 아니한다. 다만, 의회의원의 임기가 만료된 때에는 그러하지 아니하다.
> 제00조 부결된 안건은 같은 회기 중에 다시 발의 또는 제출하지 못한다.

〈보 기〉
ㄱ. 甲의원이 임시회의 기간과 이유를 명시하여 집회요구를 하는 경우 임시회가 소집된다.
ㄴ. 정기회와 임시회 회기의 상한일수는 상이하나 의결정족수는 특별한 규정이 없는 한 동일하다.
ㄷ. 乙의원이 제출한 의안이 계속해서 의결되지 못한 상태에서 乙의원의 임기가 만료되면 이 의안은 폐기된다.
ㄹ. 임시회에서 丙의원이 제출한 의안이 표결에서 가부동수인 경우, 丙의원은 동일 회기 중에 그 의안을 다시 발의할 수 없다.

① ㄱ, ㄴ
② ㄱ, ㄷ
③ ㄴ, ㄹ
④ ㄱ, ㄷ, ㄹ
⑤ ㄴ, ㄷ, ㄹ

[답안]

STEP2 심화 학습하기

제시된 보기에서 키워드를 찾은 후 각 보기와 매칭되는 법조문을 적어 봅시다.

> 제00조 ① 의회의 정기회는 법률이 정하는 바에 의하여 매년 1회 집회되며, 의회의 임시회는 대통령 또는 의회재적의원 4분의 1 이상의 요구에 의하여 집회된다.
> ② 정기회의 회기는 100일을, 임시회의 회기는 30일을 초과할 수 없다.
> ③ 대통령이 임시회의 집회를 요구할 때에는 기간과 집회요구의 이유를 명시하여야 한다.
> 제00조 의회는 헌법 또는 법률에 특별한 규정이 없는 한 재적의원 과반수의 출석과 출석의원 과반수의 찬성으로 의결한다. 가부동수(可否同數)인 때에는 부결된 것으로 본다.
> 제00조 의회에 제출된 법률안 및 기타의 의안은 회기 중에 의결되지 못한 이유로 폐기되지 아니한다. 다만, 의회의원의 임기가 만료된 때에는 그러하지 아니하다.
> 제00조 부결된 안건은 같은 회기 중에 다시 발의 또는 제출하지 못한다.

[답안]

보기	키워드	매칭되는 법조문
甲의원이 임시회의 기간과 이유를 명시하여 집회요구를 하는 경우 임시회가 소집된다.		
정기회와 임시회 회기의 상한일수는 상이하나 의결정족수는 특별한 규정이 없는 한 동일하다.		
乙의원이 제출한 의안이 계속해서 의결되지 못한 상태에서 乙의원의 임기가 만료되면 이 의안은 폐기된다.		
임시회에서 丙의원이 제출한 의안이 표결에서 가부동수인 경우, 丙의원은 동일 회기 중에 그 의안을 다시 발의할 수 없다.		

잊지 말아야 할 **핵심 포인트**

제시된 법조문을 처음부터 끝까지 다 읽고 시작하는 것이 아니라, 각 법조문의 '효과' 부분(서술어 부분)만 확인해서 체크해야 합니다.

STEP3 가이드&정답 확인하기

문제 풀이 가이드와 정답을 확인해 봅시다.

제00조 ① 의회의 정기회는 법률이 정하는 바에 의하여 매년 1회 집회되며, 의회의 임시회는 대통령 또는 의회재적의원 4분의 1 이상의 요구에 의하여 집회된다.
→ ㄱ과 관련된 조항: 甲의원 단독으로 집회요구 X

② 정기회의 회기는 100일을, 임시회의 회기는 30일을 초과할 수 없다.
→ ㄴ과 관련된 조항: 정기회 회기 상한일수 100일
≠ 임시회 회기 상한일수 30일

③ 대통령이 임시회의 집회를 요구할 때에는 기간과 집회요구의 이유를 명시하여야 한다.
→ ㄱ과 관련된 조항: 대통령 ≠ 甲의원

제00조 의회는 헌법 또는 법률에 특별한 규정이 없는 한 재적의원 과반수의 출석과 출석의원 과반수의 찬성으로 의결한다. 가부동수(可否同數)인 때에는 부결된 것으로 본다.
→ ㄴ과 관련된 조항: 특별한 규정이 없는 한 재적의원 과반수의 출석과 출석의원 과반수의 찬성으로 의결하므로 동일함
→ ㄹ과 관련된 조항: 가부동수인 경우에는 부결된 것으로 봄

제00조 의회에 제출된 법률안 및 기타의 의안은 회기 중에 의결되지 못한 이유로 폐기되지 아니한다. 다만, 의회의원의 임기가 만료된 때에는 그러하지 아니하다.
→ ㄷ과 관련된 조항: 의회의원의 임기가 만료된 때에는 폐기됨

제00조 부결된 안건은 같은 회기 중에 다시 발의 또는 제출하지 못한다.
→ ㄹ과 관련된 조항: 가부동수로 부결되었으므로 동일 회기 중에 다시 발의 X

〈보 기〉

ㄱ. 甲의원이 임시회의 기간과 이유를 명시하여 집회요구를 하는 경우 임시회가 소집된다. → 옳지 않음

ㄴ. 정기회와 임시회 회기의 상한일수는 상이하나 의결정족수는 특별한 규정이 없는 한 동일하다. → 옳음

ㄷ. 乙의원이 제출한 의안이 계속해서 의결되지 못한 상태에서 乙의원의 임기가 만료되면 이 의안은 폐기된다. → 옳음

ㄹ. 임시회에서 丙의원이 제출한 의안이 표결에서 가부동수인 경우, 丙의원은 동일 회기 중에 그 의안을 다시 발의할 수 없다. → 옳음

---

① ㄱ, ㄴ
② ㄱ, ㄷ
③ ㄴ, ㄹ
④ ㄱ, ㄷ, ㄹ
⑤ ㄴ, ㄷ, ㄹ

[STEP1 정답]

⑤ ㄴ, ㄷ, ㄹ

[STEP2 정답]

보기	키워드	매칭되는 법조문
甲의원이 임시회의 기간과 이유를 명시하여 집회요구를 하는 경우 임시회가 소집된다.	임시회/집회요구/소집	첫 번째 법조문 제1항, 제3항
정기회와 임시회 회기의 상한일수는 상이하나 의결정족수는 특별한 규정이 없는 한 동일하다.	회기/의결정족수	첫 번째 법조문 제2항, 두 번째 법조문
乙의원이 제출한 의안이 계속해서 의결되지 못한 상태에서 乙의원의 임기가 만료되면 이 의안은 폐기된다.	폐기	세 번째 법조문
임시회에서 丙의원이 제출한 의안이 표결에서 가부동수인 경우, 丙의원은 동일 회기 중에 그 의안을 다시 발의할 수 없다.	가부동수/발의	두 번째, 네 번째 법조문

03 표제를 키워드로 활용하자.

표제는 '제00조(해고 등의 제한)', '제00조(해고의 예고)'와 같이 조문 번호 옆에 위치한 타이틀을 의미합니다. 지문에서 법조문이 제시될 때 표제의 제시 여부에 따라 크게 두 가지 형태로 분류할 수 있습니다.

※ 표제의 유무에 따른 법조문의 형태

표제가 주어지는 경우	제00조(공유물의 관리, 보존) 공유물의 관리에 관한 사항은 공유자의 지분의 과반수로써 결정한다. 그러나 보존행위는 각자가 할 수 있다.
표제가 주어지지 않는 경우	제00조 대통령이 임시회의 집회를 요구할 때에는 기간과 집회요구의 이유를 명시하여야 한다.

법조문에서 표제는 줄글에서 각 문단별 중심 내용을 알려주는 것과 동일한 역할을 합니다. 따라서 우리는 표제만 확인하고도 해당 조문에서 어떠한 내용을 포함하고 있을지 빠르게 파악할 수 있습니다.

예제

다음 법조문에서 표제를 적어 봅시다.

> 제00조(실종의 선고) ① 부재자(不在者)의 생사가 5년간 분명하지 않은 때에는 법원은 이해관계인이나 검사의 청구에 의하여 실종선고를 하여야 한다.
> ② 전지(戰地)에 임한 자, 침몰한 선박에 있던 자, 추락한 항공기에 있던 자, 그 밖에 사망의 원인이 될 위난(危難)을 당한 자의 생사가 선박의 침몰 또는 항공기의 추락 후 6월간, 전쟁종지(戰爭終止) 후 또는 그 밖에 위난이 종료한 후 1년간 분명하지 않은 때에도 제1항과 같다.
> 제00조(실종선고의 효과) 실종선고를 받은 자는 전조(前條)의 기간이 만료한 때에 사망한 것으로 본다.
> 제00조(공시최고) 실종선고의 청구를 받은 가정법원은 6월 이상의 공고를 하여 부재자 및 부재자의 생사에 관하여 알고 있는 자에 대하여 신고하도록 공고하여야 한다.
> 제00조(상속개시의 시점) 상속은 사망으로 인하여 개시된다.
> 제00조(상속의 순위) ① 상속에 있어서는 다음 순위로 상속인이 된다.
>   1. 피상속인의 직계비속
>   2. 피상속인의 직계존속
>   3. 피상속인의 형제자매
>   4. 피상속인의 4촌 이내의 방계혈족
> ② 전항의 경우에 동순위의 상속인이 수인(數人)인 때에는 최근친(最近親)을 선순위로 하고 동친(同親) 등의 상속인이 수인(數人)인 때에는 공동상속인이 된다.
> ③ 태아는 상속순위에 관하여는 이미 출생한 것으로 본다.

(   )

[정답 및 해설] 실종의 선고, 실종선고의 효과, 공시최고, 상속개시의 시점, 상속의 순위

📝 문제에 적용해보기

STEP1 직접 해보기

제시된 보기의 키워드를 찾은 후, 다음 글에서 보기와 관련된 표제를 찾아 규정을 위반한 행위인지 O, X로 판단해 봅시다.

> 제00조(청렴의 의무) ① 공무원은 직무와 관련하여 직접적이든 간접적이든 사례·증여 또는 향응을 주거나 받을 수 없다.
> ② 공무원은 직무상의 관계가 있든 없든 그 소속 상관에게 증여하거나 소속 공무원으로부터 증여를 받아서는 아니 된다.
> 제00조(정치운동의 금지) ① 공무원은 정당이나 그 밖의 정치단체의 결성에 관여하거나 이에 가입할 수 없다.
> ② 공무원은 선거에서 특정 정당 또는 특정인을 지지 또는 반대하기 위한 다음의 행위를 하여서는 아니 된다.
> 1. 투표를 하거나 하지 아니하도록 권유 운동을 하는 것
> 2. 기부금을 모집 또는 모집하게 하거나, 공공자금을 이용 또는 이용하게 하는 것
> 3. 타인에게 정당이나 그 밖의 정치단체에 가입하게 하거나 가입하지 아니하도록 권유 운동을 하는 것
> ③ 공무원은 다른 공무원에게 제1항과 제2항에 위배되는 행위를 하도록 요구하거나, 정치적 행위에 대한 보상 또는 보복으로서 이익 또는 불이익을 약속하여서는 아니 된다.
> 제00조(집단행위의 금지) ① 공무원은 노동운동이나 그 밖에 공무 외의 일을 위한 집단행위를 하여서는 아니 된다. 다만, 사실상 노무에 종사하는 공무원은 예외로 한다.
> ② 제1항 단서에 규정된 공무원으로서 노동조합에 가입된 자가 조합 업무에 전임하려면 소속 장관의 허가를 받아야 한다.

꿀 풀이 TIP

표제는 각 법조문의 주요 내용을 알려주는 역할을 합니다. 따라서 지문 전체를 확인하기 전에 표제만 먼저 확인하여 각 법조문의 내용을 빠르게 파악하는 것이 좋습니다.

[답안]

보기	키워드	표제	위반 여부
공무원 甲은 그 소속 상관에게 직무상 관계 없이 고가의 도자기를 증여하였다.			
사실상 노무에 종사하는 공무원으로서 노동조합에 가입된 乙은 소속 장관의 허가를 받아 조합 업무에 전임하고 있다.			
공무원 丙은 동료 공무원 丁에게 선거에서 A정당을 지지하기 위한 기부금을 모집하도록 요구하였다.			
공무원 戊는 국회의원 선거기간에 B후보를 낙선시키기 위해 해당 지역구 지인들을 대상으로 다른 후보에게 투표하도록 권유 운동을 하였다.			

STEP2 가이드&정답 확인하기

문제 풀이 가이드와 정답을 확인해 봅시다.

> 제00조(청렴의 의무) ① 공무원은 직무와 관련하여 직접적이든 간접적이든 사례·증여 또는 향응을 주거나 받을 수 없다.
> ② 공무원은 직무상의 관계가 있든 없든 그 소속 상관에게 증여하거나 소속 공무원으로부터 증여를 받아서는 아니 된다. → 첫 번째 보기와 관련된 조항
>
> 제00조(정치운동의 금지) ① 공무원은 정당이나 그 밖의 정치단체의 결성에 관여하거나 이에 가입할 수 없다.
> ② 공무원은 선거에서 특정 정당 또는 특정인을 지지 또는 반대하기 위한 다음의 행위를 하여서는 아니 된다.
>   1. 투표를 하거나 하지 아니하도록 권유 운동을 하는 것 → 네 번째 보기와 관련된 조항
>   2. 기부금을 모집 또는 모집하게 하거나, 공공자금을 이용 또는 이용하게 하는 것 → 세 번째 보기와 관련된 조항
>   3. 타인에게 정당이나 그 밖의 정치단체에 가입하게 하거나 가입하지 아니하도록 권유 운동을 하는 것
> ③ 공무원은 다른 공무원에게 제1항과 제2항에 위배되는 행위를 하도록 요구하거나, 정치적 행위에 대한 보상 또는 보복으로서 이익 또는 불이익을 약속하여서는 아니 된다.
>
> 제00조(집단행위의 금지) ① 공무원은 노동운동이나 그 밖에 공무 외의 일을 위한 집단행위를 하여서는 아니 된다. 다만, 사실상 노무에 종사하는 공무원은 예외로 한다. → 두 번째 보기와 관련된 조항
> ② 제1항 단서에 규정된 공무원으로서 노동조합에 가입된 자가 조합 업무에 전임하려면 소속 장관의 허가를 받아야 한다. → 두 번째 보기와 관련된 조항

잊지 말아야 할 핵심 포인트

표제로 각 법조문 별 주요 내용을 빠르게 파악하되, 각 세부 내용은 보기와 꼼꼼히 비교하여 확인하도록 합니다.

[정답]

보기	키워드	표제	위반 여부
공무원 甲은 그 소속 상관에게 직무상 관계없이 고가의 도자기를 증여하였다.	소속 상관/도자기 증여	청렴의 의무	O
사실상 노무에 종사하는 공무원으로서 노동조합에 가입된 乙은 소속 장관의 허가를 받아 조합 업무에 전임하고 있다.	노동조합/조합 업무 전임	집단행위의 금지	X
공무원 丙은 동료 공무원 丁에게 선거에서 A정당을 지지하기 위한 기부금을 모집하도록 요구하였다.	선거/정당 지지/기부금 모집	정치운동의 금지	O
공무원 戊는 국회의원 선거기간에 B후보를 낙선시키기 위해 해당 지역구 지인들을 대상으로 다른 후보에게 투표하도록 권유 운동을 하였다.	선거기간/투표 권유	정치운동의 금지	O

01. 다음 글을 근거로 판단할 때 옳은 것은?

19 민경채

> 제00조 ① 재산명시절차의 관할법원은 재산명시절차에서 채무자가 제출한 재산목록의 재산만으로 집행채권의 만족을 얻기에 부족한 경우, 그 재산명시를 신청한 채권자의 신청에 따라 개인의 재산 및 신용에 관한 전산망을 관리하는 공공기관·금융기관·단체 등에 채무자 명의의 재산에 관하여 조회할 수 있다.
> ② 채권자가 제1항의 신청을 할 경우에는 조회할 기관·단체를 특정하여야 하며 조회에 드는 비용을 미리 내야 한다.
> ③ 법원이 제1항의 규정에 따라 조회할 경우에는 채무자의 인적 사항을 적은 문서에 의하여 해당 기관·단체의 장에게 채무자의 재산 및 신용에 관하여 그 기관·단체가 보유하고 있는 자료를 한꺼번에 모아 제출하도록 요구할 수 있다.
> ④ 공공기관·금융기관·단체 등은 정당한 사유 없이 제1항 및 제3항의 조회를 거부하지 못한다.
> ⑤ 제1항 및 제3항의 조회를 받은 기관·단체의 장이 정당한 사유 없이 거짓 자료를 제출하거나 자료를 제출할 것을 거부한 때에는 결정으로 500만 원 이하의 과태료에 처한다.
> 제00조 ① 누구든지 재산조회의 결과를 강제집행 외의 목적으로 사용하여서는 안 된다.
> ② 제1항의 규정에 위반한 사람은 2년 이하의 징역 또는 500만 원 이하의 벌금에 처한다.

① 채무자 甲이 제출한 재산목록의 재산만으로 집행채권의 만족을 얻기 부족한 경우에는 재산명시절차의 관할법원은 직권으로 금융기관에 甲 명의의 재산에 관해 조회할 수 있다.
② 재산명시절차의 관할법원으로부터 채무자 명의의 재산에 관해 조회를 받은 공공기관은 정당한 사유가 있는 경우 이를 거부할 수 있다.
③ 채무자 乙의 재산조회 결과를 획득한 채권자 丙은 해당 결과를 강제집행 외의 목적으로도 사용할 수 있다.
④ 재산명시절차의 관할법원으로부터 채무자 명의의 재산에 관해 조회를 받은 기관의 장이 정당한 사유 없이 자료제출을 거부하였다면, 법원은 결정으로 500만 원의 벌금에 처한다.
⑤ 채권자 丁이 채무자 명의의 재산에 관한 조회를 신청할 경우, 조회에 드는 비용은 재산조회가 종료된 후 납부하면 된다.

02. 다음 A국의 규정을 근거로 판단할 때 옳은 것은?

16 민경채

> 제00조 ① 법령 등을 제정·개정 또는 폐지(이하 "입법"이라 한다)하려는 경우에는 해당 입법안을 마련한 행정청은 이를 예고하여야 한다. 다만, 다음 각 호의 어느 하나에 해당하는 경우에는 예고를 하지 아니할 수 있다.
> 1. 신속한 국민의 권리 보호 또는 예측 곤란한 특별한 사정의 발생 등으로 입법이 긴급을 요하는 경우
> 2. 상위 법령 등의 단순한 집행을 위한 경우
> 3. 예고함이 공공의 안전 또는 복리를 현저히 해칠 우려가 있는 경우
>
> ② 법제처장은 입법예고를 하지 아니한 법령안의 심사 요청을 받은 경우에 입법예고를 하는 것이 적당하다고 판단할 때에는 해당 행정청에 입법예고를 권고하거나 직접 예고할 수 있다.
>
> 제00조 ① 행정청은 입법안의 취지, 주요 내용 또는 전문(全文)을 관보·공보나 인터넷·신문·방송 등을 통하여 널리 공고하여야 한다.
> ② 행정청은 입법예고를 할 때에 입법안과 관련이 있다고 인정되는 중앙행정기관, 지방자치단체, 그 밖의 단체 등이 예고사항을 알 수 있도록 예고사항을 통지하거나 그 밖의 방법으로 알려야 한다.
> ③ 행정청은 예고된 입법안의 전문에 대한 열람 또는 복사를 요청받았을 때에는 특별한 사유가 없으면 그 요청에 따라야 하며, 복사에 드는 비용을 복사를 요청한 자에게 부담시킬 수 있다.

① 행정청은 신속한 국민의 권리 보호를 위해 입법이 긴급을 요하는 경우 입법예고를 하지 않을 수 있다.
② 행정청은 예고된 입법안 전문에 대한 복사 요청을 받은 경우 복사에 드는 비용을 부담하여야만 한다.
③ 행정청은 법령의 단순한 집행을 위해 그 하위 법령을 개정하는 경우 입법예고를 하여야만 한다.
④ 법제처장은 입법예고를 하지 않은 법령안의 심사를 요청받은 경우 그 법령안의 입법예고를 직접 할 수 없다.
⑤ 행정청은 법령을 폐지하는 경우 입법예고를 하지 않는다.

03. 다음 글을 근거로 판단할 때 옳은 것은?

23 7급공채

> 제00조(법 적용의 기준) ① 새로운 법령등은 법령등에 특별한 규정이 있는 경우를 제외하고는 그 법령등의 효력 발생 전에 완성되거나 종결된 사실관계 또는 법률관계에 대해서는 적용되지 아니한다.
> ② 당사자의 신청에 따른 처분은 법령등에 특별한 규정이 있거나 처분 당시의 법령등을 적용하기 곤란한 특별한 사정이 있는 경우를 제외하고는 처분 당시의 법령등에 따른다.
> 제00조(처분의 효력) 처분은 권한이 있는 기관이 취소 또는 철회하거나 기간의 경과 등으로 소멸되기 전까지는 유효한 것으로 통용된다. 다만, 무효인 처분은 처음부터 그 효력이 발생하지 아니한다.
> 제00조(위법 또는 부당한 처분의 취소) ① 행정청은 위법 또는 부당한 처분의 전부나 일부를 소급하여 취소할 수 있다. 다만, 당사자의 신뢰를 보호할 가치가 있는 등 정당한 사유가 있는 경우에는 장래를 향하여 취소할 수 있다.
> ② 행정청은 제1항에 따라 당사자에게 권리나 이익을 부여하는 처분을 취소하려는 경우에는 취소로 인하여 당사자가 입게 될 불이익을 취소로 달성되는 공익과 비교·형량(衡量)하여야 한다. 다만, 다음 각 호의 어느 하나에 해당하는 경우에는 그러하지 아니하다.
>   1. 거짓이나 그 밖의 부정한 방법으로 처분을 받은 경우
>   2. 당사자가 처분의 위법성을 알고 있었거나 중대한 과실로 알지 못한 경우

① 새로운 법령등은 법령등에 특별한 규정이 있는 경우에는 그 법령등의 효력 발생 전에 종결된 법률관계에 대해 적용될 수 있다.
② 무효인 처분의 경우 그 처분의 효력이 소멸되기 전까지는 유효한 것으로 통용된다.
③ 행정청은 부당한 처분의 일부는 소급하여 취소할 수 있으나 전부를 소급하여 취소할 수는 없다.
④ 당사자의 신청에 따른 처분은 처분 당시의 법령등을 적용하기 곤란한 특별한 사정이 있는 경우에도 처분 당시의 법령등에 따른다.
⑤ 당사자가 부정한 방법으로 자신에게 이익이 부여되는 처분을 받아 행정청이 그 처분을 취소하고자 하는 경우, 취소로 인해 당사자가 입게 될 불이익과 취소로 달성되는 공익을 비교·형량하여야 한다.

04. 다음 글을 근거로 판단할 때 옳은 것은? 23 7급공채

> 제○○조(해수욕장의 구역) 관리청은 해수욕장을 이용하는 용도에 따라 물놀이구역과 수상레저구역으로 구분하여 관리·운영하여야 한다. 다만, 해수욕장 이용이나 운영에 상당한 불편을 초래하거나 효율성을 떨어뜨린다고 판단되는 경우에는 그러하지 아니하다.
> 제□□조(해수욕장의 개장기간 등) ① 관리청은 해수욕장의 특성이나 여건 등을 고려하여 해수욕장의 개장기간 및 개장시간을 정할 수 있다. 이 경우 관리청은 해수욕장협의회의 의견을 듣고, 미리 관계 행정기관의 장과 협의하여야 한다.
> ② 관리청은 해수욕장 이용자의 안전 확보나 해수욕장의 환경보전 등을 위하여 필요한 경우에는 해수욕장의 개장기간 또는 개장시간을 제한할 수 있다. 이 경우 제1항 후단을 준용한다.
> 제△△조(해수욕장의 관리·운영 등) ① 해수욕장은 관리청이 직접 관리·운영하여야 한다.
> ② 관리청은 제1항에도 불구하고 해수욕장의 효율적인 관리·운영을 위하여 필요한 경우 관할 해수욕장 관리·운영업무의 일부를 위탁할 수 있다.
> ③ 관리청은 제2항에 따라 해수욕장 관리·운영업무를 위탁하려는 경우 지역번영회·어촌계 등 지역공동체 및 공익법인 등을 수탁자로 우선 지정할 수 있다.
> ④ 제2항 및 제3항에 따라 수탁자로 지정받은 자는 위탁받은 관리·운영업무의 전부 또는 일부를 재위탁하여서는 아니 된다.
> 제◇◇조(과태료) ① 다음 각 호의 어느 하나에 해당하는 자에게는 500만 원 이하의 과태료를 부과한다.
>   1. 거짓이나 부정한 방법으로 제△△조에 따른 수탁자로 지정받은 자
>   2. 제△△조 제4항을 위반하여 위탁받은 관리·운영업무의 전부 또는 일부를 재위탁한 자
> ② 제1항에 따른 과태료는 관리청이 부과·징수한다.

① 관리청은 해수욕장의 효율적인 관리·운영을 위하여 필요한 경우, 관할 해수욕장 관리·운영업무의 전부를 위탁할 수 있다.
② 관리청은 해수욕장을 운영함에 있어 그 효율성이 떨어진다고 판단하더라도 물놀이구역과 수상레저구역을 구분하여 관리·운영하여야 한다.
③ 관리청이 해수욕장 관리·운영업무를 위탁하려는 경우, 공익법인을 수탁자로 우선 지정할 수 있으나 지역공동체를 수탁자로 우선 지정할 수는 없다.
④ 관리청으로부터 해수욕장 관리·운영업무를 위탁받은 공익법인이 이를 타 기관에 재위탁한 경우, 관리청은 그 공익법인에 대해 300만 원의 과태료를 부과할 수 있다.
⑤ 관리청은 해수욕장의 개장기간 및 개장시간을 정함에 있어 해수욕장의 특성이나 여건 등을 고려해야 하나, 관계 행정기관의 장과 협의할 필요는 없다.

05. 다음 글을 근거로 판단할 때 옳은 것은?

> 제00조 ① A부장관은 클라우드컴퓨팅(cloud computing)에 관한 정책의 효과적인 수립·시행에 필요한 산업 현황과 통계를 확보하기 위한 실태조사(이하 '실태조사'라 한다)를 할 수 있다.
> ② A부장관은 실태조사를 위하여 필요한 경우에는 클라우드컴퓨팅서비스 제공자나 그 밖의 관련 기관 또는 단체에 자료의 제출이나 의견의 진술 등을 요청할 수 있다.
> ③ A부장관은 클라우드컴퓨팅의 발전과 이용 촉진 및 이용자 보호와 관련된 중앙행정기관(이하 '관계 중앙행정기관'이라 한다)의 장이 요구하는 경우 실태조사 결과를 통보하여야 한다.
> ④ A부장관은 실태조사를 할 때에는 다음 각 호의 사항을 내용에 포함하여야 한다.
>   1. 클라우드컴퓨팅 관련 기업 현황 및 시장 규모
>   2. 클라우드컴퓨팅기술 및 클라우드컴퓨팅서비스의 이용·보급 현황
>   3. 클라우드컴퓨팅 산업의 인력 현황 및 인력 수요 전망
>   4. 클라우드컴퓨팅 관련 연구개발 및 투자 규모
> ⑤ 실태조사는 현장조사, 서면조사, 통계조사 및 문헌조사 등의 방법으로 실시하되, 효율적인 실태조사를 위하여 필요한 경우에는 정보통신망 및 전자우편 등의 전자적 방식으로 실시할 수 있다.
> 제00조 ① 관계 중앙행정기관의 장은 클라우드컴퓨팅기술 및 클라우드컴퓨팅서비스에 관한 연구개발사업을 추진할 수 있다.
> ② 관계 중앙행정기관의 장은 기업·연구기관 등에 제1항에 따른 연구개발사업을 수행하게 하고 그 사업 수행에 드는 비용의 전부 또는 일부를 지원할 수 있다.
> 제00조 국가와 지방자치단체는 클라우드컴퓨팅기술 및 클라우드컴퓨팅서비스의 발전과 이용 촉진을 위하여 조세감면을 할 수 있다.

① 실태조사는 전자적 방식으로 실시하는 것을 원칙으로 하되, 필요한 경우 현장조사, 서면조사 등의 방법으로 실시할 수 있다.
② 클라우드컴퓨팅기술 및 클라우드컴퓨팅서비스의 발전과 이용 촉진을 위하여 지방자치단체가 조세감면을 할 수는 없다.
③ A부장관은 실태조사의 내용에 클라우드컴퓨팅 산업의 인력 현황을 포함해야 하지만, 인력 수요에 대한 전망을 포함시킬 필요는 없다.
④ A부장관은 관계 중앙행정기관의 장에게 실태조사 결과를 요구할 수 있고, 이 경우 관계 중앙행정기관의 장은 그 결과를 A부장관에게 통보하여야 한다.
⑤ 관계 중앙행정기관의 장이 연구기관에 클라우드컴퓨팅기술 및 클라우드컴퓨팅서비스에 관한 연구개발사업을 수행하게 한 경우, 그 사업 수행에 드는 비용을 지원할 수 있다.

06. 다음 글을 근거로 판단할 때 옳은 것은?

24 7급공채

> 제00조 ① A부장관은 김치산업의 활성화를 위한 제조기술 및 김치와 어울리는 식문화 보급을 위하여 필요한 전문인력을 양성할 수 있다.
> ② A부장관은 제1항에 따른 전문인력 양성을 위하여 대학·연구소 등 적절한 시설과 인력을 갖춘 기관·단체를 전문인력 양성기관으로 지정·관리할 수 있다.
> ③ A부장관은 제2항에 따라 지정된 전문인력 양성기관에 대하여 예산의 범위에서 그 양성에 필요한 경비를 지원할 수 있다.
> ④ A부장관은 김치산업 전문인력 양성기관이 다음 각 호의 어느 하나에 해당하는 경우에는 지정을 취소하거나 6개월 이내의 범위에서 기간을 정하여 업무의 전부 또는 일부를 정지할 수 있다. 다만, 제1호에 해당하는 경우에는 지정을 취소하여야 한다.
>   1. 거짓이나 그 밖의 부정한 방법으로 지정을 받은 경우
>   2. 지정받은 사항을 위반하여 업무를 행한 경우
>   3. 지정기준에 적합하지 아니하게 된 경우
>
> 제00조 ① 국가는 김치종주국의 위상제고, 김치의 연구·전시·체험 등을 위하여 세계 김치연구소를 설립하여야 한다.
> ② 국가와 지방자치단체는 세계 김치연구소의 효율적인 운영·관리를 위하여 필요한 경비를 예산의 범위에서 지원할 수 있다.
>
> 제00조 ① 국가와 지방자치단체는 김치산업의 육성, 김치의 수출 경쟁력 제고 및 해외시장 진출 활성화를 위하여 김치의 대표상품을 홍보하거나 해외시장을 개척하는 개인 또는 단체에 대하여 필요한 지원을 할 수 있다.
> ② A부장관은 김치의 품질향상과 국가 간 교역을 촉진하기 위하여 김치의 국제규격화를 추진하여야 한다.

① 김치산업 전문인력 양성기관으로 지정된 기관이 부정한 방법으로 지정을 받은 경우, A부장관은 그 지정을 취소하여야 한다.
② A부장관은 김치의 품질향상과 국가 간 교역을 촉진하기 위하여 김치의 국제규격화는 지양하여야 한다.
③ A부장관은 적절한 시설을 갖추지 못한 대학이라도 전문인력 양성을 위하여 해당 대학을 김치산업 전문인력 양성기관으로 지정할 수 있다.
④ 국가와 지방자치단체는 김치종주국의 위상제고를 위해 세계 김치연구소를 설립하여야 한다.
⑤ 지방자치단체가 김치의 해외시장 개척을 지원함에 있어서 개인은 그 지원대상이 아니다.

정답 및 해설

01. ②

첫 번째 법조문 제4항에서 공공기관·금융기관·단체 등은 정당한 사유 없이 채무자 명의의 재산에 관한 조회를 거부하지 못한다고 했으므로 재산명시절차의 관할법원으로부터 채무자 명의의 재산에 관해 정당한 사유가 있는 경우에는 이를 거부할 수 있음을 알 수 있다.

✓오답체크
① 첫 번째 법조문 제1항에서 재산명시절차의 관할법원은 재산명시절차에서 채무자가 제출한 재산목록의 재산만으로 집행채권의 만족을 얻기에 부족한 경우, 그 재산명시를 신청한 채권자의 신청에 따라 개인의 재산 및 신용에 관한 전산망을 관리하는 공공기관·금융기관·단체 등에 채무자 명의의 재산에 관하여 조회할 수 있다고 했으므로 재산명시절차의 관할법원은 직권으로 금융기관에 채무자 甲의 재산에 관해 조회할 수 없음을 알 수 있다.
③ 두 번째 법조문 제1항에서 누구든지 재산조회의 결과를 강제집행 외의 목적으로 사용하여서는 안 된다고 했으므로 채권자 丙은 자신이 획득한 채무자 乙의 재산조회 결과를 강제집행 외의 목적으로 사용할 수 없음을 알 수 있다.
④ 첫 번째 법조문 제5항에서 채무자 명의의 재산에 관한 조회를 받은 기관·단체의 장이 정당한 사유 없이 거짓 자료를 제출하거나 자료를 제출할 것을 거부한 때에는 결정으로 500만 원 이하의 과태료에 처함을 알 수 있다. 따라서 재산명시절차의 관할법원으로부터 채무자 명의의 재산에 관한 조회를 받은 기관의 장이 정당한 사유 없이 자료제출을 거부했다면, 법원은 결정으로 500만 원 이하의 과태료에 처해야 함을 알 수 있다. 참고로 벌금은 형법에 있는 형의 종류 중 하나로 일정 금액을 국가에 납부하게 하는 재산형인 반면, 과태료는 행정법에서 일정한 의무를 이행하지 않거나 가벼운 벌칙을 위반한 사람에게 부과하는 금액을 의미하며, 행정상의 처분이므로 형법상의 형벌이 아니다. 즉, 벌금과 과태료는 다른 개념이다.
⑤ 첫 번째 법조문 제2항에서 채권자가 채무자 명의의 재산에 관한 조회를 신청할 경우에는 조회할 기관·단체를 특정하여야 하며 조회에 드는 비용을 미리 내야 한다고 했으므로 채권자 丁이 채무자 명의의 재산에 관한 조회를 신청할 경우, 조회에 드는 비용은 재산조회가 종료된 후 납부하는 것이 아니라 미리 비용을 납부해야 함을 알 수 있다.

02. ①

첫 번째 법조문 제1항 제1호에 따르면 신속한 국민의 권리 보호 또는 예측 곤란한 특별한 사정의 발생 등으로 입법이 긴급을 요하는 경우 입법예고를 하지 않을 수 있다.

✓오답체크
② 두 번째 법조문 제3항에 따르면 행정청은 예고된 입법안의 전문에 대한 열람 또는 복사를 요청받았을 때에는 행정청이 아닌 복사를 요청한 자에게 비용을 부담시킬 수 있다.
③ 첫 번째 법조문 제1항 제2호에 따르면 상위 법령 등의 단순한 집행을 위한 경우 입법예고를 하지 않을 수 있다.
④ 첫 번째 법조문 제2항에 따르면 법제처장은 입법예고를 하지 아니한 법령안의 심사 요청을 받은 경우에 입법예고를 하는 것이 적당하다고 판단할 때에는 해당 행정청에 입법예고를 권고하거나 직접 예고할 수 있다.

⑤ 첫 번째 법조문 제1항에 따르면 법령 등을 제정·개정 또는 폐지하려는 경우에는 해당 입법안을 마련한 행정청은 이를 예고하여야 한다.

03. ①

첫 번째 법조문 제1항에 따르면 새로운 법령등은 법령등에 특별한 규정이 있는 경우를 제외하고는 그 법령등의 효력 발생 전에 종결된 법률관계에 대해서는 적용되지 아니한다. 반대해석하면 새로운 법령등은 법령등에 특별한 규정이 있는 경우에는 그 법령등의 효력 발생 전에 종결된 법률관계에 대해 적용될 수 있다.

✓오답체크

② 두 번째 법조문 단서 부분을 보면, 무효인 처분은 처음부터 그 효력이 발생하지 아니한다.
③ 세 번째 법조문 제1항을 보면, 행정청은 위법 또는 부당한 처분의 전부나 일부를 소급하여 취소할 수 있다. 따라서 일부뿐만 아니라 전부를 소급하여 취소하는 것도 가능하다.
④ 첫 번째 법조문 제2항을 보면, 처분 당시의 법령등을 적용하기 곤란한 특별한 사정이 있는 경우를 제외하고는 처분 당시의 법령등에 따른다. 따라서 반대해석하면 처분 당시의 법령 등을 적용하기 곤란한 특별한 사정이 있는 경우에는 처분 당시의 법령등에 따르지 않는다.
⑤ 세 번째 법조문 제2항을 보면, 행정청은 세 번째 법조문 제1항에 따라 당사자에게 권리나 이익을 부여하는 처분을 취소하려는 경우에는 취소로 인하여 당사자가 입게 될 불이익을 취소로 달성되는 공익과 비교·형량하여야 한다. 그런데 단서에 따라 제2항 각 호의 어느 하나에 해당하는 경우에는 그러하지 아니한다. 당사자가 부정한 방법으로 처분을 받은 경우는 제2항 제1호에 해당한다. 따라서 이 경우에는 비교·형량하지 않는다.

04. ④

제△△조 제4항에 따르면 관리청으로부터 해수욕장 관리·운영업무를 위탁받은 공익법인은 해수욕장 관리·운영업무의 전부 또는 일부를 재위탁하여서는 아니 되며, 제◇◇조 제1항 제2호에 따르면 해수욕장 관리·운영업무를 위탁받은 공익법인이 이를 타 기관에 재위탁한 경우, 관리청은 제◇◇조 제1항, 제2항에 따라 그 공익법인에 대해 500만 원 이하인 300만 원의 과태료를 부과할 수 있다.

✓오답체크

① 제△△조 제2항에 따르면 관리청은 해수욕장의 효율적인 관리·운영을 위하여 필요한 경우, 관할 해수욕장 관리·운영업무의 전부가 아닌 일부를 위탁할 수 있다.
② 제○○조 본문에 따르면 관리청은 해수욕장을 물놀이구역과 수상레저구역으로 구분하여 관리·운영하여야 하지만, 단서에 따르면 해수욕장을 운영함에 있어 그 효율성이 떨어진다고 판단되는 경우 그러하지 아니한다.
③ 제△△조 제3항에 따르면 관리청이 해수욕장 관리·운영업무를 위탁하려는 경우, 공익법인을 수탁자로 우선 지정할 수 있고 지역공동체도 수탁자로 우선 지정할 수 있다.
⑤ 제□□조 제1항에 따르면 관리청은 해수욕장의 특성이나 여건 등을 고려하여 해수욕장의 개장기간 및 개장시간을 정할 수 있고, 이 경우 관리청은 해수욕장협의회의 의견을 듣고, 미리 관계 행정기관의 장과 협의하여야 한다. 따라서 관계 행정기관의 장과 협의하여야 한다.

05. ⑤

첫 번째 조문부터 각각 제1조~제3조라고 할 때, 제2조 제1항, 제2항에 따르면 관계 중앙행정기관의 장은 연구기관에 클라우드컴퓨팅기술 및 클라우드컴퓨팅서비스에 관한 연구개발사업을 수행하게 하고 그 사업 수행에 드는 비용의 전부 또는 일부를 지원할 수 있다.

✓오답체크

① 제1조 제5항에 따르면 실태조사는 현장조사, 서면조사 등의 방법으로 실시하되, 효율적인 실태조사를 위하여 필요한 경우에는 정보통신망 및 전자우편 등의 전자적 방식으로 실시할 수 있다. 즉 실태조사는 전자적 방식이 아니라 현장조사, 서면조사 등의 방법으로 실시하는 것을 원칙으로 하되, 필요한 경우 전자적 방법으로 실시할 수 있다.
② 제3조에 따르면 클라우드컴퓨팅기술 및 클라우드컴퓨팅서비스의 발전과 이용 촉진을 위하여 국가와 지방자치단체가 조세감면을 할 수 있다.
③ 제1조 제4항에 따라 A부장관이 실태조사를 할 때에는 실태조사의 내용에 제3호의 클라우드컴퓨팅 산업의 인력 현황 및 인력 수요 전망을 포함하여야 한다.
④ 제1조 제1항에 따르면 A부장관은 실태조사를 할 수 있고, 제3항에 따르면 A부장관은 관계 중앙행정기관의 장이 요구하는 경우 실태조사 결과를 통보하여야 한다. 제시문에서 관계 중앙행정기관의 장이 실태조사를 할 수 있다거나, A부장관이 관계 중앙행정기관의 장에게 실태조사 결과를 요구할 수 있다는 조문은 없다. 또한 관계 중앙행정기관의 장이 실태조사 결과를 A부장관에게 통보하여야 한다는 조문도 없다.

06. ①

첫 번째 조문부터 각각 제1조~제3조라고 할 때, 제1조 제4항 단서에 따르면 A부장관은 김치산업 전문인력 양성기관이 부정한 방법으로 지정을 받아 제1호에 해당하는 경우에는 지정을 취소하여야 한다.

✓오답체크

② 제3조 제2항에 따르면 A부장관은 김치의 품질향상과 국가 간 교역을 촉진하기 위하여 김치의 국제규격화를 지양하는 것이 아니라 추진하여야 한다.
③ 제1조 제2항에 따르면 A부장관은 같은 조 제1항에 따른 전문인력 양성을 위하여 적절한 시설과 인력을 갖춘 기관·단체를 전문인력 양성기관으로 지정·관리할 수 있다. 적절한 시설을 갖추지 못한 대학이라도 전문인력 양성을 위하여 해당 대학을 김치산업 전문인력 양성기관으로 지정할 수 있다고 판단해서는 안 된다.
④ 제2조 제1항에 따르면 국가는 김치종주국의 위상제고, 김치의 연구·전시·체험 등을 위하여 세계 김치연구소를 설립하여야 한다. 국가가 아닌 지방자치단체가 세계 김치연구소를 설립하여야 하는 것으로 판단해서는 안 된다.
⑤ 제3조 제1항에 따르면 지방자치단체는 김치의 해외시장을 개척하는 개인에 대하여 필요한 지원을 할 수 있다.

정답 01. ② 02. ① 03. ① 04. ④ 05. ⑤ 06. ①

☑ 이번 기본기, 이것만은 기억하자!

01. 법조문에 표제가 있는 경우, 표제에서 키워드를 파악합니다. 표제가 없는 경우, 각 법조문의 '효과' 부분을 통해 키워드를 파악하고, 파악한 키워드를 선택지나 보기와 매칭하여 문제를 해결해 나가야 합니다.

PSAT 교육 1위, 해커스PSAT **psat.Hackers.com**

Public
Service
Aptitude
Test

PSAT 교육 1위, 해커스PSAT **psat.Hackers.com**

상황판단
핵심 기본기 3

계산은 최대한 정확하고 간략하게 한다.

계산이 요구되는 문제는 크게 두 가지로 구분할 수 있습니다. 계산 과정에서 정확한 값을 구해야 해결이 되는 문제와 정확한 값을 구하지 않고 상대적인 크기 비교만으로도 해결이 가능한 문제입니다. 이 두 가지 유형의 문제를 잘 구분하여 최대한 간략하지만 정확하게 계산할 수 있도록 연습해야 합니다.

01 계산 방법을 정확하게 파악하자.
02 차이 나는 부분만 비교하자.
03 간단한 비로 줄여서 계산하자.

PSAT 기출문제

01 계산 방법을 정확하게 파악하자.

계산이 요구되는 문제 중에서는 정답을 찾는 데 필요한 계산 외에도 불필요한 계산을 하게끔 유도하는 문제가 출제되기도 합니다. 따라서 필요한 계산 과정만을 거쳐 최대한 빠른 시간 내에 문제를 풀기 위한 가장 중요한 기초는 '계산 방법을 정확하게 파악하는 것'입니다. 문제에 대한 정확한 이해와 파악을 통해 필요한 계산 과정 및 방법만을 골라낼 수 있어야 합니다. 또한 정확한 계산을 위하여 계산에 활용되는 항목을 동그라미 표시하거나 표를 만들어 계산식을 체계적으로 잘 정리하는 것이 중요합니다.

예제

甲은 ○○주차장에 4시간 45분 간 주차했던 차량의 주차 요금을 정산하려고 합니다. 이 주차장에서는 총 주차 시간 중 최초 1시간의 주차 요금을 면제하고, 다음의 〈주차 요금 기준〉에 따라 요금을 부과합니다. 이때 甲이 지불해야 할 금액을 골라 봅시다.

〈주차 요금 기준〉

구분	총 주차 시간	
	1시간 초과~3시간인 경우	3시간 초과인 경우
요금	○ 30분마다 500원	○ 1시간 초과~3시간: 30분마다 500원 ○ 3시간 초과: 30분마다 2,000원

※ 주차 요금은 30분 단위로 부과되고, 잔여시간이 30분 미만일 경우 30분으로 간주한다.

① 5,000원
② 9,000원
③ 10,000원
④ 11,000원
⑤ 20,000원

[정답 및 해설] ③
발문을 통해 다음과 같은 내용이 파악되어야 합니다.
- 甲은 ○○주차장에 4시간 45분 간 주차했던 차량의 주차 요금을 정산하려고 함
- 이 주차장에서는 총 주차 시간 중 최초 1시간의 주차 요금을 면제함
- 〈주차 요금 기준〉에 따라 요금을 부과함

甲은 4시간 45분 간 차량을 주차했으므로 '총 주차 시간이 3시간 초과인 경우'에 해당하여 표의 오른쪽 항목을 활용해야 합니다. 이때 주차 요금은 30분 단위로 부과되고, 잔여시간이 30분 미만일 경우 30분으로 간주한다는 각주를 통해서 총 5시간의 주차 요금을 부과함을 알 수 있습니다.

총 주차 시간 5시간			
주차 시간	1시간 이하	1시간 초과~3시간	3시간 초과~5시간
요금계산 방법	면제	30분마다 500원	30분마다 2,000원
주차 요금	0원	500×4=2,000원	2,000×4=8,000원

따라서 甲이 지불해야 할 금액은 10,000원입니다.

문제에 적용해보기

STEP1 직접 해보기

다음 글과 〈상황〉을 토대로 A사무관이 3월 세종시 이외의 출장여비로 받을 수 있는 금액을 계산식으로 나타내고, 금액을 구해 봅시다.

○ 출장여비 기준
  - 출장여비는 출장수당과 교통비의 합이다.
1) 세종시 출장
  - 출장수당: 1만 원
  - 교통비: 2만 원
2) 세종시 이외 출장
  - 출장수당: 2만 원(13시 이후 출장 시작 또는 15시 이전 출장 종료 시 1만 원 차감)
  - 교통비: 3만 원
○ 출장수당의 경우 업무추진비 사용 시 1만 원이 차감되며, 교통비의 경우 관용차량 사용 시 1만 원이 차감된다.

〈상 황〉

A사무관 3월 출장내역	출장지	출장 시작 및 종료 시각	비고
출장 1	세종시	14시~16시	관용차량 사용
출장 2	인천시	14시~18시	-
출장 3	서울시	09시~16시	업무추진비 사용

[답안]

- 금액의 계산식:
- 금액:

꿀 풀이 TIP

제시된 글에서 출장여비 총액을 계산하는 방법이 체계적으로 정리가 되어야 합니다. 굳이 표를 따로 그려서 정리하지 않더라도 체계가 잘 정리되어야만 빠르고 정확한 해결이 가능합니다.

STEP2 가이드&정답 확인하기

문제 풀이 가이드와 정답을 확인해 봅시다.

정답을 구하는 데 필요한 조건을 정확히 파악하여 계산을 해야 합니다.

○ 출장여비 기준
 - 출장여비는 출장수당과 교통비의 합이다. → 출장여비=출장수당+교통비
1) 세종시 출장
 - 출장수당: 1만 원
 - 교통비: 2만 원
2) 세종시 이외 출장 → 출장수당+교통비=2+3=5만 원
 - 출장수당: 2만 원(13시 이후 출장 시작 또는 15시 이전 출장 종료 시 1만 원 차감)
 - 교통비: 3만 원
○ 출장수당의 경우 업무추진비 사용 시 1만 원이 차감되며, 교통비의 경우 관용차량 사용 시 1만 원이 차감된다.

〈상 황〉

A사무관 3월 출장내역	출장지	출장 시작 및 종료 시각	비고
출장 1	세종시	14시~16시	관용차량 사용
출장 2	인천시 (5만 원)	14시~18시 (-1만 원)	-
출장 3	서울시 (5만 원)	09시~16시	업무추진비 사용 (-1만 원)

[정답]

- 금액의 계산식: (2−1+3)+(2+3−1)
- 금액: 8만 원

02 차이 나는 부분만 비교하자.

계산이 요구되는 문제 중 정확한 값을 계산하지 않고 상대적인 크기를 비교하는 것만으로도 해결이 가능한 문제가 있습니다. 이러한 문제는 계산 과정에서 공통인 부분은 제외하고 차이 나는 부분만 가지고 확인하는 것이 중요합니다.

간단한 예를 들어 봅시다. 甲과 乙의 국어, 영어, 수학 점수가 다음과 같습니다.

구분	국어	영어	수학
甲	85점	95점	90점
乙	90점	93점	88점

이 자료를 가지고
① 甲과 乙의 국어, 영어, 수학 세 과목의 총 점수는 각각 몇 점인가?
② 甲과 乙 중 국어, 영어, 수학 세 과목의 총 점수가 더 높은 사람은 누구인가?
를 묻는 질문은 다릅니다. ①은 정확한 값을 구해야 하지만 ②는 정확한 값을 구하지 않고 상대적인 비교만으로도 해결이 가능합니다.

예제

○○대학교 양궁 대표 선발전에 관한 기록이 일부 누락되어 있습니다. 다음 글과 〈기록지〉에 근거할 때, 아래 문장이 적합하면 O, 적합하지 않으면 X로 표시해 봅시다.

> 양궁 경기는 총 5세트로 진행되며 한 세트당 3발(1~3차시)씩 쏜다. 각 세트별 승패는 3차시까지의 점수의 합을 기준으로 한다.
> 위 규칙에 따라 세트별 승리가 더 많은 한 명을 양궁 대표로 선발하며, 결선에는 A~B 두 명이 진출하였다.
> 경기를 펼치는 두 선수는 동시에 화살을 쏜다. 각 선수의 3차시 점수는 해당 세트별로 2차시까지의 점수 결과에 영향을 받고, 그 특징은 다음과 같다.
> ○ A선수는 이기고 있는 상황에서는 8점, 비기고 있는 상황에서는 9점, 지고 있는 상황에서는 10점을 맞힌다.
> ○ B선수는 이기고 있는 상황에서는 10점, 비기고 있는 상황에서는 9점, 지고 있는 상황에서는 8점을 맞힌다.

⟨기록지⟩

조	선수	차시	점수				
			1세트	2세트	3세트	4세트	5세트
결선	A	1차시	9	10	8	9	9
		2차시	9	8	7	10	10
		3차시					
	B	1차시	9	9	10	10	9
		2차시	9	8	8	9	9
		3차시					

○○대학교 양궁 대표로 선발되는 선수는 A이다. (　　)

[정답 및 해설] O
세트별 1~3차시 점수 중 같은 점수를 제외하고 비교합니다. 1세트와 4세트에서 A, B선수의 1~2차시 점수가 동일하고, 비기고 있는 상황에서의 3차시 점수도 동일하므로 1세트와 4세트는 무승부임을 알 수 있습니다. 또한 A선수가 이기는 상황과 지고 있는 상황에 따른 A, B선수의 3차시 점수는 동일하므로 1~2차시 점수로 2, 3, 5세트의 승자를 알 수 있습니다. 이때 A, B선수의 1~2차시 점수 중 같은 점수를 제외하고 2, 3, 5세트 승자를 고려하면 2세트는 A선수, 3세트는 B선수, 5세트는 A선수가 승리하므로 A선수가 ○○대학교 양궁 대표로 선발됨을 알 수 있습니다.

✏️ 문제에 적용해보기

STEP1 직접 해보기

공통인 부분을 계산 과정에서 제외하는 만큼 문제 해결 시간이 단축될 수 있습니다.

다음 〈조건〉을 근거로 판단할 때, 〈보기〉 중 옳은 보기와 옳지 않은 보기를 적어 봅시다.

─────〈조 건〉─────

○ 생산성 유형별로 일일 근로시간과 생산량은 다음과 같다.

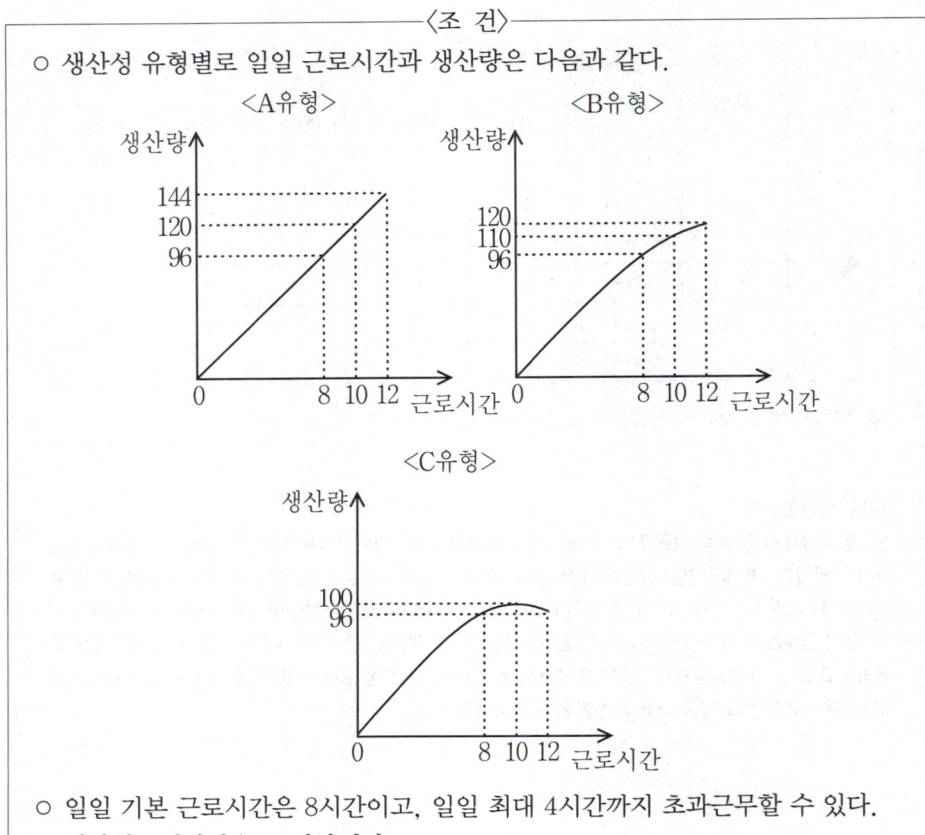

○ 일일 기본 근로시간은 8시간이고, 일일 최대 4시간까지 초과근무할 수 있다.
○ 생산성=생산량/근로시간이다.

─────〈보 기〉─────
ㄱ. 기본 근로시간만 근무할 때, 세 가지 유형의 일일 생산성은 같다.
ㄴ. 초과근무 시간이 증가함에 따라 B유형의 생산성은 하락하지 않으나, C유형의 생산성은 하락한다.
ㄷ. B유형 근로자가 이틀 동안 10시간씩 근무하는 경우의 총생산량은 첫째 날 12시간, 둘째 날 8시간 근무하는 경우의 총생산량보다 많다.
ㄹ. 초과근무 시 최초 두 시간 동안의 생산성은 A유형＞B유형＞C유형 순으로 나타난다.

[답안]

- 옳은 보기:

- 옳지 않은 보기:

STEP2 심화 학습하기

다음 〈조건〉 중에서 공통인 부분과 차이 나는 부분을 구별하여 적어 봅시다.

───〈조 건〉───

○ 생산성 유형별로 일일 근로시간과 생산량은 다음과 같다.

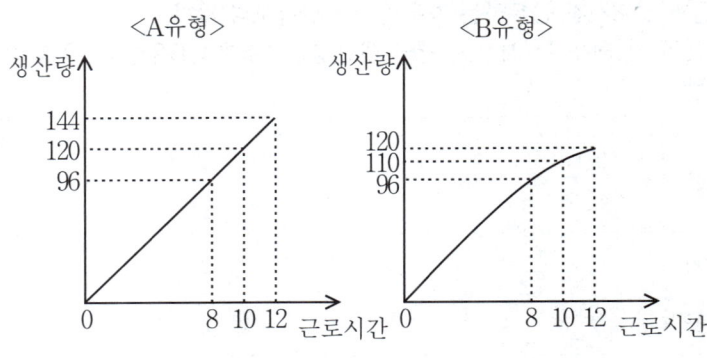

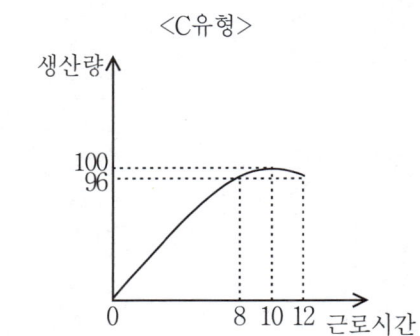

○ 일일 기본 근로시간은 8시간이고, 일일 최대 4시간까지 초과근무할 수 있다.
○ 생산성＝생산량/근로시간이다.

[답안]

- 〈조건〉에서 공통인 부분:

- 〈조건〉에서 차이 나는 부분:

STEP3 가이드&정답 확인하기

문제 풀이 가이드와 정답을 확인해 봅시다.

상대적인 비교만 하면 해결되는 문제는 공통인 부분에 대한 계산은 제외하고 차이 나는 부분만 비교하는 것이 중요합니다.

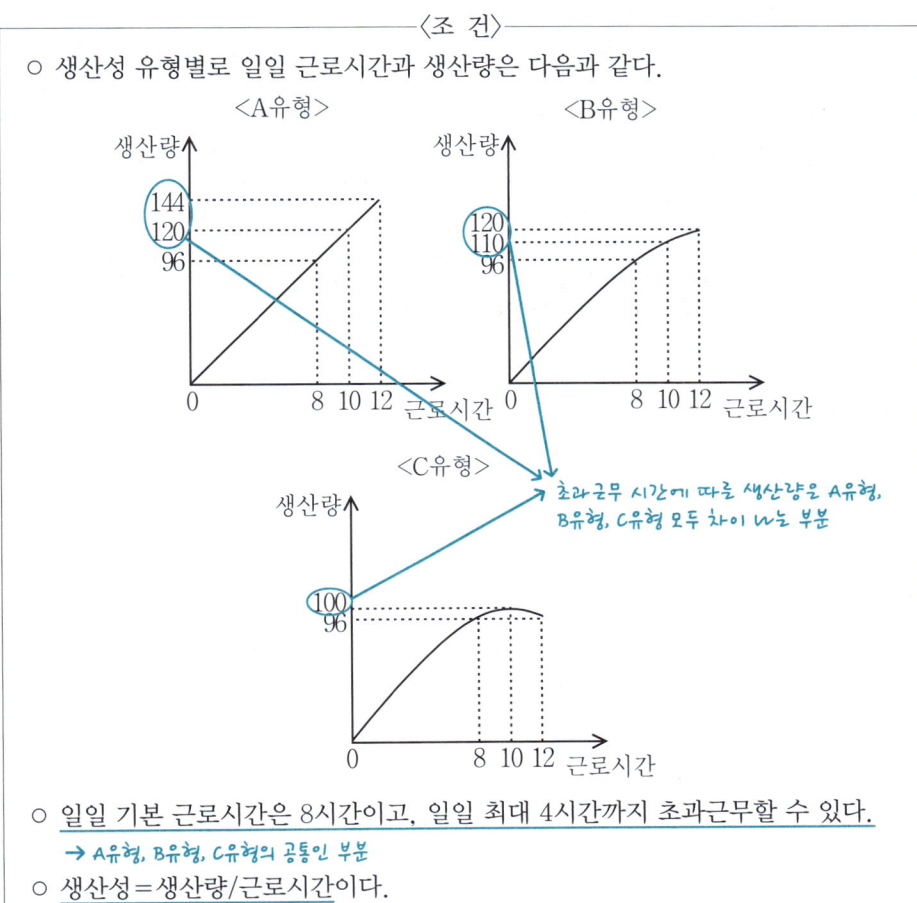

- 일일 기본 근로시간은 8시간이고, 일일 최대 4시간까지 초과근무할 수 있다.
  → A유형, B유형, C유형의 공통인 부분
- 생산성 = 생산량/근로시간이다.
  → 생산량=Y축, 근로시간=X축, 생산량/근로시간=기울기
    A유형, B유형, C유형의 기울기는 모두 차이 나는 부분

핵심 기본기 3 계산은 최대한 정확하고 간략하게 한다.

─〈보 기〉─

ㄱ. 기본 근로시간만 근무할 때, 세 가지 유형의 일일 생산성은 같다.
  → 옳음. 기본 근로시간 8시간까지 세 가지 유형의 생산량은 공통인 부분

ㄴ. 초과근무 시간이 증가함에 따라 B유형의 생산성은 하락하지 않으나, C유형의 생산성은 하락한다. → 옳지 않음. B유형과 C유형 모두 초과근무 시간 증가할수록 기울기 줄어듦

ㄷ. B유형 근로자가 이틀 동안 10시간씩 근무하는 경우의 총생산량은 첫째 날 12시간, 둘째 날 8시간 근무하는 경우의 총생산량보다 많다.
  → 옳음. 기본 근로시간을 제외하면, 이틀 동안 10시간씩 근무하는 경우 총생산량은 (110-96)×2=28이고, 첫째 날 12시간, 둘째 날 8시간 근무하는 경우 총생산량은 120-96=24

ㄹ. 초과근무 시 최초 두 시간 동안의 생산성은 A유형 > B유형 > C유형 순으로 나타난다. → 옳음. 생산성=생산량/근로시간이고, 초과근무 시 최초 두 시간의 생산량은 10시간의 생산량-8시간의 생산량임. 이때 8시간 생산량이 세 유형 모두 공통인 부분이므로 10시간의 생산량을 비교하면 A(120) > B(110) > C(100)

[STEP1 정답]

- 옳은 보기: ㄱ, ㄷ, ㄹ
- 옳지 않은 보기: ㄴ

[STEP2 정답]

- 〈조건〉에서 공통인 부분: 기본 근로시간, 가능한 최대 초과근무 시간, 기본 근로시간에 따른 생산량
- 〈조건〉에서 차이 나는 부분: 초과근무 시간에 따른 생산량, 생산성(기울기)

03 간단한 비로 줄여서 계산하자.

상대적인 크기를 빠르게 비교하는 또 다른 방법은 가장 간단한 비율로 줄여서 계산하는 것입니다. 가장 간단한 비율로 줄여서 계산을 하게 되면 결과값을 도출할 때 숫자 크기가 훨씬 줄어들고, 문제 풀이 시간이 단축된다는 이점이 있습니다.
다음 값을 계산하여 甲~丙의 결과값이 큰 순서대로 나열해 봅시다.

$$甲=200×13 \qquad 乙=600×4 \qquad 丙=400×7$$

여기서 곱셈 비교 방법을 활용하여 첫 번째 수를 간단한 정수비로 나타내면 200:600:400 =1:3:2가 됩니다. 따라서 위의 계산 과정은 甲=1×13=13, 乙=3×4=12, 丙=2×7=14로 바뀔 수 있고, 값이 큰 순서대로 나열하면 丙>甲>乙 순이 됩니다.

예제

〈음식별 칼로리〉에 따라 다음 ①~③ 중 칼로리의 합이 가장 높은 음식 조합을 골라 봅시다.

〈음식별 칼로리〉

품목	피자	돈가스	도넛	콜라	아이스크림
칼로리(kcal/개)	600	650	250	150	350

① 피자 2개, 아이스크림 1개, 도넛 2개
② 아이스크림 2개, 콜라 6개
③ 돈가스 2개, 도넛 2개

[정답 및 해설] ①
품목별 칼로리는 모두 50의 배수입니다. 따라서 음식 각각의 칼로리를 간단한 비로 나타내면 다음과 같습니다.

품목	피자	돈가스	도넛	콜라	아이스크림
칼로리(kcal/개)	600	650	250	150	350
비	12	13	5	3	7

이에 따라 음식 조합에 따른 칼로리 비의 합은 다음과 같습니다.
① (12×2)+7+(5×2)=41
② (7×2)+(3×6)=32
③ (13×2)+(5×2)=36
따라서 칼로리의 합이 가장 높은 조합은 피자 2개, 아이스크림 1개, 도넛 2개입니다.

📝 문제에 적용해보기

STEP1 직접 해보기

속력=$\frac{거리}{시간}$ 이고, 원의 둘레=지름×원주율입니다.

甲, 乙, 丙, 丁이 다음과 같은 경기를 하였을 때, 평균속력이 가장 빠른 사람부터 순서대로 나열한 것을 골라 봅시다.

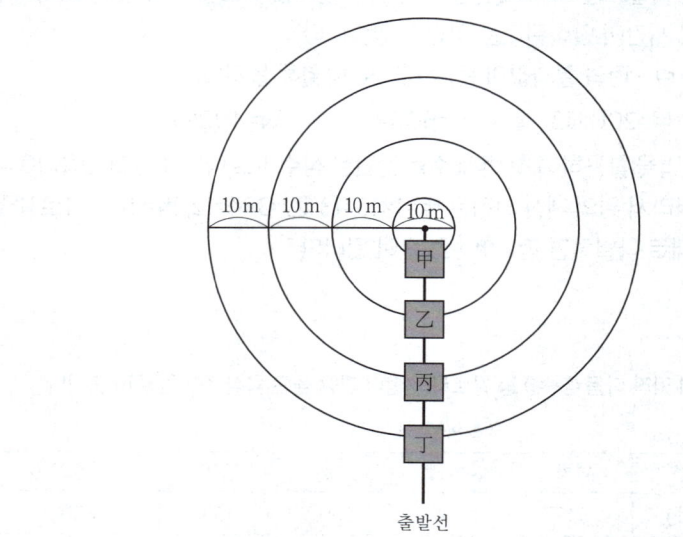

- 甲, 乙, 丙, 丁은 동심원인 위의 그림과 같이 일직선상의 출발선에서 경기를 시작한다.
- 甲, 乙, 丙, 丁은 위의 경기장에서 각자 자신에게 정해진 원 위를 10분 동안 걷는다.
- 甲, 乙, 丙, 丁은 정해진 원 이외의 다른 원으로 넘어갈 수 없다.
- 甲, 乙, 丙, 丁이 10분 동안에 각자 걸었던 거리는 다음과 같다.

甲	乙	丙	丁
7바퀴	5바퀴	3바퀴	1바퀴

① 乙, 丙, 甲, 丁
② 丙, 乙, 丁, 甲
③ 乙=丙, 甲=丁
④ 甲, 丁=乙, 丙
⑤ 甲, 丁, 乙, 丙

[답안]

STEP2 심화 학습하기

제시된 문제에서 공통인 부분, 차이 나는 부분, 계산 중 간단한 비로 정리 가능한 부분을 찾아서 작성해 봅시다.

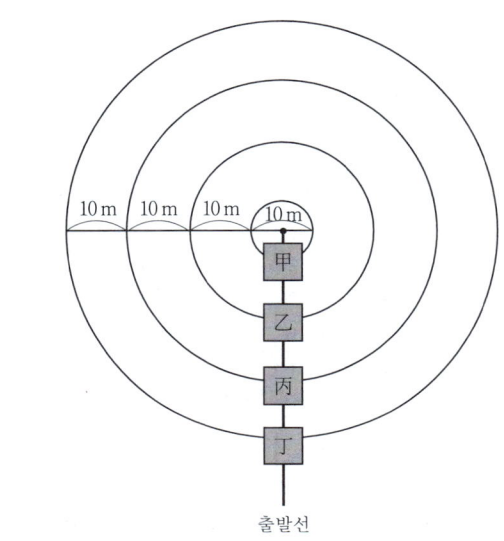

○ 甲, 乙, 丙, 丁은 동심원인 위의 그림과 같이 일직선상의 출발선에서 경기를 시작한다.
○ 甲, 乙, 丙, 丁은 위의 경기장에서 각자 자신에게 정해진 원 위를 10분 동안 걷는다.
○ 甲, 乙, 丙, 丁은 정해진 원 이외의 다른 원으로 넘어갈 수 없다.
○ 甲, 乙, 丙, 丁이 10분 동안에 각자 걸었던 거리는 다음과 같다.

甲	乙	丙	丁
7바퀴	5바퀴	3바퀴	1바퀴

[답안]

- 공통인 부분:

- 차이 나는 부분:

- 간단한 비로 정리 가능한 부분:

STEP3 가이드&정답 확인하기

문제 풀이 가이드와 정답을 확인해 봅시다.

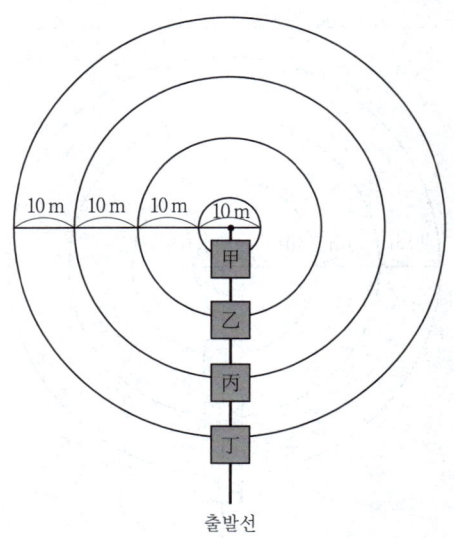

○ 甲, 乙, 丙, 丁은 동심원인 위의 그림과 같이 일직선상의 출발선에서 경기를 시작한다. → 원의 지름은 甲~丁 각각 차이 나는 부분, 甲~丁의 원의 지름은 10의 배수
　　　　　　　　　　　　　　　　　　　　　　↳ 원의 둘레=원의 지름×원주율(π)
○ 甲, 乙, 丙, 丁은 위의 경기장에서 각자 자신에게 정해진 원 위를 10분 동안 걷는다. → 시간은 甲~丁 모두 같은 10분으로 공통인 부분이므로 계산 과정에서 생략 가능
　→ 이때 속력= 거리/시간 인데 시간은 공통인 부분이므로
　　　총 걸었던 거리가 가장 큰 사람=평균속력이 가장 빠른 사람
○ 甲, 乙, 丙, 丁은 정해진 원 이외의 다른 원으로 넘어갈 수 없다.
○ 甲, 乙, 丙, 丁이 10분 동안에 각자 걸었던 거리는 다음과 같다.

甲	乙	丙	丁
7바퀴	5바퀴	3바퀴	1바퀴

걸었던 원의 지름×원주율(π)×바퀴 수 ←
→ 甲~丁의 원의 지름을 간단히 비로 정리하면 1:3:5:7
→ 원주율(π)은 공통인 부분이므로 계산 과정에서 생략 가능
→ 바퀴 수는 甲~丁 각각 차이 나는 부분
∴ 甲~丁 각자 총 걸었던 거리는
　甲: 1×7=7, 乙: 3×5=15, 丙: 5×3=15, 丁: 7×1=7

> **잊지 말아야 할 핵심 포인트**
> 공통인 부분에 대한 계산은 제외하고, 차이 나는 부분만 가지고 비교하는 것이 중요합니다.

[STEP1 정답]

③ 乙=丙, 甲=丁

[STEP2 정답]

- 공통인 부분: 걷는 시간, 원주율(π)
- 차이 나는 부분: 걷는 원의 크기(지름), 걸었던 거리(바퀴 수)
- 간단한 비로 정리 가능한 부분: 甲~丁의 원의 지름

PSAT 기출문제

01. 두 개의 직육면체 건물이 아래와 같다고 할 때, (나)건물을 페인트칠 하는 작업에 필요한 페인트는 최소 몇 통인가? (단, 사용되는 페인트 통의 용량은 동일하다.) 11 민경채

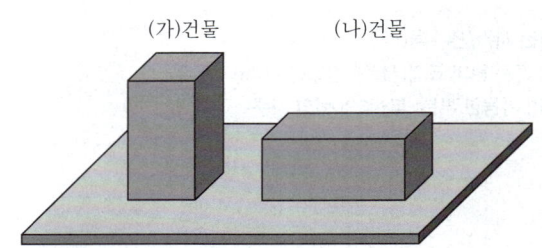

○ (가)건물 밑면은 정사각형이며, 높이는 밑면 한 변 길이의 2배이다.
○ (나)건물은 (가)건물을 그대로 눕혀놓은 것이다.
○ 페인트는 각 건물의 옆면 4개와 윗면에 (가)와 (나)건물 모두 같은 방식으로 칠한다.
○ (가)건물을 페인트칠 하는 작업에는 최소 36통의 페인트가 필요했다.

① 30통
② 32통
③ 36통
④ 42통
⑤ 45통

02. 다음 〈조건〉과 〈상황〉을 근거로 판단할 때, 甲이 향후 1년간 자동차를 유지하는 데 소요될 총비용은?

17 민경채

─〈조 건〉─

1. 자동차 유지비는 연 감가상각비, 연 자동차 보험료, 연 주유비용으로 구성되며 그 외의 비용은 고려하지 않는다.
2. 연 감가상각비 계산 공식
 연 감가상각비 = (자동차 구매비용 − 운행가능기간 종료 시 잔존가치) ÷ 운행가능기간(년)
3. 연 자동차 보험료

(단위: 만 원)

구분		차종		
		소형차	중형차	대형차
보험가입시 운전경력	1년 미만	120	150	200
	1년 이상 2년 미만	110	135	180
	2년 이상 3년 미만	100	120	160
	3년 이상	90	105	140

※ 차량 구매 시 보험 가입은 필수이며 1년 단위로 가입
※ 보험 가입 시 해당 차량에 블랙박스가 설치되어 있으면 보험료 10% 할인

4. 주유비용
 1리터당 10km를 운행할 수 있으며, 리터당 비용은 연중 내내 1,500원이다.

─〈상 황〉─

○ 甲은 1,000만 원에 중형차 1대를 구입하여 바로 운행을 시작하였다.
○ 차는 10년 동안 운행가능하며, 운행가능기간 종료 시 잔존가치는 100만 원이다.
○ 자동차 보험 가입 시, 甲의 운전 경력은 2년 6개월이며 차에는 블랙박스가 설치되어 있다.
○ 甲은 매달 500km씩 차를 운행한다.

① 192만 원
② 288만 원
③ 298만 원
④ 300만 원
⑤ 330만 원

03. 다음 글을 근거로 판단할 때, 〈보기〉에서 옳은 것만을 모두 고르면?

> ○ 甲국은 매년 X를 100톤 수입한다. 甲국이 X를 수입할 수 있는 국가는 A국, B국, C국 3개국이며, 甲국은 이 중 한 국가로부터 X를 전량 수입한다.
> ○ X의 거래조건은 다음과 같다.
>
> | 국가 | 1톤당 단가 | 관세율 | 1톤당 물류비 |
> |---|---|---|---|
> | A국 | 12달러 | 0% | 3달러 |
> | B국 | 10달러 | 50% | 5달러 |
> | C국 | 20달러 | 20% | 1달러 |
>
> ○ 1톤당 수입비용은 다음과 같다.
> 1톤당 수입비용＝1톤당 단가＋(1톤당 단가×관세율)＋1톤당 물류비
> ○ 특정 국가와 FTA를 체결하면 그 국가에서 수입하는 X에 대한 관세율이 0%가 된다.
> ○ 甲국은 지금까지 FTA를 체결한 A국으로부터만 X를 수입했다. 그러나 최근 A국으로부터 X의 수입이 일시중단되었다.

〈보 기〉

ㄱ. 甲국이 B국과도 FTA를 체결한다면, 기존에 A국에서 수입하던 것과 동일한 비용으로 X를 수입할 수 있다.
ㄴ. C국이 A국과 동일한 1톤당 단가를 제시하였다면, 甲국은 기존에 A국에서 수입하던 것보다 저렴한 비용으로 C국으로부터 X를 수입할 수 있다.
ㄷ. A국으로부터 X의 수입이 다시 가능해졌으나 1톤당 6달러의 보험료가 A국으로부터의 수입비용에 추가된다면, 甲국은 A국보다 B국에서 X를 수입하는 것이 수입비용 측면에서 더 유리하다.

① ㄱ
② ㄴ
③ ㄷ
④ ㄱ, ㄴ
⑤ ㄱ, ㄷ

04. 다음 글과 〈상황〉을 근거로 판단할 때, A~C 자동차 구매 시 지불 금액을 비교한 것으로 옳은 것은?

20 7급모의

○ 甲국은 전기차 및 하이브리드 자동차 보급을 장려하기 위해 다음과 같이 보조금과 세제 혜택을 제공한다.
- 정부는 차종을 고려하여 자동차 1대 당 보조금을 정액 지급한다. 중형 전기차에 대해서는 1,500만 원, 소형 전기차에 대해서는 1,000만 원, 하이브리드차에 대해서는 500만 원을 지급한다.
- 정부는 차종을 고려하여 아래 〈기준〉에 따라 세제 혜택을 제공한다. 자동차 구입 시 발생하는 세금은 개별소비세, 교육세, 취득세뿐이며, 개별소비세는 자동차 가격의 10%, 교육세는 2%, 취득세는 5%의 금액이 책정된다.

〈기 준〉

구분	개별소비세	교육세	취득세
중형 전기차	비감면	전액감면	전액감면
소형 전기차	전액감면		전액감면
하이브리드차	전액감면		비감면

○ 자동차 구매 시 지불 금액은 다음과 같다.
지불 금액 = 자동차 가격 − 보조금 + 세금

〈상 황〉

(단위: 만 원)

자동차	차종	자동차 가격
A	중형 전기차	4,000
B	소형 전기차	3,500
C	하이브리드차	3,500

① A < B < C
② B < A < C
③ B < C < A
④ C < A < B
⑤ C < B < A

05. 다음 글을 근거로 판단할 때, 인쇄에 필요한 A4용지의 장수는?

24 7급공채

> 甲주무관은 〈인쇄 규칙〉에 따라 문서 A~D를 각 1부씩 인쇄하였다.
>
> 〈인쇄 규칙〉
> ○ 문서는 A4용지에 인쇄한다.
> ○ A4용지 한 면에 2쪽씩 인쇄한다. 단, 중요도가 상에 해당하는 보도자료는 A4용지 한 면에 1쪽씩 인쇄한다.
> ○ 단면 인쇄를 기본으로 한다. 단, 중요도가 하에 해당하는 문서는 양면 인쇄한다.
> ○ 한 장의 A4용지에는 한 종류의 문서만 인쇄한다.
>
> | 종류 | 유형 | 쪽수 | 중요도 |
> |---|---|---|---|
> | A | 보도자료 | 2 | 상 |
> | B | 보도자료 | 34 | 중 |
> | C | 보도자료 | 5 | 하 |
> | D | 설명자료 | 3 | 상 |

① 11장
② 12장
③ 22장
④ 23장
⑤ 24장

정답 및 해설

01. ②

(가)건물 밑면은 정사각형이며, 높이는 밑면 한 변 길이의 2배라고 했으므로 (가)건물 밑면 넓이와 옆면 넓이의 비율은 1:2이다. 밑면 넓이를 a라고 하면, (가)건물은 밑면 1개와 옆면 4개로 구성되어 있으므로 총 면적은 a+(2a×4)=9a이고, (나)건물은 (가)건물을 기준으로 밑면 2개와 옆면 3개로 구성되어 있으므로 총 면적은 (a×2)+(2a×3)=8a이다. 이때 (나)건물을 페인트칠 하는 작업에 필요한 페인트를 x라고 하면 (가)건물:(나)건물=9a:8a=36:x이고, x=32이다.
따라서 (나)건물을 페인트칠 하는 작업에 필요한 페인트는 최소 32통이다.

02. ②

자동차 유지비는 연 감가상각비, 연 자동차 보험료, 연 주유비용으로 구성되므로 각각의 비용을 구하여 합산한다.

- 연 감가상각비=(자동차 구매비용-운행가능기간 종료 시 잔존가치)÷운행가능기간(년)이므로 연 감가상각비는 (1,000-100)÷10=90만 원이다.
- 甲의 차종이 중형차, 운전경력이 2년 6개월이고, 블랙박스가 설치되어 있어 보험료는 10% 할인을 받으므로 연 자동차 보험료는 120×0.9=108만 원이다.
- 1년 총 주유비용=월 주유비용×12이므로 월 주유비용을 구한다. 1리터로 10km를 운행할 수 있는데, 甲은 매달 500km의 거리를 운행하므로 매달 필요한 주유를 x라고 하면, 1:10=x:500이고, x=50이므로 매달 50리터의 주유가 필요함을 알 수 있다. 리터당 비용이 연중 내내 1,500원이므로 월 주유비용은 50×1,500=75,000원이고, 연 주유비는 75,000×12=90만 원이다.

따라서 甲이 향후 1년간 자동차를 유지하는 데 소요될 총비용은 90+108+90=288만 원이다.

03. ⑤

ㄱ. 甲국은 매년 X를 100톤 수입하고, 기존에 A국에서 수입하던 비용은 1톤당 단가가 12달러, 관세율이 0%, 1톤당 물류비가 3달러이므로 1톤당 수입비용은 (12+3)×100=1,500달러이다. B국가와 FTA를 체결한다면, B국가에서 수입하는 X에 대한 관세율이 0%이고, 1톤당 단가가 10달러, 1톤당 물류비가 5달러이므로 B국가와 FTA 체결 후 수입하는 비용은 (10+5)×100=1,500달러이다. 따라서 기존에 A국에서 수입하던 것과 동일한 비용으로 X를 수입할 수 있다.

ㄷ. A국으로부터 X의 수입이 다시 가능해졌으나 1톤당 6달러의 보험료가 A국으로부터의 수입비용에 추가된다면, A국에서 수입하는 비용은 (12+3+6)×100=2,100달러가 된다. B국에서 수입하는 비용은 {10+(10×0.5)+5}×100=2,000달러이므로 甲국은 A국보다 B국에서 X를 수입하는 것이 수입비용 측면에서 더 유리하다.

✓ 오답체크

ㄴ. C국이 A국과 동일한 1톤당 단가를 제시하였다면, C국의 1톤당 단가는 20달러에서 12달러로 변화한다. 이때 C국에서 수입하는 비용은 {12+(12×0.2)+1}×100=1,540달러이다. A국에서 수입하는 비용은 1,500달러이므로 甲국은 기존에 A국에서 수입하던 것보다 저렴한 비용으로 C국으로부터 X를 수입할 수 없다.

04. ②

자동차 구매 시 지불 금액은 자동차 가격-보조금+세금이므로 A~C의 자동차 가격과 보조금, 세금을 표로 정리하면 다음과 같다.

자동차	차종	자동차 가격	보조금	세금 개별소비세 (10%)	세금 교육세 (2%)	세금 취득세 (5%)	총 지불 금액
A	중형 전기차	4,000	1,500	400	전액감면	전액감면	2,900
B	소형 전기차	3,500	1,000	전액감면	전액감면	전액감면	2,500
C	하이브리드차	3,500	500	전액감면	전액감면	175	3,175

따라서 A~C 자동차 구매 시 지불 금액을 비교하면 B<A<C 순이다.

05. ④

<인쇄 규칙>의 첫 번째 동그라미부터 네 번째 동그라미까지 각각 ⅰ)~ⅳ)라고 할 때, ⅳ)에 따르면 한 장의 A4용지에는 한 종류의 문서만 인쇄한다고 하므로 각 문서의 종류별로 몇 장의 A4용지가 필요한지 각각 검토한다.

A: ⅱ)에 따르면 문서는 A4용지 한 면에 2쪽씩 인쇄하지만, 중요도가 상에 해당하는 보도자료는 A4용지 한 면에 1쪽씩 인쇄한다. A는 중요도가 상에 해당하는 보도자료이므로 A4용지 한 면에 1쪽씩 인쇄한다. 그리고 ⅲ)에 따르면 단면 인쇄를 기본으로 하므로 총 2쪽인 A를 인쇄하기 위해서는 총 2장의 A4용지가 필요하다.

B: ⅱ), ⅲ)에 따르면 문서는 A4용지 한 면에 2쪽씩 인쇄하고, 단면 인쇄를 기본으로 한다. 따라서 총 34쪽인 B를 인쇄하기 위해서는 단면 인쇄로 한 면에 2쪽씩 34÷2=총 17장의 A4용지가 필요하다.

C: ⅱ)에 따르면 문서는 A4용지 한 면에 2쪽씩 인쇄한다. 그리고 ⅲ)에 따르면 단면 인쇄를 기본으로 하지만 중요도가 하에 해당하는 문서는 양면 인쇄한다. 따라서 총 5쪽인 C를 인쇄하기 위해서는 양면 인쇄로 한 면에 2쪽씩 총 2장의 A4용지가 필요하다.

D: ⅱ), ⅲ)에 따르면 문서는 A4용지 한 면에 2쪽씩 인쇄하고, 단면 인쇄를 기본으로 한다. 따라서 총 3쪽인 D를 인쇄하기 위해서는 단면 인쇄로 한 면에 2쪽씩 총 2장의 A4용지가 필요하다. 유형이 보도자료가 아니라 설명자료이므로 실수하지 않도록 주의해야 한다.

인쇄에 필요한 A4용지의 장수를 모두 더하면 2+17+2+2=23장이 된다.

정답 01. ② 02. ② 03. ⑤ 04. ② 05. ④

☑ 이번 기본기, 이것만은 기억하자!

01. 계산이 요구되는 문제를 최대한 빠르게 풀기 위해서는 우선 계산 방법을 정확하게 파악한 후, 계산 과정에서 차이 나는 부분만 비교하거나 간단한 비로 바꾸어 계산할 수 있어야 합니다.

PSAT 교육 1위, 해커스PSAT **psat.Hackers.com**

Public
Service
Aptitude
Test

PSAT 교육 1위, 해커스PSAT **psat.Hackers.com**

상황판단
핵심 기본기 4

규칙은 숨겨진 빠른 길로 해결한다.

제시된 규칙에 따라 결과를 판단하는 규칙 유형의 문제는 단순히 규칙을 적용하기만 하면 되는 것으로 생각해서 별다른 스킬 없이 우직하게 해결하는 경우도 많지만, 규칙 유형의 문제들도 얼마든지 빨리 해결할 수 있는 스킬이 있습니다. 출제자가 의도한 순서나 방향을 바꿔 보거나, 문제에서 주어진 선택지나 보기를 활용하면 보다 더 효율적으로 문제를 해결할 수 있습니다.

01 순서나 방향을 바꿔보자.
02 선택지나 보기를 잘 활용하자.

PSAT 기출문제

01 순서나 방향을 바꿔보자.

규칙이 제시되는 문제 중에서는 규칙을 단순히 문제에 적용하는 것만으로 해결할 수 있는 문제가 출제되기도 합니다. 이러한 경우 출제자는 의도적으로 문제 풀이 순서를 유도하기 위해 규칙을 시간 소요가 큰 순서로 읽도록 배치합니다. 따라서 이러한 경우에는 문제 해결의 순서나 방향을 바꾼다면 더욱 빠르게 문제를 해결할 수 있습니다.

예제

다음 글을 근거로 〈비행기 좌석표〉의 주어진 5개 좌석 중 생존가능성이 가장 높은 좌석을 찾아봅시다.

> A국 항공담당 부처는 비행기 화재사고 시 좌석에 따른 생존가능성을 조사하였다. 그 결과 다음과 같이 좌석의 조건에 따라 생존가능성이 다르게 나타났다.
> ○ 각 비상구에서 앞뒤로 두 번째 열 이내에 앉은 승객은 그렇지 않은 승객에 비해 생존할 가능성이 높다.
> ○ 복도(통로)측 좌석 승객이 창측 승객보다 생존할 가능성이 높다.
> ○ 기내의 가운데 열을 기준으로 앞쪽과 뒤쪽으로 나누어 볼 때 앞쪽 승객이 뒤쪽 승객보다 생존할 가능성이 높다.

〈비행기 좌석표〉

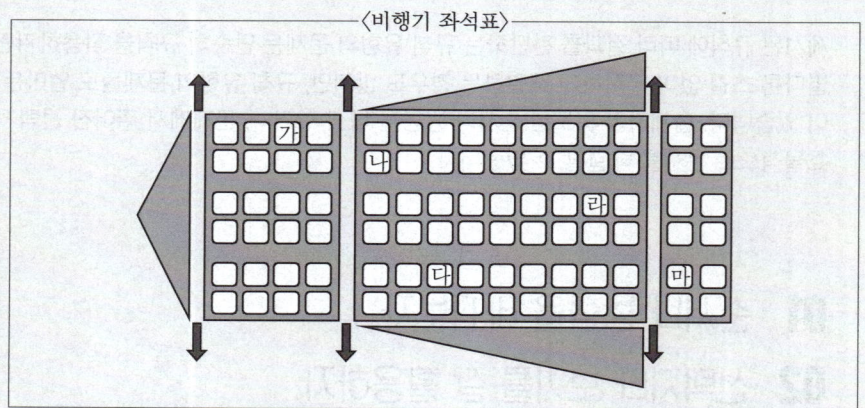

※ 화살표는 비상구를 나타내며, 그림의 왼쪽이 비행기의 앞쪽 방향이다. 또한 비행기 좌석은 총 15열이다.

(   )

[정답 및 해설] '나'

가장 마지막 조건부터 앞쪽으로 차례차례 넘어오면서 확인합니다. 세 번째 조건에서 앞쪽 승객이 뒤쪽 승객보다 생존할 가능성이 높다고 하였으므로 생존가능성은 '가', '나', '다' > '라', '마'입니다. 따라서 생존가능성이 더 높은 '가', '나', '다' 좌석 위주로 조건을 검토하면 됩니다. 두 번째 조건에서 복도(통로) 측 좌석 승객이 창측 승객보다 생존할 가능성이 높다고 하였으므로 창측 좌석인 '가'가 제외됩니다. 첫 번째 조건에서 각 비상구 앞뒤로 두 번째 열 이내에 앉은 승객이 그렇지 않은 승객에 비해 생존할 가능성이 높다고 하였으므로 비상구에서 앞뒤로 세 번째 열인 '다'가 제외됩니다. 따라서 가장 생존 가능성이 높은 좌석은 '나'입니다.

✏️ 문제에 적용해보기

꿀 풀이 TIP

선택지에 주어진 원문 6자리 중에 맨 앞자리보다 맨 뒷자리를 먼저 확인하면 정답을 빠르게 찾을 수 있습니다.

STEP1 | 직접 해보기

다음 글에 근거하여 〈보기〉의 암호문을 해석하고 원문을 찾아 봅시다.

> 아래의 〈암호표〉를 이용하여 암호문을 만드는 방법은 다음과 같다. 암호문은 암호화하고자 하는 원문의 알파벳과 암호 변환키의 알파벳을 조합하여 만든다. 먼저 원문 알파벳을 표의 맨 왼쪽 줄에서 찾고, 암호 변환키의 알파벳을 표의 맨 위쪽 줄에서 찾아 그 교차점에 있는 알파벳을 암호문으로 한다.
>
> 〈암호표〉
>
> → 암호 변환키
> ↓ 원문
>
> | | A | B | C | D | E | F | G | H | I | J | K | L | M | N |
> |---|---|---|---|---|---|---|---|---|---|---|---|---|---|---|
> | A | A | B | C | D | E | F | G | H | I | J | K | L | M | N |
> | B | B | C | D | E | F | G | H | I | J | K | L | M | N | A |
> | C | C | D | E | F | G | H | I | J | K | L | M | N | A | B |
> | D | D | E | F | G | H | I | J | K | L | M | N | A | B | C |
> | E | E | F | G | H | I | J | K | L | M | N | A | B | C | D |
> | F | F | G | H | I | J | K | L | M | N | A | B | C | D | E |
> | G | G | H | I | J | K | L | M | N | A | B | C | D | E | F |
> | H | H | I | J | K | L | M | N | A | B | C | D | E | F | G |
> | I | I | J | K | L | M | N | A | B | C | D | E | F | G | H |
> | J | J | K | L | M | N | A | B | C | D | E | F | G | H | I |
> | K | K | L | M | N | A | B | C | D | E | F | G | H | I | J |
> | L | L | M | N | A | B | C | D | E | F | G | H | I | J | K |
> | M | M | N | A | B | C | D | E | F | G | H | I | J | K | L |
> | N | N | A | B | C | D | E | F | G | H | I | J | K | L | M |
>
> 〈예 시〉
>
> | 원문 | F | A | C | E |
> |---|---|---|---|---|
> | 암호 변환키 | C | E | G | I |
> | 암호문 | H | E | I | M |

―――――〈보 기〉―――――
암호 변환키　BHEMGI
암호문　　　IBNMIE

① HIJACK
② HIDDEN
③ HANDLE
④ JINGLE
⑤ JACKIE

[답안]

STEP2 심화 학습하기

문제에서 문제 해결의 순서나 방향을 바꾸어 처리할 수 있는 것이 무엇인지 작성해 봅시다.

아래의 〈암호표〉를 이용하여 암호문을 만드는 방법은 다음과 같다. 암호문은 암호화하고자 하는 원문의 알파벳과 암호 변환키의 알파벳을 조합하여 만든다. 먼저 원문 알파벳을 표의 맨 왼쪽 줄에서 찾고, 암호 변환키의 알파벳을 표의 맨 위쪽 줄에서 찾아 그 교차점에 있는 알파벳을 암호문으로 한다.

〈암호표〉

→ 암호 변환키
↓ 원문

	A	B	C	D	E	F	G	H	I	J	K	L	M	N
A	A	B	C	D	E	F	G	H	I	J	K	L	M	N
B	B	C	D	E	F	G	H	I	J	K	L	M	N	A
C	C	D	E	F	G	H	I	J	K	L	M	N	A	B
D	D	E	F	G	H	I	J	K	L	M	N	A	B	C
E	E	F	G	H	I	J	K	L	M	N	A	B	C	D
F	F	G	H	I	J	K	L	M	N	A	B	C	D	E
G	G	H	I	J	K	L	M	N	A	B	C	D	E	F
H	H	I	J	K	L	M	N	A	B	C	D	E	F	G
I	I	J	K	L	M	N	A	B	C	D	E	F	G	H
J	J	K	L	M	N	A	B	C	D	E	F	G	H	I
K	K	L	M	N	A	B	C	D	E	F	G	H	I	J
L	L	M	N	A	B	C	D	E	F	G	H	I	J	K
M	M	N	A	B	C	D	E	F	G	H	I	J	K	L
N	N	A	B	C	D	E	F	G	H	I	J	K	L	M

〈예 시〉

원문	F	A	C	E
암호 변환키	C	E	G	I
암호문	H	E	I	M

―――――〈보 기〉―――――
　　암호 변환키　BHEMGI
　　암호문　　　IBNMIE

① HIJACK
② HIDDEN
③ HANDLE
④ JINGLE
⑤ JACKIE

[답안]

잊지 말아야 할 핵심 포인트

문제를 해결할 때 내용 파악의 순서가 서로 관련이 없는 병렬 정보인 경우, 순서를 바꾸어 앞쪽이 아닌 뒤쪽에 있는 정보부터 처리하면 문제를 더 빠르게 해결할 수 있습니다.

STEP3 가이드&정답 확인하기

문제 풀이 가이드와 정답을 확인해 봅시다.

아래의 〈암호표〉를 이용하여 암호문을 만드는 방법은 다음과 같다. 암호문은 암호화하고자 하는 원문의 알파벳과 암호 변환키의 알파벳을 조합하여 만든다. 먼저 원문 알파벳을 표의 맨 왼쪽 줄에서 찾고, 암호 변환키의 알파벳을 표의 맨 위쪽 줄에서 찾아 그 교차점에 있는 알파벳을 암호문으로 한다.

〈암호표〉

→ 암호 변환키
↓ 원문

	A	B	C	D	E	F	G	H	I	J	K	L	M	N
A	A	B	C	D	E	F	G	H	I	J	K	L	M	N
B	B	C	D	E	F	G	H	I	J	K	L	M	N	A
C	C	D	E	F	G	H	I	J	K	L	M	N	A	B
D	D	E	F	G	H	I	J	K	L	M	N	A	B	C
E	E	F	G	H	I	J	K	L	M	N	A	B	C	D
F	F	G	H	I	J	K	L	M	N	A	B	C	D	E
G	G	H	I	J	K	L	M	N	A	B	C	D	E	F
H	H	I	J	K	L	M	N	A	B	C	D	E	F	G
I	I	J	K	L	M	N	A	B	C	D	E	F	G	H
J	J	K	L	M	N	A	B	C	D	E	F	G	H	I
K	K	L	M	N	A	B	C	D	E	F	G	H	I	J
L	L	M	N	A	B	C	D	E	F	G	H	I	J	K
M	M	N	A	B	C	D	E	F	G	H	I	J	K	L
N	N	A	B	C	D	E	F	G	H	I	J	K	L	M

〈예시〉

원문	F	A	C	E
암호 변환키	C	E	G	I
암호문	H	E	I	M

―〈보 기〉―
암호 변환키	BHEMG<u>I</u>
암호문	IBNMI<u>E</u>

① HIJACK
② HIDDEN
③ HANDLE
④ JINGLE
⑤ JACKIE

[STEP1 정답]

① HIJACK

[STEP2 정답]

선택지의 앞자리가 아닌 가장 뒷자리부터 확인한다.
→ 각각의 원문이 서로 관련 없는 병렬적 정보이므로 원문의 마지막 글자를 먼저 확인하면 빠르게 문제를 해결할 수 있음

02 선택지나 보기를 잘 활용하자.

규칙이 제시되는 문제를 빠르게 해결할 수 있게 해주는 중요한 스킬 중의 하나가 '선택지'나 '보기'를 잘 활용하는 것입니다. 물론 다른 유형의 문제에서도 '선택지'나 '보기'를 잘 활용했을 때 더 수월하게 문제 해결이 가능하지만 특히 규칙 유형에서는 이 스킬을 써야 하는 경우가 굉장히 많습니다. 규칙을 적용했을 때 도출되는 결과를 선택지나 보기에서 출제자가 보여주므로 이를 잘 활용해서 푸는 것이 빠른 문제 해결의 길입니다. 따라서 조건을 적용해서 이에 맞지 않는 선택지나 보기를 지워나간다거나(소거법) 우리가 직접 해결해서 결과를 찾지 않고 반대로 제시된 선택지나 보기를 대입해서(대입법) 문제를 풀어보면 더 수월하게 문제 해결이 가능한 경우가 많습니다.

예제

다음 숫자 배열 (가)~(다)의 공통적인 특성만을 〈보기〉에서 모두 골라 봅시다.

> (가) 2, 3, 6, 7, 8
> (나) 1, 4, 5, 6, 9
> (다) 6, 5, 8, 3, 9

〈보 기〉
ㄱ. 홀수 다음에 홀수가 연이어 오지 않는다.
ㄴ. 짝수 다음에 짝수가 연이어 오지 않는다.
ㄷ. 동일한 숫자는 반복하여 사용되지 않는다.
ㄹ. 어떤 숫자 바로 다음에는 그 숫자의 배수가 오지 않는다.

① ㄱ, ㄴ
② ㄴ, ㄷ
③ ㄴ, ㄹ
④ ㄷ, ㄹ
⑤ ㄱ, ㄷ, ㄹ

[정답 및 해설] ②
〈보기〉를 검증하는 식으로 해결하면 정답을 쉽게 파악할 수 있습니다.
ㄱ. (다) 6, 5, 8, 3, 9 → 홀수인 3 다음에 홀수인 9가 연이어 옵니다.
ㄴ. (가)~(다) → 모두 짝수 다음에 짝수가 연이어 오지 않습니다.
ㄷ. (가)~(다) → 모두 동일한 숫자 반복하여 사용되지 않습니다.
ㄹ. (가) 2, 3, 6, 7, 8 → 3 다음에 3의 배수인 6이 옵니다.
    (다) 6, 5, 8, 3, 9 → 3 다음에 3의 배수인 9가 옵니다.

✏️ 문제에 적용해보기

STEP1 직접 해보기

다음 글과 〈필요 물품 목록〉을 근거로 판단할 때, ○○부 아동방과후교육 사업에서 허용되는 사업비 지출품목만을 모두 골라 봅시다.

선택지를 활용해서 문제를 해결하면 빠르게 정답을 찾을 수 있습니다.

> ○○부는 아동방과후교육 사업을 운영하고 있다. 원칙적으로 사업비는 사용목적이 '사업 운영'인 경우에만 지출할 수 있다. 다만 다음 중 어느 하나에 해당하면 예외적으로 허용된다. 첫째, 품목당 단가가 10만 원 이하로 사용목적이 '서비스 제공'인 경우에 지출할 수 있다. 둘째, 사용연한이 1년 이내인 경우에 지출할 수 있다.

〈필요 물품 목록〉

품목	단가(원)	사용목적	사용연한
인형탈	120,000	사업 운영	2년
프로그램 대여	300,000	보고서 작성	6개월
의자	110,000	서비스 제공	5년
컴퓨터	950,000	서비스 제공	3년
클리어파일	500	상담일지 보관	2년
블라인드	99,000	서비스 제공	5년

① 프로그램 대여, 의자
② 컴퓨터, 클리어파일
③ 클리어파일, 블라인드
④ 인형탈, 프로그램 대여, 블라인드
⑤ 인형탈, 의자, 컴퓨터

[답안]

STEP2 심화 학습하기

다음 글에서 문제 풀이에 활용할 수 있는 문장을 적어 봅시다.

○○부는 아동방과후교육 사업을 운영하고 있다. 원칙적으로 사업비는 사용목적이 '사업 운영'인 경우에만 지출할 수 있다. 다만 다음 중 어느 하나에 해당하면 예외적으로 허용된다. 첫째, 품목당 단가가 10만 원 이하로 사용목적이 '서비스 제공'인 경우에 지출할 수 있다. 둘째, 사용연한이 1년 이내인 경우에 지출할 수 있다.

〈필요 물품 목록〉

품목	단가(원)	사용목적	사용연한
인형탈	120,000	사업 운영	2년
프로그램 대여	300,000	보고서 작성	6개월
의자	110,000	서비스 제공	5년
컴퓨터	950,000	서비스 제공	3년
클리어파일	500	상담일지 보관	2년
블라인드	99,000	서비스 제공	5년

① 프로그램 대여, 의자
② 컴퓨터, 클리어파일
③ 클리어파일, 블라인드
④ 인형탈, 프로그램 대여, 블라인드
⑤ 인형탈, 의자, 컴퓨터

[답안]

STEP3 가이드&정답 확인하기

문제 풀이 가이드와 정답을 확인해 봅시다.

> ○○부는 아동방과후교육 사업을 운영하고 있다. (1) 원칙적으로 사업비는 사용목적이 '사업 운영'인 경우에만 지출할 수 있다. 다만 다음 중 어느 하나에 해당하면 예외적으로 허용된다. 첫째, (2) 품목당 단가가 10만 원 이하로 사용목적이 '서비스 제공'인 경우에 지출할 수 있다. 둘째, (3) 사용연한이 1년 이내인 경우에 지출할 수 있다. → 원칙적으로 (1)의 경우에만 지출할 수 있으나, 예외적으로 (2), (3)의 경우에도 지출할 수 있음

잊지 말아야 할 핵심 포인트

직접 규칙에 따라 A라는 답을 도출한 다음 선택지나 보기와 비교해서 정답을 찾는 것이 아니라, A라는 답을 도출하는 과정에서 선택지나 보기를 소거하거나 대입하면 문제 해결 시간을 단축할 수 있습니다.

〈필요 물품 목록〉

품목	단가(원)	사용목적	사용연한
인형탈	120,000	사업 운영 ← (1) 충족	2년
프로그램 대여	300,000	보고서 작성	6개월 ← (3) 충족
의자	110,000 ← (2) 충족X	서비스 제공 ← (2) 충족	5년
컴퓨터	950,000 ← (2) 충족X	서비스 제공 ← (2) 충족	3년
클리어파일	500	상담일지 보관	2년
블라인드	99,000 ← (2) 충족	서비스 제공 ← (2) 충족	5년

① 프로그램 대여, 의자
② 컴퓨터, 클리어파일
③ 클리어파일, 블라인드
④ 인형탈, 프로그램 대여, 블라인드
⑤ 인형탈, 의자, 컴퓨터

[STEP1 정답]

→ ①, ②, ③ 소거
④ 인형탈, 프로그램 대여, 블라인드
→ ⑤ 소거

[STEP2 정답]

- 원칙적으로 사업비는 사용목적이 '사업 운영'인 경우에만 지출할 수 있다.
- 품목당 단가가 10만 원 이하로 사용목적이 '서비스 제공'인 경우에 지출할 수 있다.
- 사용연한이 1년 이내인 경우에 지출할 수 있다.

PSAT 기출문제

01. 다음 글을 근거로 판단할 때, A~G에게 기내식을 제공하는 순서로 옳은 것은? 13 외교관

○ 기내식 종류별 제공 순서
1. 어린이식사를 가장 먼저 제공한다.
   ※ 어린이식사는 미리 주문한 사람에 한하여 제공하며, 어린이와 동승한 자의 식사도 함께 제공한다.
2. 특별식을 두 번째로 제공한다.
   ※ 특별식에는 채식, 저칼로리식, 저탄수화물식, 저염식이 있으며, 미리 주문한 사람에 한하여 제공한다.
3. 일반식을 마지막으로 제공한다. 순서는 다음과 같다. 기체의 가장 앞쪽과 가장 뒤쪽부터 중간쪽 방향으로 제공한다. 단, 같은 열에서는 창가에서 내측 방향으로 제공한다.

○ 탑승자 정보
A: 어린이와 동승했으며 어린이식사를 미리 주문하였다.
B: 특별식을 주문하지 않았으며, 동승한 친구는 자신이 먹을 채식을 미리 주문하였다.
C: 혼자 탑승하였으며 특별식을 주문하지 않았다.
D: 어린이와 동승하였으나 어린이식사를 주문하지 않았다.
E: 혼자 탑승하였으며 저칼로리식을 미리 주문하였다.
F: 성인인 친구와 동승하였으며 특별식을 주문하지 않았다.
G: 혼자 탑승하였으며 특별식을 주문하지 않았다.

○ 탑승자의 좌석 배치도

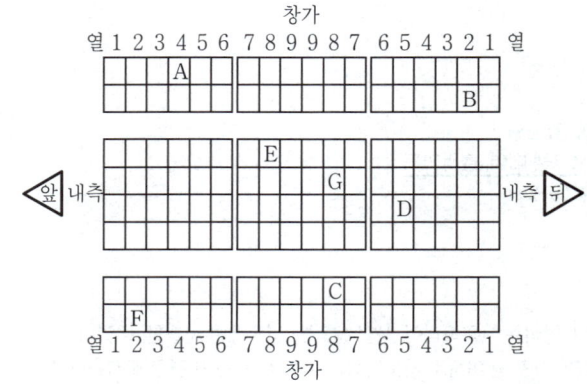

① A-B-E-F-D-C-G
② A-E-B-F-D-G-C
③ A-E-F-B-D-C-G
④ B-F-A-D-G-C-E
⑤ B-F-A-D-E-G-C

02. 다섯 개의 숫자로 이루어진 비밀번호를 다음 〈숫자 → 암호문 변환 절차〉에 따라 〈암호표〉를 사용하여 암호문으로 변환하였다. 〈완성된 암호문〉이 의미하는 비밀번호로 옳은 것은?

14 5급공채

〈숫자 → 암호문 변환 절차〉
1. 비밀번호의 숫자를 세로로 쓰고 〈암호표〉에서 해당하는 숫자의 오른쪽에 나열된 알파벳(6개)을 〈예시〉의 과정1과 같이 숫자 순서대로 나열한다.
2. 1의 과정을 통해 순서대로 나열된 알파벳을 〈예시〉의 과정2와 같이 왼편부터 한 열씩 세로로 읽어나가면 완성된 암호문이 된다.

〈암호표〉

1	T	H	P	Q	B	I
2	H	C	O	X	D	V
3	N	S	P	S	S	E
4	W	H	O	W	E	C
5	A	D	I	N	K	T
6	N	R	E	M	V	J
7	F	G	X	Z	C	B
8	E	S	X	V	B	J
9	W	E	I	P	Y	K
0	H	C	J	U	U	I

〈예시: 비밀번호 '10675'의 암호 변환 과정〉

— 과정1

1	T	H	P	Q	B	I
0	H	C	J	U	U	I
6	N	R	E	M	V	J
7	F	G	X	Z	C	B
5	A	D	I	N	K	T

— 과정2

THNFA HCRGD PJEXI QUMZN BUVCK IIJBT

〈완성된 암호문〉

HEWHT CSECH OXIJP XVPUQ DBYUB VJKII

① 08401
② 08425
③ 28425
④ 28901
⑤ 28921

03. 다음 글을 근거로 판단할 때, 숫자코드가 될 수 있는 것은? 20 민경채

> 숫자코드를 만드는 규칙은 다음과 같다.
> ○ 그림과 같이 작은 정사각형 4개로 이루어진 큰 정사각형이 있고, 작은 정사각형의 꼭짓점마다 1~9의 번호가 지정되어 있다.
>
>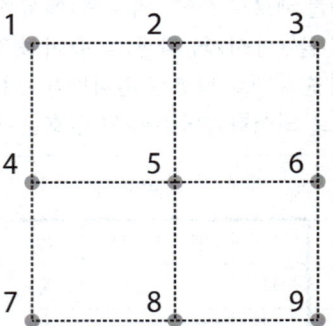
>
> ○ 펜을 이용해서 9개의 점 중 임의의 하나의 점에서 시작하여(이하 시작점이라 한다) 다른 점으로 직선을 그어 나간다.
> ○ 다른 점에 도달하면 펜을 종이 위에서 떼지 않고 또 다른 점으로 계속해서 직선을 그어 나간다. 단, 한번 그은 직선 위에 또 다른 직선을 겹쳐서 그을 수 없다.
> ○ 시작점을 포함하여 4개 이상의 점에 도달한 후 펜을 종이 위에서 뗄 수 있다. 단, 시작점과 동일한 점에서는 뗄 수 없다.
> ○ 펜을 종이에서 뗀 후, 그어진 직선이 지나는 점의 번호를 순서대로 모두 나열한 것이 숫자코드가 된다. 예를 들어 1번 점에서 시작하여 6번, 5번, 8번 순으로 직선을 그었다면 숫자코드는 1658이다.

① 596
② 15953
③ 53695
④ 642987
⑤ 9874126

04. 다음 글과 〈자료〉를 근거로 판단할 때, 甲이 여행을 다녀온 시기로 가능한 것은?

16 5급공채

○ 甲은 선박으로 '포항 → 울릉도 → 독도 → 울릉도 → 포항' 순으로 여행을 다녀왔다.
○ '포항 → 울릉도' 선박은 매일 오전 10시, '울릉도 → 포항' 선박은 매일 오후 3시에 출발하며, 편도 운항에 3시간이 소요된다.
○ 울릉도에서 출발해 독도를 돌아보는 선박은 매주 화요일과 목요일 오전 8시에 출발하여 당일 오전 11시에 돌아온다.
○ 최대 파고가 3m 이상인 날은 모든 노선의 선박이 운항되지 않는다.
○ 甲은 매주 금요일에 술을 마시는데, 술을 마신 다음날은 멀미가 심해 선박을 탈 수 없다.
○ 이번 여행 중 甲은 울릉도에서 호박엿 만들기 체험을 했는데, 호박엿 만들기 체험은 매주 월·금요일 오후 6시에만 할 수 있다.

〈자 료〉

㈜: 최대 파고(단위: m)

일	월	화	수	목	금	토
16 ㈜1.0	17 ㈜1.4	18 ㈜3.2	19 ㈜2.7	20 ㈜2.8	21 ㈜3.7	22 ㈜2.0
23 ㈜0.7	24 ㈜3.3	25 ㈜2.8	26 ㈜2.7	27 ㈜0.5	28 ㈜3.7	29 ㈜3.3

① 16일(일)~19일(수)
② 19일(수)~22일(토)
③ 20일(목)~23일(일)
④ 23일(일)~26일(수)
⑤ 25일(화)~28일(금)

05. 다음 글을 근거로 판단할 때, 16~20번 문항의 정답으로 가능한 것은?   25 7급공채

> 甲은 5지선다형 20개 문항으로 구성된 시험을 출제한다. 각 문항의 선택지는 A, B, C, D, E이며, 정답별 문항 개수 및 정답 배열에 관한 조건은 다음과 같다.
> ○ A가 정답인 문항은 2개 이상 6개 이하여야 한다. B~E도 마찬가지이다.
> ○ 동일한 정답이 연속해서 3회 이상 나와서는 안 된다.
>
> 甲은 현재 15번 문항까지 출제하였다. 14번과 15번 문항의 정답은 모두 A이며, 15번까지 정답별 문항 개수는 다음과 같다.
>
> | 정답 | A | B | C | D | E |
> |---|---|---|---|---|---|
> | 문항 개수 | 2 | 0 | 3 | 5 | 5 |

	16번	17번	18번	19번	20번
①	A	B	B	C	B
②	B	A	B	B	C
③	B	A	D	B	D
④	C	B	B	B	D
⑤	D	B	E	C	A

정답 및 해설

01. ③

탑승자 정보를 활용하여 각 탑승자가 신청한 기내식의 종류를 정리하면 다음과 같다.

- A: 어린이식사
- B, C, D, F, G: 일반식
- E: 특별식

기내식 종류별 제공 순서에 따라 어린이식사를 주문한 A가 가장 먼저 기내식을 제공받고, 특별식을 주문한 E가 두 번째로 기내식을 제공받는다. A와 E를 제외한 나머지 사람들은 일반식 제공 순서에 따라 기내식을 제공받는다. 즉, 일반식은 기체의 가장 앞쪽과 가장 뒤쪽부터 중간쪽 방향으로 제공하되, 같은 열에서는 창가에서 내측 방향으로 제공하므로 F - B - D - C - G 순으로 기내식을 제공받는다.

이때 A가 제일 먼저 기내식을 제공받는다면 선택지 중 ①~③이 남고, 두 번째로 E가 기내식을 제공받으면 ②, ③만 남는다. ②, ③은 3번째와 4번째 사람이 B-F인지 F-B인지의 차이이므로 B와 F의 순서만 비교한다. B와 F는 같은 열이고, 이 경우 창가에서 내측으로 기내식이 제공되므로 창가에 더 가까운 F가 B보다 먼저 기내식을 제공받는다.

02. ④

〈암호문 → 숫자 변환 절차〉와 〈예시〉를 활용하여 〈완성된 암호문〉인 'HEWHT CSECH OXIJP XVPUQ DBYUB VJKII'를 표로 정리하면 다음과 같다.

H	C	O	X	D	V
E	S	X	V	B	J
W	E	I	P	Y	K
H	C	J	U	U	I
T	H	P	Q	B	I

각 행에 해당하는 숫자를 <암호표>에서 찾아 표에 채워 넣어보면 다음과 같다.

2	H	C	O	X	D	V
8	E	S	X	V	B	J
9	W	E	I	P	Y	K
0	H	C	J	U	U	I
1	T	H	P	Q	B	I

따라서 찾아낸 비밀번호는 '28901'이다.

03. ⑤

9874126순으로 직선을 그려보면 다음과 같다.

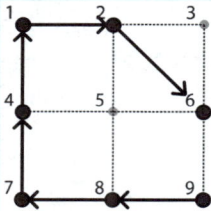

문제에 제시된 조건을 모두 충족하므로 9874126은 숫자코드가 될 수 있다.

✔ 오답체크

① 596은 3개의 점에 도달한 후 펜을 종이에 뗀 것이므로 시작점을 포함하여 4개 이상의 점에 도달한 후 펜을 종이 위에서 뗄 수 있다는 네 번째 규칙에 위배된다.
② 15953은 5번 점에서 9번 점으로 선을 그은 후 다시 9번 점에서 5번 점으로 선을 그은 것이므로 한 번 그은 직선 위에 또 다른 직선을 겹쳐서 그을 수 없다는 세 번째 규칙의 단서규칙에 위배된다.
③ 53695는 5번 점에서 시작하여 5번 점에서 펜을 종이 위에서 뗀 것이므로 시작점과 동일한 점에서는 뗄 수 없다는 네 번째 규칙의 단서규칙에 위배된다.
④ 642987은 6번 점에서 시작하여 4번 점으로 그어 나갈 때 반드시 5번 점을 지나게 되므로 펜을 종이에서 뗀 후, 그어진 직선이 지나는 점의 번호를 순서대로 모두 나열한 것이 숫자코드가 된다는 다섯 번째 규칙에 위배된다.

04. ④

제시된 조건에 해당하는 일정을 각각 정리하면 다음과 같다.
- 최대 파고가 3m 이상이어서 선박이 운항되지 않는 날: 18일(화), 21일(금), 24일(월), 28일(금), 29일(토)
- 술을 마시는 매주 금요일 다음 날이어서 선박을 탈 수 없는 날: 22일(토), 29일(토)
- 독도를 돌아보는 선박을 탈 수 있는 날: 매주 화, 목 오전 8시
- 호박엿 만들기 체험을 할 수 있는 날: 매주 월, 금 오후 6시

23일(일)~26일(수) 동안 여행을 다녀온다면, 23일(일)과 26일(수) 모두 선박이 운항되거나 선박을 탈 수 있고, 24일(월)에 호박엿 만들기 체험을 하고 25일(화)에 독도를 돌아보는 선박을 타는 것이 가능하므로 제시된 모든 조건을 충족한다.

✔ 오답체크

① 16일(일)~19일(수) 동안 여행을 다녀온다면, 18일(화)에 독도에 다녀올 수 없다.
② 19일(수)~22일(토) 동안 여행을 다녀온다면, 22일(토)에 포항으로 돌아올 수 없다.
③ 20일(목)~23일(일) 동안 여행을 다녀온다면, 선박 운행 시간상 20일(목)에 독도에 다녀올 수 없다.
⑤ 25일(화)~28일(금) 동안 여행을 다녀온다면, 28일(금)에 포항으로 돌아올 수 없고, 포항으로 돌아오는 배가 운행된다 하더라도 호박엿 만들기를 할 수 없다.

05. ②

문제 해결에 반영해야 하는 조건은 두 가지이다.

조건 1) A~E가 정답인 문항은 모두 2개 이상 6개 이하여야 한다.

조건 2) 동일한 정답이 연속해서 3회 이상 나와서는 안 된다.

보다 검토가 쉬운 조건 2)부터 적용해 보면

① 14번과 15번 문항이 모두 A이므로 16번 문제도 A일 수는 없다.

④ 17번~19번까지 세 문제 연속 정답이 B일 수는 없다.

다음 남은 선지만을 대상으로 조건 1)을 적용해 보면

③ 18번과 20번이 정답이 D이므로 D가 정답인 문항이 총 7개가 된다.

⑤ 17번만 정답이 B이므로 B가 정답인 문항이 1개 뿐이다.

따라서 주어진 두 조건을 모두 충족하는 선지는 ②번이다.

정답 01. ③ 02. ④ 03. ⑤ 04. ④ 05. ②

☑ 이번 기본기, 이것만은 기억하자!

01. 제시된 규칙을 적용해서 문제를 해결해야 하는 경우, 규칙을 검토하거나 문제를 해결할 때의 순서나 방향을 바꾸어 풀 수 있도록 합니다. 이때 선택지나 보기를 소거하거나 대입하는 등 선택지나 보기를 활용하면 문제 풀이 시간을 단축할 수 있습니다.

**Public
Service
Aptitude
Test**

PSAT 교육 1위, 해커스PSAT **psat.Hackers.com**

상황판단
핵심 기본기 5

경우의 수는 실마리를 찾는다.

경우의 수 유형에 해당되는 문제는 제시된 조건이나 상황에 따라 경우의 수를 나누고, 이를 고려한 문제 해결을 요구합니다. 즉, 문제를 해결하는 데 갈림길, 즉 경우가 나뉘게 되는 문제들이 이 유형에 해당합니다. 이 유형에 해당하는 문제는 문제 풀이 방법을 찾기 어렵거나 시간 소요가 큰 문제가 많습니다. 따라서 이러한 경우의 수 유형의 문제들을 잘 풀기 위해서는 가능한 경우가 잘 파악되거나 많은 경우 중에서 확정적인 고정 정보가 보이는 등 문제의 실마리가 보여야 합니다.
지금까지 연습했던 기본기에 비해 이번 기본기는 난이도가 꽤 있는 편이므로 어렵게 느껴질 수 있습니다.

01 경우가 그려져야 한다.
02 고정 정보가 보여야 한다.

PSAT 기출문제

01 경우가 그려져야 한다.

경우의 수 유형의 문제를 해결하기 위해 요구되는 가장 기초적인 능력은 경우를 그려내는 능력입니다. 뒤에서 연습할 '확정하기' 유형의 문제와 더불어 가장 대표적인 문제가 '경우 그리기' 유형의 문제입니다. 이 문제는 규칙(조건)을 보고 가능한 경우가 어떻게 나뉘는지 스스로 그려낼 수 있어야 해결이 가능합니다. 이러한 문제는 제시된 규칙(조건)을 체계적으로 정리하거나 도식화하면 경우의 수를 조금 더 빠르고 정확하게 파악할 수 있습니다.

예제

다음 글을 근거로 판단할 때, 〈보기〉의 각 괄호 안에 들어갈 숫자의 합을 구해 봅시다.

> A부처와 B부처에 소속된 공무원 수는 각각 100명이고, 모두 소속된 부처에 있었다. 그런데 A부처는 국가 행사를 담당하게 되어 B부처에 9명의 인력지원을 요청하였다. B부처는 소속 공무원 100명 중 9명을 무작위로 선정해서 A부처에 지원 인력으로 보냈다. 얼마 후 B부처 역시 또 다른 국가 행사를 담당하게 되어 A부처에 인력지원을 요청하였다. A부처는 B부처로부터 지원받았던 인력을 포함한 109명 중 9명을 무작위로 선정해서 B부처에 지원 인력으로 보냈다.

〈보 기〉

ㄱ. A부처와 B부처 간 인력지원이 한 차례씩 이루어진 후, A부처에 B부처 소속 공무원이 3명 남아있다면 B부처에는 A부처 소속 공무원이 ( )명 있다.

ㄴ. A부처와 B부처 간 인력지원이 한 차례씩 이루어진 후, B부처에 A부처 소속 공무원이 2명 남아있다면 A부처에는 B부처 소속 공무원이 ( )명 있다.

① 5
② 8
③ 10
④ 13
⑤ 15

[정답 및 해설] ①

최종적으로 A와 B부처 모두 원래 정원이었던 100명씩으로 돌아간 상태입니다. 이때 맨 처음에는 B부처에서 A부처로 이동이 있었고, 그 다음에는 A부처에서 B부처로 이동이 이루어졌습니다. B부처에서 A부처로 왔던 직원은 다시 B부처로 돌아갔거나 돌아가지 못했거나 둘 중 하나입니다. 만약 B부처에서 A부처로 온 3명이 B부처로 돌아가지 못했다면 A부처 직원 3명이 B부처로 갔음을 알 수 있습니다. 이를 표로 나타내면 다음과 같습니다.

구분	A부처(이동 후)	B부처(이동 후)	합계
A부처(이동 전)			100명
B부처(이동 전)			100명
합계	100명	100명	-

ㄱ. A부처에 B부처 소속 공무원이 3명 남아있다면, 돌아가야 할 B부처 소속 공무원 대신 A부처 소속 공무원이 B부처로 간 것이므로 B부처에는 A부처 소속 공무원이 3명 있습니다.

ㄴ. B부처에 A부처 소속 공무원이 2명 남아있다면, 돌아와야 할 B부처 소속 공무원 대신 A부처 소속 공무원이 B부처로 온 것이므로 A부처에는 B부처 소속 공무원이 2명 있습니다.

따라서 괄호 안에 들어갈 숫자의 합은 3+2=5입니다.

📝 문제에 적용해보기

STEP1 | 직접 해보기

다음 글을 근거로 판단할 때, B 전시관 앞을 지나가거나 관람한 총 인원을 적어 봅시다.

○ 전시관은 A → B → C → D 순서로 배정되어 있다. 〈행사장 출입구〉는 아래 그림과 같이 두 곳이며 다른 곳으로는 출입이 불가능하다.
○ 관람객은 〈행사장 출입구〉 두 곳 중 한 곳으로 들어와서 시계 반대 방향으로 돌며, 모든 관람객은 4개의 전시관 중 2개의 전시관만을 골라 관람한다.
○ 자신이 원하는 2개의 전시관을 모두 관람하면 그 다음 만나게 되는 첫 번째 〈행사장 출입구〉를 통해 나가기 때문에, 관람객 중 일부는 반 바퀴를, 일부는 한 바퀴를 돌게 되지만 한 바퀴를 초과해서 도는 관람객은 없다.
○ 〈행사장 출입구〉 두 곳을 통해 행사장에 입장한 관람객 수의 합은 400명이며, 이 중 한 바퀴를 돈 관람객은 200명이고 D 전시관 앞을 지나가거나 관람한 인원은 350명이다.

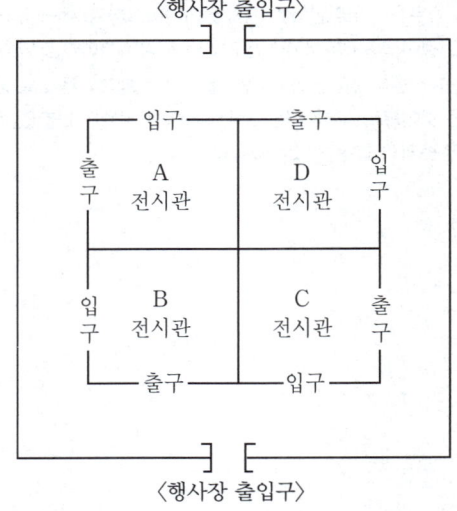

[답안]

B 전시관 앞을 지나가거나 관람한 총 인원: (   )

꿀 풀이 TIP

행사장 출입구로 들어와서 전시관을 관람하고 나가는 관람객의 유형이 그려져야 풀 수 있습니다. 이 유형 자체가 정리되지 않으면 문제를 해결하기 어렵습니다.

STEP2 심화 학습하기

다음 글에 제시된 조건에 따라 관람객이 전시관을 관람하는 경우의 수를 〈행사장 출입구〉에 화살표로 표시해 봅시다.

○ 전시관은 A→B→C→D 순서로 배정되어 있다. 〈행사장 출입구〉는 아래 그림과 같이 두 곳이며 다른 곳으로는 출입이 불가능하다.
○ 관람객은 〈행사장 출입구〉 두 곳 중 한 곳으로 들어와서 시계 반대 방향으로 돌며, 모든 관람객은 4개의 전시관 중 2개의 전시관만을 골라 관람한다.
○ 자신이 원하는 2개의 전시관을 모두 관람하면 그 다음 만나게 되는 첫 번째 〈행사장 출입구〉를 통해 나가기 때문에, 관람객 중 일부는 반 바퀴를, 일부는 한 바퀴를 돌게 되지만 한 바퀴를 초과해서 도는 관람객은 없다.
○ 〈행사장 출입구〉 두 곳을 통해 행사장에 입장한 관람객 수의 합은 400명이며, 이 중 한 바퀴를 돈 관람객은 200명이고 D 전시관 앞을 지나가거나 관람한 인원은 350명이다.

[답안]

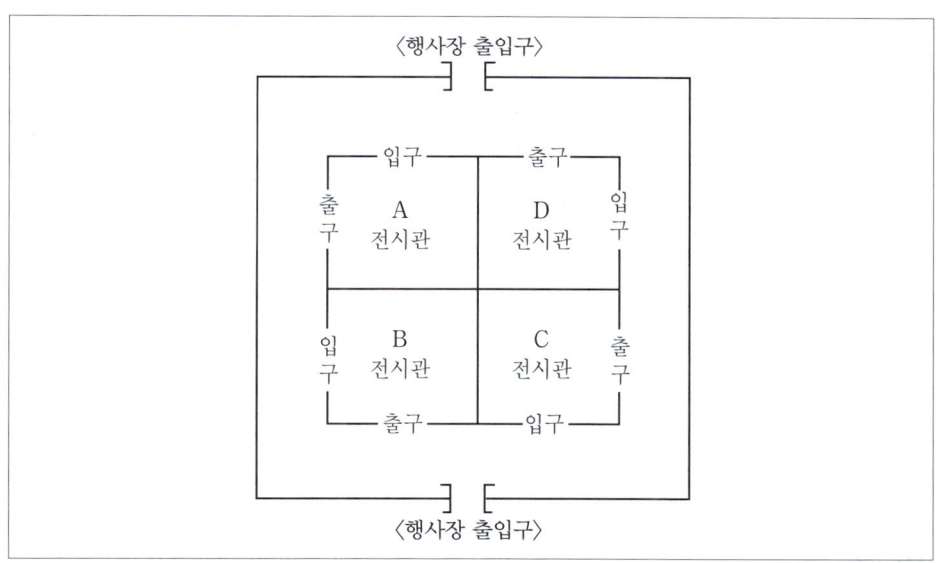

잊지 말아야 할 핵심 포인트

경우의 수 유형은 문제 해결 과정에서 수많은 갈림길이 등장하게 됩니다. 이때 갈림길이 몇 개인지 각 갈림길은 어떻게 생겼는지가 그려지고 파악되어야 문제를 풀 수 있습니다.

STEP3 가이드&정답 확인하기

문제 풀이 가이드와 정답을 확인해 봅시다.

○ 전시관은 A → B → C → D 순서로 배정되어 있다. 〈행사장 출입구〉는 아래 그림과 같이 두 곳이며 다른 곳으로는 출입이 불가능하다.
○ 관람객은 〈행사장 출입구〉 두 곳 중 한 곳으로 들어와서 시계 반대 방향으로 돌며, 모든 관람객은 4개의 전시관 중 2개의 전시관만을 골라 관람한다.
→ 'B 전시관 앞을 지나가거나 관람한 총 인원'은 전시관에서 왼쪽을 거쳐간 관람객
○ 자신이 원하는 2개의 전시관을 모두 관람하면 그 다음 만나게 되는 첫 번째 〈행사장 출입구〉를 통해 나가기 때문에, 관람객 중 일부는 반 바퀴를, 일부는 한 바퀴를 돌게 되지만 한 바퀴를 초과해서 도는 관람객은 없다.
→ 관람객은 반 바퀴를 도는 경우, 한 바퀴를 도는 경우 두 가지 경우 가능
○ 〈행사장 출입구〉 두 곳을 통해 행사장에 입장한 관람객 수의 합은 400명이며, 이 중 한 바퀴를 돈 관람객은 200명이고 D 전시관 앞을 지나가거나 관람한 인원은 350명이다. → 총 관람객 수는 400명인데 그 중 한 바퀴를 돈 관람객이 200명이므로 반 바퀴를 돈 관람객은 나머지 200명

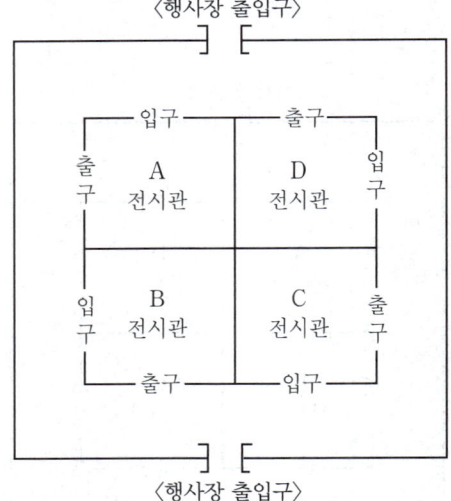

[STEP1 정답]

B 전시관 앞을 지나가거나 관람한 총 인원: (250명)

[STEP2 정답]

〈경우 1〉 반 바퀴를 도는 경우

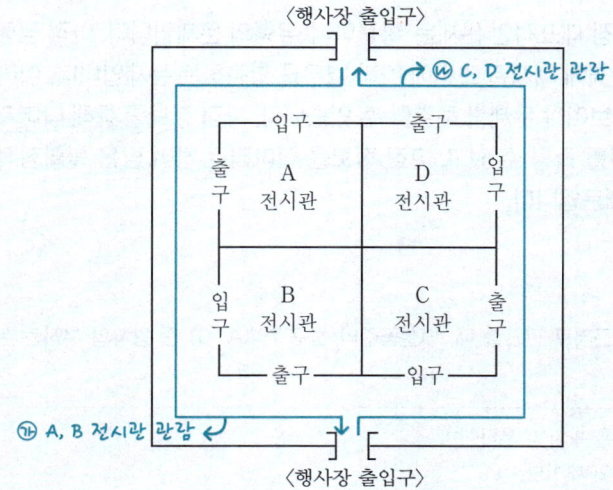

→ 총 반 바퀴를 도는 경우는 ① 위쪽 출입구에서 들어와 아래쪽 출입구로 나가는 경우와 ② 아래쪽 출입구에서 들어와 위쪽 출입구로 나가는 경우 두 가지이고, 반 바퀴를 돈 관람객은 총 200명이므로 ㉮+㉯=200명

〈경우 2〉 한 바퀴를 도는 경우

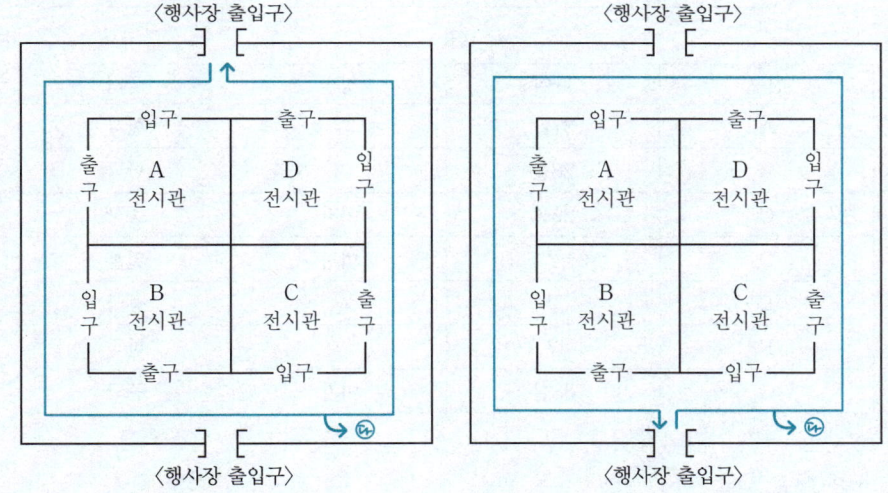

→ 한 바퀴를 도는 경우는 ① 위쪽 출입구에서 들어와 위쪽 출입구로 나가는 경우와 ② 아래쪽 출입구에서 들어와 아래쪽 출입구로 나가는 경우 두 가지이고, D 전시관 앞을 지나가거나 관람한 관람객이 총 350명으로 ㉯+㉰=350명. 이때 ㉯는 200명이므로 ㉰는 350-200=150명, ㉮는 200-150=50명. 따라서 B전시관 앞을 지나가거나 관람한 총 인원은 ㉮와 ㉰의 합인 50+200=250명

02 고정 정보가 보여야 한다.

고정 정보
어떤 경우에도 변하지 않는 정보로 조건 간의 관계를 파악할 때 기준으로 활용할 수 있습니다.

경우의 수 유형의 가장 대표적인 문제는 '확정하기' 유형의 문제입니다. 아직 정해지지 않은 경우의 수 중에서 문제에 제시된 조건에 따라 경우를 확정하는 문제입니다. 이러한 문제는 반드시 고정 정보가 보여야 문제를 해결할 수 있습니다. 고정 정보를 통해 나머지 정해지지 않은 경우의 수 범위를 좁힐 수 있고, 고정 정보를 실마리로 하여 남은 불확정적인 경우를 확정해 갈 수 있기 때문입니다.

예제

다음 글과 〈표〉를 근거로 판단할 때, 백설공주의 친구 7명(A~G) 중 왕자의 부하는 누구인지 골라 봅시다.

○ A~G 중 2명은 왕자의 부하이다.
○ B~F는 모두 20대이다.
○ A~G 중 가장 나이가 많은 사람은 왕자의 부하가 아니다.
○ A~G 중 여자보다 남자가 많다.
○ 왕자의 두 부하는 성별이 서로 다르고, 국적은 동일하다.

〈표〉

친구	나이	성별	국적
A	37살	?	한국
B	28살	?	한국
C	22살	여자	중국
D	?	여자	일본
E	?	?	중국
F	?	?	한국
G	38살	여자	중국

① A, B
② B, F
③ C, E
④ D, F
⑤ E, G

( )

[정답 및 해설] ③
두 번째 조건을 통해 B~F는 모두 20대임을, 네 번째 조건을 통해 A, B, E, F는 남자임을 알 수 있습니다. 세 번째 조건에 따라 나이가 가장 많은 G, 다섯 번째 조건에 따라 국적이 홀로 일본인 D는 왕자의 부하가 될 수 없습니다. 이때 D와 G를 제외하면 여자는 C뿐이고, 다섯 번째 조건에서 두 부하의 성별이 다르다고 했으므로 부하 한 명은 C로 고정이 됩니다. 이에 따라 C와 성별은 다르지만 국적은 동일한 E가 나머지 한 명의 부하임을 알 수 있습니다.

문제에 적용해보기

STEP1 직접 해보기

다음 〈조건〉과 〈관광지 운영시간 및 이동시간〉을 근거로 판단할 때, 〈보기〉에서 옳은 것만을 모두 골라 봅시다.

─〈조 건〉─
○ 하루에 4개 관광지를 모두 한 번씩 관광한다.
○ 궁궐에서는 가이드투어만 가능하다. 가이드투어는 10시와 14시에 시작하며, 시작 시각까지 도착하지 못하면 가이드투어를 할 수 없다.
○ 각 관광에 소요되는 시간은 2시간이며, 관광지 운영시간 외에는 관광할 수 없다.

〈관광지 운영시간 및 이동시간〉

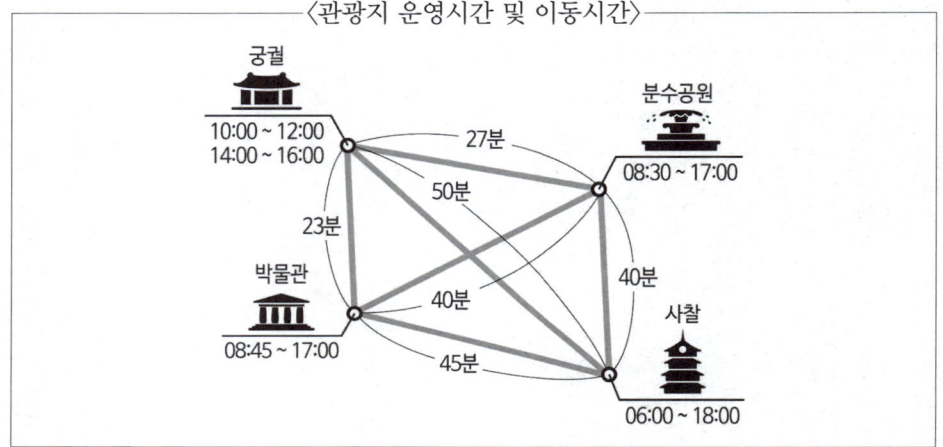

─〈보 기〉─
ㄱ. 사찰에서부터 관광을 시작해야 한다.
ㄴ. 마지막 관광을 종료하는 시각은 16시 30분 이후이다.
ㄷ. 박물관과 분수공원의 관광 순서가 바뀌어도 무방하다.

① ㄴ
② ㄷ
③ ㄱ, ㄴ
④ ㄱ, ㄷ
⑤ ㄱ, ㄴ, ㄷ

[답안]

> **꿀 풀이 TIP**
> 관광지 중 하나라도 고정 정보가 되어야 나머지 관광지들을 해결해 나갈 수 있습니다. 이때 가능한 경우가 적은 관광지가 고정 정보로 활용될 수 있습니다.

STEP2 심화 학습하기

문제에서 어떤 고정 정보가 보였는지 정리해 봅시다.

〈조 건〉
○ 하루에 4개 관광지를 모두 한 번씩 관광한다.
○ 궁궐에서는 가이드투어만 가능하다. 가이드투어는 10시와 14시에 시작하며, 시작 시각까지 도착하지 못하면 가이드투어를 할 수 없다.
○ 각 관광에 소요되는 시간은 2시간이며, 관광지 운영시간 외에는 관광할 수 없다.

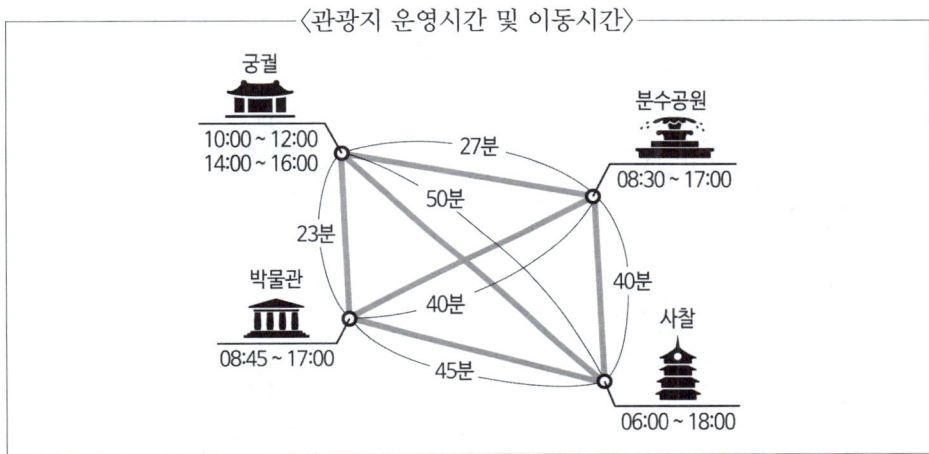

〈관광지 운영시간 및 이동시간〉

[답안]

STEP3 가이드&정답 확인하기

문제 풀이 가이드와 정답을 확인해 봅시다.

─〈조 건〉─
○ 하루에 4개 관광지를 모두 한 번씩 관광한다.
○ 궁궐에서는 가이드투어만 가능하다. 가이드투어는 10시와 14시에 시작하며, 시작 시각까지 도착하지 못하면 가이드투어를 할 수 없다.
○ 각 관광에 소요되는 시간은 2시간이며, 관광지 운영시간 외에는 관광할 수 없다.

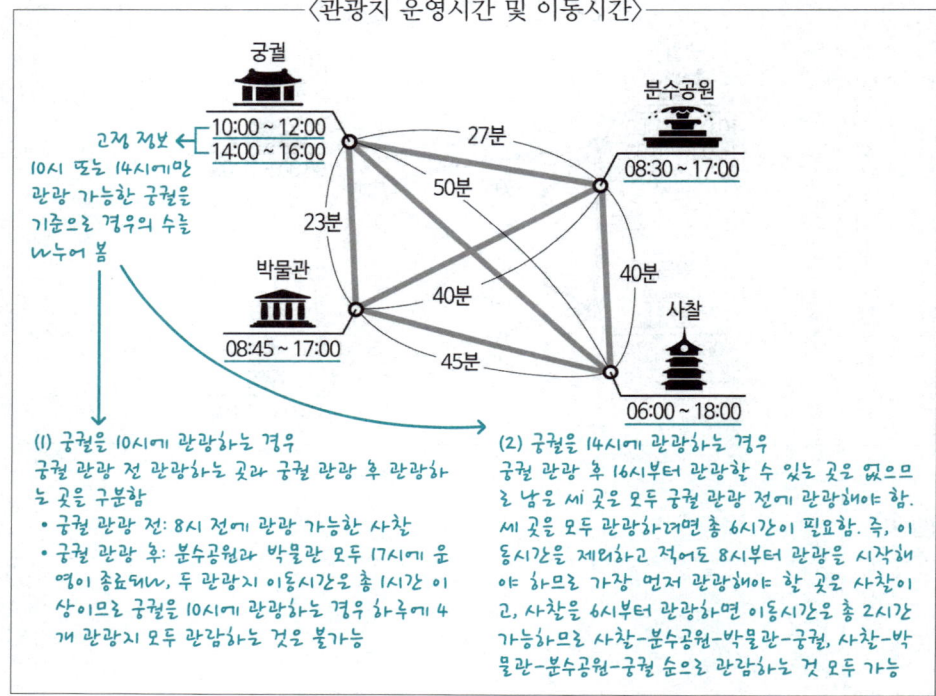

〈관광지 운영시간 및 이동시간〉

잊지 말아야 할 핵심 포인트

고정 정보가 보이지 않으면 그 문제를 해결할 수 있는 가능성이 매우 낮아지므로 여러 정보 중에서 고정 정보를 가장 먼저 확인해야 합니다.

─〈보 기〉─
ㄱ. 사찰에서부터 관광을 시작해야 한다. → 옳음
ㄴ. 마지막 관광을 종료하는 시각은 16시 30분 이후이다. → 옳지 않음
ㄷ. 박물관과 분수공원의 관광 순서가 바뀌어도 무방하다. → 옳음

① ㄴ
② ㄷ
③ ㄱ, ㄴ
④ ㄱ, ㄷ
⑤ ㄱ, ㄴ, ㄷ

[STEP1 정답]

④ ㄱ, ㄷ

[STEP2 정답]

- 궁궐을 10시에 관광하는 경우
- 궁궐을 14시에 관광하는 경우

01. 다음 글을 근거로 판단할 때, 현재 시점에서 두 번째로 많은 양의 일을 한 사람은?

21 7급공채

> A부서 주무관 5명(甲~戊)은 오늘 해야 하는 일의 양이 같다. 오늘 업무 개시 후 현재까지 한 일을 비교해 보면 다음과 같다.
> 甲은 丙이 아직 하지 못한 일의 절반에 해당하는 양의 일을 했다. 乙은 丁이 남겨 놓고 있는 일의 2배에 해당하는 양의 일을 했다. 丙은 자신이 현재까지 했던 일의 절반에 해당하는 일을 남겨 놓고 있다. 丁은 甲이 남겨 놓고 있는 일과 동일한 양의 일을 했다. 戊는 乙이 남겨 놓은 일의 절반에 해당하는 양의 일을 했다.

① 甲
② 乙
③ 丙
④ 丁
⑤ 戊

02. 다음 글을 근거로 판단할 때, 甲연구소 신입직원 7명(A~G)의 부서배치 결과로 옳지 않은 것은?

17 민경채

> 甲연구소에서는 신입직원 7명을 선발하였으며, 신입직원들을 각 부서에 배치하고자 한다. 각 부서에서 요구한 인원은 다음과 같다.
>
> | 정책팀 | 재정팀 | 국제팀 |
> |--------|--------|--------|
> | 2명 | 4명 | 1명 |
>
> 신입직원들은 각자 원하는 부서를 2지망까지 지원하며, 1, 2지망을 고려하여 이들을 부서에 배치한다. 먼저 1지망 지원부서에 배치하는데, 요구인원보다 지원인원이 많은 경우에는 입사성적이 높은 신입직원을 우선적으로 배치한다. 1지망 지원부서에 배치되지 못한 신입직원은 2지망 지원부서에 배치되는데, 이때 역시 1지망에 따른 배치 후 남은 요구인원보다 지원인원이 많은 경우 입사성적이 높은 신입직원을 우선적으로 배치한다. 1, 2지망 지원부서 모두에 배치되지 못한 신입직원은 요구인원을 채우지 못한 부서에 배치된다.
>
> 신입직원 7명의 입사성적 및 1, 2지망 지원부서는 아래와 같다. A의 입사성적만 전산에 아직 입력되지 않았는데, 82점 이상이라는 것만 확인되었다. 단, 입사성적의 동점자는 없다.
>
> | 신입직원 | A | B | C | D | E | F | G |
> |----------|---|----|----|----|----|----|----|
> | 입사성적 | ? | 81 | 84 | 78 | 96 | 80 | 93 |
> | 1지망 | 국제 | 국제 | 재정 | 국제 | 재정 | 정책 | 국제 |
> | 2지망 | 정책 | 재정 | 정책 | 정책 | 국제 | 재정 | 정책 |

① A의 입사성적이 90점이라면, A는 정책팀에 배치된다.
② A의 입사성적이 95점이라면, A는 국제팀에 배치된다.
③ B는 재정팀에 배치된다.
④ C는 재정팀에 배치된다.
⑤ D는 정책팀에 배치된다.

03. 다음 〈상황〉과 〈조건〉을 근거로 판단할 때 옳은 것은?

― 〈상 황〉 ―
A대학교 보건소에서는 4월 1일(월)부터 한 달 동안 재학생을 대상으로 금연교육 4회, 금주교육 3회, 성교육 2회를 실시하려는 계획을 가지고 있다.

― 〈조 건〉 ―
○ 금연교육은 정해진 같은 요일에만 주 1회 실시하고, 화, 수, 목요일 중에 해야 한다.
○ 금주교육은 월요일과 금요일을 제외한 다른 요일에 시행하며, 주 2회 이상은 실시하지 않는다.
○ 성교육은 4월 10일 이전, 같은 주에 이틀 연속으로 실시한다.
○ 4월 22일부터 26일까지 중간고사 기간이고, 이 기간에 보건소는 어떠한 교육도 실시할 수 없다.
○ 보건소의 교육은 하루에 하나만 실시할 수 있고, 토요일과 일요일에는 교육을 실시할 수 없다.
○ 보건소는 계획한 모든 교육을 반드시 4월에 완료하여야 한다.

① 금연교육이 가능한 요일은 화요일과 수요일이다.
② 금주교육은 같은 요일에 실시되어야 한다.
③ 금주교육은 4월 마지막 주에도 실시된다.
④ 성교육이 가능한 일정 조합은 두 가지 이상이다.
⑤ 4월 30일에도 교육이 있다.

04. 甲은 6층 회사건물을 각 층마다 모두 순찰한 후에 퇴근한다. 다음 〈조건〉에 따라 1층에서 출발하여 순찰을 완료하고 1층으로 돌아오기까지 소요되는 최소 시간은? (단, 〈조건〉 외의 다른 요인은 고려하지 않는다)

12 5급공채

─〈조 건〉─
○ 층간 이동은 엘리베이터로만 해야 하며 엘리베이터가 한 개 층을 이동하는 데는 3분이 소요된다.
○ 엘리베이터는 한 번에 최대 세 개 층(예: 1층 → 4층)을 이동할 수 있다.
○ 엘리베이터는 한 번 위로 올라갔으면, 그 다음에는 아래 방향으로 내려오고, 그 다음에는 다시 위 방향으로 올라가야 한다.
○ 하나의 층을 순찰하는 데는 5분이 소요된다.

① 1시간
② 1시간 12분
③ 1시간 18분
④ 1시간 24분
⑤ 1시간 30분

05. 다음 글을 근거로 판단할 때, (가)에 해당하는 수는?

24 7급공채

> A공원의 다람쥐 열 마리는 각자 서로 다른 개수의 도토리를 모았는데, 한 다람쥐가 모은 도토리는 최소 1개부터 최대 10개까지였다. 열 마리 다람쥐는 두 마리씩 쌍을 이루어 그날 모은 도토리 일부를 함께 먹었다. 도토리를 모으고 먹는 이런 모습은 매일 동일하게 반복됐다. 이때 도토리를 먹는 방법은 정해져 있었다. 한 쌍의 다람쥐는 각자가 그날 모은 도토리 개수를 비교해서 그 차이 값에 해당하는 개수의 도토리를 함께 먹는다. 예를 들면, 1개의 도토리를 모은 다람쥐와 9개의 도토리를 모은 다람쥐가 쌍을 이루면 이 두 마리는 8개의 도토리를 함께 먹는다.
>
> 열 마리의 다람쥐를 이틀 동안 관찰한 결과, '첫째 날 각 쌍이 먹은 도토리 개수'는 모두 동일했고, '둘째 날 각 쌍이 먹은 도토리 개수'도 모두 동일했다. 하지만 '첫째 날 각 쌍이 먹은 도토리 개수'와 '둘째 날 각 쌍이 먹은 도토리 개수'는 서로 달랐고, 그 차이는 ___(가)___ 개였다.

① 1
② 2
③ 3
④ 4
⑤ 5

정답 및 해설

01. ③

甲~戊가 하는 일의 양에 대해 제시된 조건을 정리하면 다음과 같다.
- 조건 1: 甲~戊가 오늘 해야 하는 일의 양은 같다.
- 조건 2: 甲은 丙이 아직 하지 못한 일의 절반을 했다.
- 조건 3: 乙은 丁이 남겨 놓고 있는 일의 2배를 했다.
- 조건 4: 丙은 자신이 현재까지 했던 일의 절반을 남겨 놓고 있다.
- 조건 5: 丁은 甲이 남겨 놓고 있는 일과 동일한 양을 했다.
- 조건 6: 戊는 乙이 남겨 놓은 일의 절반을 했다.

구체적인 일의 양을 계산하지 않아도 되므로 丙이 현재까지 했던 일의 양을 2라고 가정한다. 조건 4에 따르면 丙은 자신이 현재까지 했던 일의 절반을 남겨 놓고 있으므로 丙이 남겨 놓고 있는 일의 양은 1이고, 甲~戊가 오늘 해야 하는 일의 양은 3이 된다.
이때 조건 2에 따르면 甲이 현재까지 한 일의 양은 0.5, 남겨 놓고 있는 일의 양은 2.5이다.

	현재까지 한 일의 양	남겨 놓고 있는 일의 양	오늘 해야 하는 일의 양
丙	2	1	3
甲	0.5	2.5	

조건 5에 따르면 丁이 현재까지 한 일의 양은 2.5, 남겨 놓고 있는 일의 양은 0.5이다.

	현재까지 한 일의 양	남겨 놓고 있는 일의 양	오늘 해야 하는 일의 양
丙	2	1	3
甲	0.5	2.5	
丁	2.5	0.5	

조건 3에 따르면 乙이 현재까지 한 일의 양은 1, 남겨 놓고 있는 일의 양은 2이다.

	현재까지 한 일의 양	남겨 놓고 있는 일의 양	오늘 해야 하는 일의 양
丙	2	1	3
甲	0.5	2.5	
丁	2.5	0.5	
乙	1	2	

마지막으로 조건 6에 따르면 戊가 현재까지 한 일의 양은 1, 남겨 놓고 있는 일의 양은 2이다.

	현재까지 한 일의 양	남겨 놓고 있는 일의 양	오늘 해야 하는 일의 양
丙	2	1	3
甲	0.5	2.5	
丁	2.5	0.5	
乙	1	2	
戊	1	2	

따라서 현재 시점에서 두 번째로 많은 양의 일을 한 사람은 丙이다.

02. ⑤

제시된 조건을 정리하면 다음과 같다.
- 신입직원들은 각자 원하는 부서를 2지망까지 지원
- 1, 2지망을 고려하여 이들을 부서에 배치
- 먼저 1지망 지원부서에 배치
  요구인원<지원인원: 입사성적이 높은 신입직원을 우선적으로 배치
- 1지망 지원부서에 배치되지 못한 신입직원은 2지망 지원부서에 배치
  1지망에 따른 배치 후 남은 요구인원<지원인원: 입사성적이 높은 신입직원을 우선적으로 배치
- 1, 2지망 지원부서 모두에 배치되지 못한 신입직원은 요구인원을 채우지 못한 부서에 배치

먼저 1지망에 따라 부서를 배치하면 다음과 같다.

부서	정책팀	재정팀	국제팀
요구인원	2명	4명	1명
1지망	F	C, E	A, B, D, G

국제팀의 요구인원은 1명인데 1지망으로 지원한 지원자가 4명이므로 이 경우 입사성적이 높은 신입직원을 우선적으로 배치하게 된다. 이때 입사성적이 82점 이상인 A 또는 93점인 G가 국제팀에 배치될 수 있다.

1) A가 국제팀에 배치되는 경우

A의 입사성적이 G보다 높아 국제팀에 배치되는 경우 B, D, G는 2지망 지원부서에 배치된다. 이때 D와 G의 2지망은 정책팀이나 G의 입사성적이 더 높으므로 정책팀에 G, 재정팀에 D가 배치된다.

부서	정책팀	재정팀	국제팀
요구인원	2명	4명	1명
1지망	F	C, E	A
2지망	G	B, D	-

2) G가 국제팀에 배치되는 경우

G가 국제팀에 배치되는 경우 A, B, D는 2지망 지원부서에 배치된다. 이때 A와 D의 2지망은 정책팀이나 A의 입사성적이 더 높으므로 정책팀에 A, 재정팀에 D가 배치된다.

부서	정책팀	재정팀	국제팀
요구인원	2명	4명	1명
1지망	F	C, E	G
2지망	A	B, D	-

따라서 D는 재정팀에 배치된다.

✓ 오답체크

① A의 입사성적이 90점이라면, G의 입사성적이 더 높으므로 G는 1지망인 국제팀에 배치되고 A는 2지망인 정책팀에 배치된다.
② A의 입사성적이 95점이라면, A가 G보다 입사성적이 더 높으므로 A는 1지망인 국제팀에 배치된다.

③ B는 2지망에 따라 재정팀에 배치된다.
④ C는 1지망에 따라 재정팀에 배치된다.

03. ⑤

〈조건〉에 따라 교육을 실시할 수 없는 날을 표시하면 다음과 같다.

일	월	화	수	목	금	토
	1	2	3	4	5	~~6~~
~~7~~	8	9	10	11	12	~~13~~
~~14~~	15	16	17	18	19	~~20~~
~~21~~	~~22~~	~~23~~	24	~~25~~	~~26~~	~~27~~
~~28~~	29	30				

첫 번째 〈조건〉에 따르면 금연교육은 정해진 같은 요일에만 주 1회 실시하고, 화, 수, 목요일 중에 총 4회를 실시해야 하므로 화요일만 가능하다. 따라서 금연교육은 2, 9, 16, 30일에 실시하므로 4월 30일에도 교육이 있음을 알 수 있다.

✓오답체크

① 금연교육이 가능한 요일은 화요일뿐이므로 수요일은 가능하지 않다.
② 금주교육은 수요일 또는 목요일에 실시될 수 있으므로 같은 요일에 실시되어야 하는 것은 아니다.
③ 금주교육은 4월 마지막 주에는 실시되지 않는다.
④ 성교육은 4월 10일 이전, 같은 주에 이틀 연속 실시해야 하므로 4일과 5일에만 실시할 수 있다.

04. ③

두 번째 〈조건〉과 세 번째 〈조건〉에 따르면 엘리베이터는 최대 세 개 층을 이동할 수 있고, 한 번 멈췄다면 이동하던 방향과 반대 방향으로 이동한 후 다시 원래 가던 방향으로 이동해야 하므로 최소 시간으로 순찰을 마치기 위해서는 반대 방향으로의 이동을 최소한으로 줄여야 한다. 〈조건〉에 따라 각 층을 순찰할 때 반대 방향으로의 이동을 최소화할 수 있는 경우는 3층 또는 4층부터 순찰하는 경우이다.

〈경우 1〉 3층부터 순찰하는 경우
3층부터 순찰하여 반대 방향으로의 이동을 최소화한 경로는 1층-3층-2층-5층-4층-6층-3층-4층-1층 순이며, 마지막 〈조건〉에서 하나의 층을 순찰하는 데는 5분이 소요된다고 했으므로 순찰 소요 시간은 5×6=30분, 이동 소요 시간은 6+3+9+3+6+9+3+9=48분으로 총 소요 시간은 30+48=78분=1시간 18분이다.

⟨경우 2⟩ 4층부터 순찰하는 경우
4층부터 순찰하여 반대 방향으로의 이동을 최소화한 경로는 1층-4층-3층-6층-4층-5층-2층-3층-1층 순이며, 순찰 소요 시간은 30분, 이동 소요 시간은 9+3+9+6+3+9+3+6=48분이므로 총 소요 시간은 30+48=78분=1시간 18분이다.
따라서 소요되는 최소 시간은 1시간 18분이다.

05. ④
제시문에 따르면 A공원의 다람쥐 열 마리는 각자 서로 다른 개수의 도토리를 모았는데, 한 다람쥐가 모은 도토리는 최소 1개부터 최대 10개까지였다고 한다. 열 마리의 다람쥐를 가~차라고 하고 각각 모은 도토리의 개수를 다음과 같이 생각할 수 있다.

가	나	다	라	마	바	사	아	자	차
1	2	3	4	5	6	7	8	9	10

그리고 두 마리의 다람쥐가 쌍을 이루어 모은 도토리 개수를 비교해 그 차이 값에 해당하는 개수의 도토리를 함께 먹는다고 한다. 그런데 '첫째 날 각 쌍이 먹은 도토리 개수'는 모두 동일했고, '둘째 날 각 쌍이 먹은 도토리 개수'도 모두 동일했다고 한다. 이러한 방식으로 도토리를 먹는 것이 가능하기 위해서는

1) (가, 나), (다, 라), (마, 바), (사, 아), (자, 차)가 쌍을 이루어 각 쌍이 1개씩 먹는 경우
   : (1, 2), (3, 4), (5, 6), (7, 8), (9, 10)으로 쌍을 이루는 경우에 각 쌍이 먹은 도토리 개수는 1개로 모두 동일하다.
2) (가, 바), (나, 사), (다, 아), (라, 자), (마, 차)가 쌍을 이루어 각 쌍이 5개씩 먹는 경우
   : (1, 6), (2, 7), (3, 8), (4, 9), (5, 10)으로 쌍을 이루는 경우에 각 쌍이 먹은 도토리 개수는 5개로 모두 동일하다.

만 가능하다. '첫째 날 각 쌍이 먹은 도토리 개수'와 '둘째 날 각 쌍이 먹은 도토리 개수'는 서로 달랐다고 하므로 첫째 날과 둘째 날 각각 1), 2) 중 어느 한 방법으로 먹은 것이다.
따라서 그 차이는 5-1=4개이다.

정답 01. ③ 02. ⑤ 03. ⑤ 04. ③ 05. ④

☑ **이번 기본기, 이것만은 기억하자!**

01. 경우의 수 유형에 속하는 문제는 난도가 높은 경우가 많습니다. 이때 문제를 해결하기 위한 고정 정보가 보이거나, 가능한 경우가 그려져야 문제를 해결할 수 있습니다.

PSAT 교육 1위, 해커스PSAT psat.Hackers.com

Public
Service
Aptitude
Test

PSAT 교육 1위, 해커스PSAT **psat.Hackers.com**

해커스PSAT 7급 PSAT 입문서

PART 3

자료해석

Public
Service
Aptitude
Test

PSAT 교육 1위, 해커스PSAT **psat.Hackers.com**

자료해석
핵심 기본기 1

문제에서 무엇을 묻는지 파악한다.

자료해석은 발문의 형태가 주로 '옳은 것을 고르면?', '옳지 않은 것을 고르면?'과 같이 등장하지만 옳지 않은 형태 중에서도 틀린 것과 판단할 수 없는 것을 확실하게 구분할 수 있어야 합니다. 문제를 빠르게 읽고 나서 반드시 키워드를 체크합시다. 문제에서 옳은 것을 묻는지 아니면 부합하지 않는 것을 묻는지 정확하게 파악하여 O, X 표시를 하고 실전에서 실수하지 않도록 합니다.

01 틀린 것과 알 수 없는 것을 구분하자.
02 발문의 성격을 통해 출제자의 의도를 파악하자.

PSAT 기출문제

01 틀린 것과 알 수 없는 것을 구분하자.

자료해석에서 제시되는 발문 중 옳은 것을 고르라는 문제는 항상 성립하는 경우를 답으로 선택하면 되지만 옳지 않은 것을 고르라는 문제는 가능한 답이 두 가지 패턴으로 나타납니다. 틀린 선택지도 옳지 않은 경우이고, 판단할 수 없는 선택지도 옳지 않은 경우인 것입니다. 판단할 수 없는 선택지는 주어진 자료 내에서 합리적으로 해석할 수 없는 경우도 포함되지만 항상 성립하지는 않는, 다시 말해 어떤 경우에서는 성립하지만 또 다른 경우에서는 성립하지 않는 경우도 판단할 수 없다고 생각하면 됩니다.

예제

다음 자료에 대한 설명이 적합하면 O, 적합하지 않으면 X로 표시해 봅시다.

〈표〉 2010년 성별 등록 장애인 수

(단위: 명, %)

구분 \ 성별	여성	남성	전체
등록 장애인 수	1,048,979	1,468,333	2,517,312
전년대비 증가율	0.50	5.50	( )

〈그림〉 2010년 성별·장애등급별 등록 장애인 수

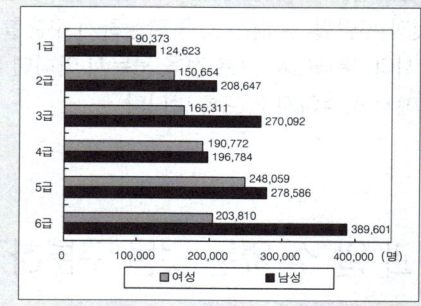

※ 장애등급은 1~6급으로만 구분되며, 미등록 장애인은 없음.

1~6급 중 전년대비 2010년 등록 장애인 수가 가장 많이 증가한 것은 6급이다. ( )

[정답 및 해설] X
〈표〉는 2010년 성별 등록 장애인 수와 전년대비 증가율이 제시되어 있고, 〈그림〉에는 2010년 성별 등록 장애인의 등급별 현황이 제시되어 있습니다. 따라서 이 자료만으로는 2010년 등급별 장애인수가 전년에 비해 얼마나 증가했는지 판단할 수 없습니다.

문제에 적용해보기

STEP1 직접 해보기

제시된 5개의 선택지 중 다음 자료를 토대로 옳고 그름을 판단할 수 있는 선택지와 판단할 수 없는 선택지를 구별해서 나눠 봅시다.

〈표〉 시설유형별 에너지 효율화 시장규모의 현황 및 전망

(단위: 억 달러)

연도 시설유형	2010	2011	2012	2015(예상)	2020(예상)
사무시설	11.3	12.8	14.6	21.7	41.0
산업시설	20.8	23.9	27.4	41.7	82.4
주거시설	5.7	6.4	7.2	10.1	18.0
공공시설	2.5	2.9	3.4	5.0	10.0
전체	40.3	46.0	52.6	78.5	151.4

① 2010~2012년 동안 '주거시설' 유형의 에너지 효율화 시장규모는 매년 15% 이상 증가하였다.
② 2015년 전체 에너지 효율화 시장규모에서 '사무시설' 유형이 차지하는 비중은 30% 이하일 것으로 전망된다.
③ 2015~2020년 동안 '공공시설' 유형의 에너지 효율화 시장규모는 매년 30% 이상 증가할 것으로 전망된다.
④ 2011년 '산업시설' 유형의 에너지 효율화 시장규모는 전체 에너지 효율화 시장규모의 50% 이하이다.
⑤ 2010년 대비 2020년 에너지 효율화 시장규모의 증가율이 가장 높을 것으로 전망되는 시설유형은 '산업시설'이다.

[답안]

- 판단할 수 있는 선택지:
- 판단할 수 없는 선택지:

꿀 풀이 TIP

시계열 자료 중 연속적으로 연도가 주어지지 않고 일부 연도의 자료만 주어지고 매년 추세를 묻는 함정을 주의해야 합니다.

STEP2 가이드&정답 확인하기

문제 풀이 가이드와 정답을 확인해 봅시다.

〈표〉 시설유형별 에너지 효율화 시장규모의 현황 및 전망

(단위: 억 달러)

연도 시설유형	2010	2011	2012	2015(예상)	2020(예상)
사무시설	11.3	12.8	14.6	21.7	41.0
산업시설	20.8	23.9	27.4	41.7	82.4
주거시설	5.7	6.4	7.2	10.1	18.0
공공시설	2.5	2.9	3.4	5.0	10.0
전체	40.3	46.0	52.6	78.5	151.4

① 2010~2012년 동안 '주거시설' 유형의 에너지 효율화 시장규모는 매년 15% 이상 증가하였다.
② 2015년 전체 에너지 효율화 시장규모에서 '사무시설' 유형이 차지하는 비중은 30% 이하일 것으로 전망된다.
③ 2015~2020년 동안 '공공시설' 유형의 에너지 효율화 시장규모는 매년 30% 이상 증가할 것으로 전망된다.
④ 2011년 '산업시설' 유형의 에너지 효율화 시장규모는 전체 에너지 효율화 시장규모의 50% 이하이다.
⑤ 2010년 대비 2020년 에너지 효율화 시장규모의 증가율이 가장 높을 것으로 전망되는 시설유형은 '산업시설'이다.

[정답]

- 판단할 수 있는 선택지: ①, ②, ④, ⑤
- 판단할 수 없는 선택지: ③

잊지 말아야 할 핵심 포인트

자료해석은 항상 주어진 자료 내에서 옳고 그름을 판단해야 하므로 자료에 제시되지 않은 정보를 묻는 경우를 주의해야 합니다.

02 발문의 성격을 통해 출제자의 의도를 파악하자.

문제를 반복적으로 풀다 보면 출제자의 의도를 파악하는 힌트를 찾을 수 있게 됩니다. 그것은 바로 발문의 형태입니다. 발문은 문제에서 출제자가 궁극적으로 묻고자 하는 부분이며 '~?'로 끝나는 부분입니다. 전술한 '옳은 것을 찾아라' 또는 '옳지 않은 것을 찾아라' 등의 패턴은 출제자의 의도를 중요하게 담고 있지 않지만, '사용되지 않은 자료를 고르면?', '순서대로 나열한 것을 고르면?'과 같은 발문은 출제자의 의도를 중요하게 담고 있으므로 반드시 체크해야 합니다.

예제

다음 〈보고서〉를 읽고 설명이 적합하면 O, 적합하지 않으면 X로 표시해 봅시다.

> 〈보고서〉
>
> 2009년 세계 지역별 통신서비스 시장 매출액의 합계는 1조 3,720억 달러에 달하였으며, 2012년에는 1조 4,920억 달러일 것으로 추정된다. 2010년 세계 통신서비스 형태별 가입자 수를 살펴보면, 이동전화 서비스 가입자 수는 세계 인구의 79%에 해당하는 51억 6,700만 명으로 가장 많았고, 그 다음으로는 유선전화, 인터넷, 브로드밴드 순서로 가입자가 많았다.
>
> 한편 우리나라의 경우 2008~2010년 GDP에서 정보통신기술(ICT) 산업이 차지하는 비중은 매년 증가하여 2010년에는 11.2%였다. 2010년 4사분기 국내 IPTV 서비스 가입자 수는 308만 6천 명이고, Pre-IPTV와 IPTV 서비스 가입자 수의 합계는 365만 9천 명이다.

〈보고서〉의 내용에는 '국내 IPTV 서비스 매출액' 현황이 제시되어 있다. (   )

[정답 및 해설] X
〈보고서〉에 국내 IPTV 서비스 가입자 수는 제시되어 있지만, 국내 IPTV 서비스 매출액은 직접적으로 드러나 있지 않습니다.

문제에 적용해보기

STEP1 직접 해보기

꿀 풀이 TIP
그래프의 제목을 기준으로 보고서에 등장하지 않는 항목을 중점적으로 검토합니다.

다음 중 〈보고서〉의 작성에 사용되지 않은 자료를 고르고, 이유를 적어 봅시다.

―〈보고서〉―

연평도 포격 사건 이후 안전에 대한 불안감, 구제역 등 악재의 영향이 계속되어 2011년 2월 외국인 입국자 수는 전년 동월 대비 약 4.4%의 낮은 증가에 그쳐 667,089명을 기록하였다. 한편 2011년 2월 국내 거주 외국인의 해외 출국자 수는 전년 동월에 비해 큰 변화가 없었다.

외국인의 입국 현황을 국가별로 살펴보면 태국, 말레이시아, 베트남 등으로부터의 입국자 수는 전년 동월 대비 증가하였으나, 대만으로부터의 입국자 수는 감소했다. 목적별로 살펴보면 승무원, 유학·연수, 기타 목적이 전년 동월 대비 각각 13.5%, 19.6%, 38.3% 증가하였으나, 업무와 관광 목적은 각각 2.3%, 3.5% 감소하였다. 또한 성별로는 남성이 335,215명, 여성은 331,874명이 입국하여 남녀 입국자 수는 비슷한 수준이었다.

① 연도별 2월 외국인 입국자 수

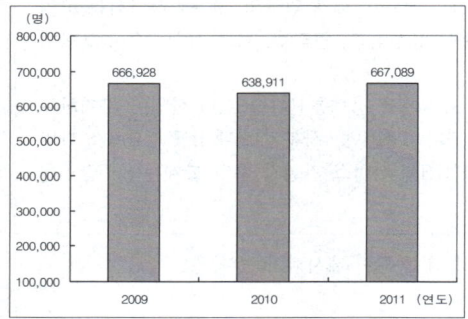

② 2011년 2월의 전년 동월 대비 국가별 외국인 입국자 수 증감률

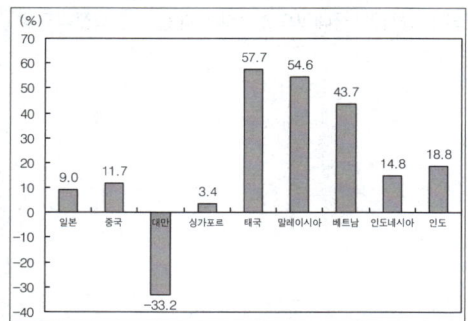

③ 2011년 2월 목적별 외국인 입국현황

입국목적	입국자(명)	전년 동월 대비 증감률(%)
관광	430,922	-3.5
업무	18,921	-2.3
유학·연수	42,644	19.6
승무원	70,118	13.5
기타	104,484	38.3

④ 2011년 2월 성별 외국인 입국자 수

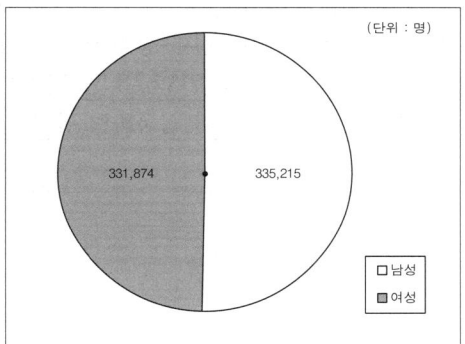

⑤ 2011년 2월 내국인의 해외 출국현황

방문국가	출국자(명)	전년 동월 대비 증감률(%)
일본	2,415,362	52.2
중국	4,076,400	27.5
대만	216,901	29.4
태국	815,970	32.0
말레이시아	264,052	16.2
싱가포르	360,652	32.6
필리핀	740,622	48.7
인도네시아	299,336	17.1
베트남	495,902	36.9

[답안]

잊지 말아야 할 핵심 포인트

제시된 발문을 읽고, 선택지에 주어진 키워드를 바탕으로 보고서를 스캔하듯이 읽도록 합니다.

STEP2 가이드&정답 확인하기

문제 풀이 가이드를 확인하고, 정답을 확인해 봅시다.

〈보고서〉

연평도 포격 사건 이후 안전에 대한 불안감, 구제역 등 악재의 영향이 계속되어 ① 2011년 2월 외국인 입국자 수는 전년 동월 대비 약 4.4%의 낮은 증가에 그쳐 667,089명을 기록하였다. 한편 2011년 2월 국내 거주 외국인의 해외 출국자 수는 전년 동월에 비해 큰 변화가 없었다.

② 외국인의 입국 현황을 국가별로 살펴보면 태국, 말레이시아, 베트남 등으로부터의 입국자 수는 전년 동월 대비 증가하였으나, 대만으로부터의 입국자 수는 감소했다. ③ 목적별로 살펴보면 승무원, 유학·연수, 기타 목적이 전년 동월 대비 각각 13.5%, 19.6%, 38.3% 증가하였으나, 업무와 관광 목적은 각각 2.3%, 3.5% 감소하였다. 또한 ④ 성별로는 남성이 335,215명, 여성은 331,874명이 입국하여 남녀 입국자 수는 비슷한 수준이었다.

① 연도별 2월 외국인 입국자 수
② 2011년 2월의 전년 동월 대비 국가별 외국인 입국자 수 증감률
③ 2011년 2월 목적별 외국인 입국현황
④ 2011년 2월 성별 외국인 입국자 수
⑤ 2011년 2월 내국인의 해외 출국현황

→ 선택지의 제목 중심으로 〈보고서〉에 등장하지 않는 자료를 골라내면 내국인 해외 출국현황은 〈보고서〉 내용 어디에도 등장하지 않음

[정답]

⑤, 제시된 〈보고서〉에 관련 내용이 없음

PSAT 기출문제

01. 다음 〈표〉는 2008~2010년 동안 도로화물운송업의 분야별 에너지 효율성에 관한 자료이다. 이에 대한 〈보기〉의 설명 중 옳은 것을 모두 고르면?

12 민경채

〈표〉 도로화물운송업의 분야별 에너지 효율성

(단위: 리터, 톤·km, 톤·km/리터)

연도 \ 분야 구분	일반화물			개별화물			용달화물		
	A	B	C	A	B	C	A	B	C
2008	4,541	125,153	27.6	1,722	37,642	21.9	761	3,714	4.9
2009	4,285	110,269	25.7	1,863	30,232	16.2	875	4,576	5.2
2010	3,970	107,943	27.2	1,667	18,523	11.1	683	2,790	4.1

※ 1) 도로화물운송업의 분야는 일반화물, 개별화물, 용달화물로 구분됨.
  2) A: 화물차 1대당 월평균 에너지 사용량(리터)
    B: 화물차 1대당 월평균 화물운송실적(톤·km)
    C: 화물차 1대당 월평균 에너지 효율성(톤·km/리터) = $\frac{B}{A}$

〈보 기〉

ㄱ. 2008년 화물차 1대당 월평균 에너지 사용량이 가장 적은 분야는 용달화물이다.
ㄴ. 2009년 화물운송실적이 가장 큰 분야는 일반화물이다.
ㄷ. 2010년 화물차 1대당 월평균 에너지 효율성이 큰 분야부터 나열하면 일반화물, 개별화물, 용달화물이다.
ㄹ. 각 분야의 화물차 1대당 월평균 에너지 효율성은 매년 증가하였다.

① ㄱ, ㄴ
② ㄱ, ㄷ
③ ㄱ, ㄹ
④ ㄴ, ㄷ
⑤ ㄴ, ㄹ

02. 다음 <표>와 <보고서>는 A시 청년의 희망직업 취업 여부에 관한 조사 결과이다. 제시된 <표> 이외에 <보고서>를 작성하기 위해 추가로 이용한 자료만을 <보기>에서 모두 고르면?

21 민경채

〈표〉 전공계열별 희망직업 취업 현황

(단위: 명, %)

전공계열 구분	전체	인문 사회계열	이공계열	의약/교육 /예체능계열
취업자 수	2,988	1,090	1,054	844
희망직업 취업률	52.3	52.4	43	63.7
희망직업 외 취업률	47.7	47.6	57	36.3

─〈보고서〉─

A시의 취업한 청년 2,988명을 대상으로 조사한 결과 52.3%가 희망직업에 취업했다고 응답하였다. 전공계열별로 살펴보면 의약/교육/예체능계열, 인문사회계열, 이공계열 순으로 희망직업 취업률이 높게 나타났다.

전공계열별로 희망직업을 선택한 동기를 살펴보면 이공계열과 의약/교육/예체능계열의 경우 '전공분야'라고 응답한 비율이 각각 50.3%와 49.9%였고, 인문사회계열은 그 비율이 33.3%였다. 전공계열별 희망직업의 선호도 분포를 분석한 결과, 인문사회계열은 '경영', 이공계열은 '연구직', 그리고 의약/교육/예체능계열은 '보건·의료·교육'에 대한 선호도가 가장 높았다.

한편, 전공계열별로 희망직업에 취업한 청년과 희망직업 외에 취업한 청년의 직장만족도를 살펴보면 차이가 가장 큰 계열은 이공계열로 0.41점이었다.

─〈보 기〉─

ㄱ. 구인·구직 추이

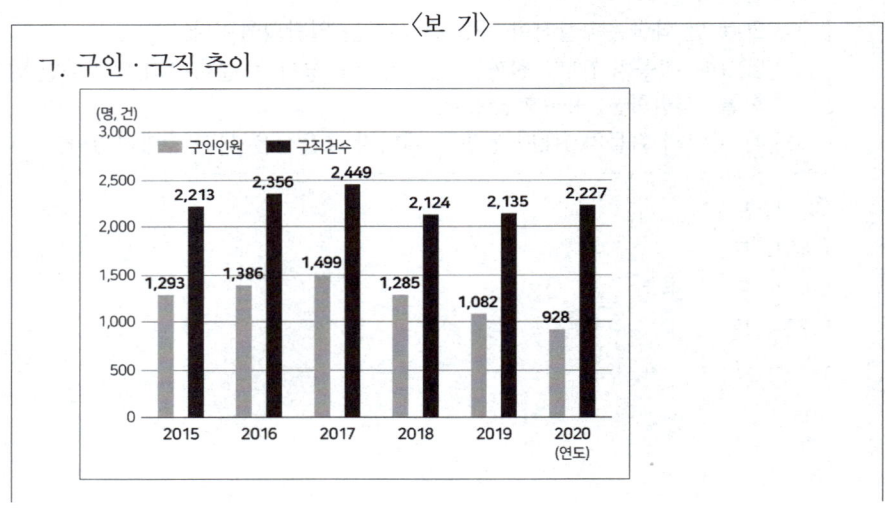

ㄴ. 전공계열별 희망직업 선호도 분포

(단위: %)

전공계열 희망직업	전체	인문 사회계열	이공계열	의약/교육/ 예체능계열
경영	24.2	47.7	15.4	5.1
연구직	19.8	1.9	52.8	1.8
보건·의료·교육	33.2	28.6	14.6	62.2
예술·스포츠	10.7	8.9	4.2	21.2
여행·요식	8.7	12.2	5.5	8
생산·농림어업	3.4	0.7	7.5	1.7

ㄷ. 전공계열별 희망직업 선택 동기 구성비

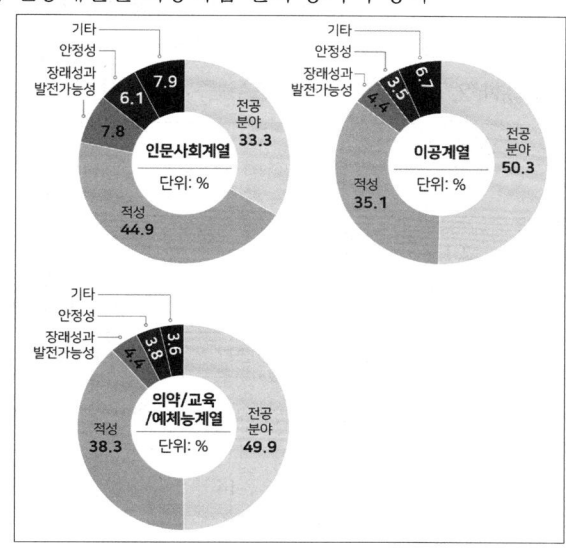

ㄹ. 희망직업 취업여부에 따른 항목별 직장 만족도(5점 만점)

(단위: 점)

항목 희망직업 취업여부	업무내용	소득	고용안정
전체	3.72	3.57	3.28
희망직업 취업	3.83	3.70	3.35
희망직업 외 취업	3.59	3.42	3.21

① ㄱ, ㄷ ② ㄱ, ㄹ ③ ㄴ, ㄷ
④ ㄱ, ㄴ, ㄹ ⑤ ㄴ, ㄷ, ㄹ

03. 다음은 '갑'국의 일·가정 양립제도에 관한 〈보고서〉이다. 이를 작성하기 위해 사용하지 않은 자료는?

20 5급공채

―〈보고서〉―

2018년 기준 가족친화 인증을 받은 기업 및 기관수는 1,828개로 2017년보다 30% 이상 증가하였고, 전년 대비 증가율은 중소기업 및 공공기관이 각각 대기업보다 높게 나타났다. 이와 함께 일·가정 양립제도 중 하나인 유연근로제도를 도입하고 있는 사업체의 비율은 2018년이 2017년보다 37.1%p 증가하였다.

2018년 유배우자 가구 중 맞벌이 가구의 비율은 2017년보다 1.0%p 증가하였으며, 6세 이하 자녀를 둔 맞벌이 가구 비율이 초·중학생 자녀를 둔 맞벌이 가구 비율보다 낮았다. 한편, 남녀간 고용률 차이는 여전히 존재하여 2018년 기혼남성과 기혼여성의 고용률 차이는 29.2%p로 격차가 큰 것으로 나타났다.

2018년 육아휴직자 수는 89,795명으로 2013년부터 매년 증가하였는데, 남성 육아휴직자 수는 2017년보다 증가한 반면, 여성 육아휴직자 수는 2017년에 비해 감소하였다. 또한, 2018년 육아기 근로시간 단축제도 이용자 수는 2017년보다 30% 이상 증가한 2,761명으로 남녀 모두 증가하였다.

① 육아지원제도 이용자 현황

(단위: 명)

구분		2013	2014	2015	2016	2017	2018
육아휴직자 수	여성	56,735	62,279	67,323	73,412	82,467	82,179
	남성	1,402	1,790	2,293	3,421	4,872	7,616
육아기 근로시간 단축제도 이용자 수	여성	37	415	692	1,032	1,891	2,383
	남성	2	22	44	84	170	378

② 2018년 혼인상태별 고용률

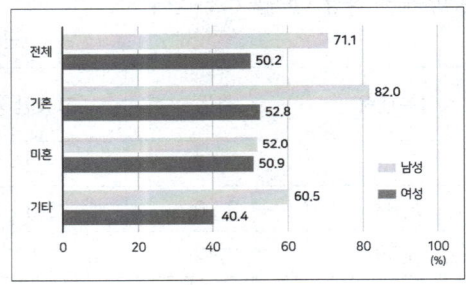

③ 가족친화 인증 기업 및 기관 현황

(단위: 개, %)

연도 구분	2016	2017	2018	비율	전년 대비 증가율
대기업	223	258	285	15.6	10.5
중소기업	428	702	983	53.8	40.0
공공기관	305	403	560	30.6	39.0
전체	956	1,363	1,828	100.0	34.1

④ 기혼여성의 취업여부별 경력단절 경험 비율

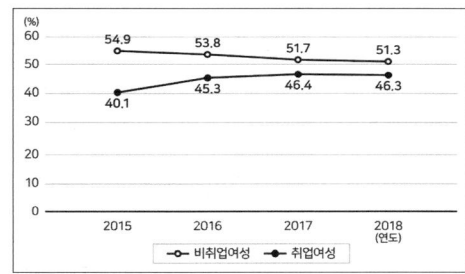

⑤ 유배우자 가구 중 맞벌이 가구 현황

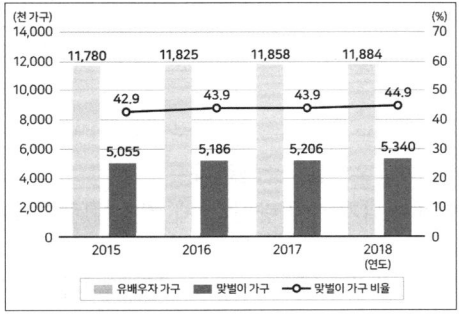

04. 다음 〈표〉는 A국 최종에너지 소비량에 대한 자료이다. 이에 대한 〈보기〉의 설명 중 옳은 것을 모두 고르면?

13 5급공채

〈표 1〉 2008~2010년 유형별 최종에너지 소비량 비중

(단위: %)

연도 \ 유형	석탄		석유제품	도시가스	전력	기타
	무연탄	유연탄				
2008	2.7	11.6	53.3	10.8	18.2	3.4
2009	2.8	10.3	54.0	10.7	18.6	3.6
2010	2.9	11.5	51.9	10.9	19.1	3.7

〈표 2〉 2010년 부문별 유형별 최종에너지 소비량

(단위: 천 TOE)

부문 \ 유형	석탄		석유제품	도시가스	전력	기타	합
	무연탄	유연탄					
산업	4,750	15,317	57,451	9,129	23,093	5,415	115,155
가정·상업	901	4,636	6,450	11,105	12,489	1,675	37,256
수송	0	0	35,438	188	1,312	0	36,938
기타	0	2,321	1,299	669	152	42	4,483
계	5,651	22,274	100,638	21,091	37,046	7,132	193,832

※ TOE는 석유 환산 톤수를 의미함.

─────〈보 기〉─────

ㄱ. 2008~2010년 동안 전력 소비량은 매년 증가한다.
ㄴ. 2010년에는 산업부문의 최종에너지 소비량이 전체 최종에너지 소비량의 50% 이상을 차지한다.
ㄷ. 2008~2010년 동안 석유제품 소비량 대비 전력 소비량의 비율이 매년 증가한다.
ㄹ. 2010년에는 산업부문과 가정·상업부문에서 유연탄 소비량 대비 무연탄 소비량의 비율이 각각 25% 이하이다.

① ㄱ, ㄴ
② ㄱ, ㄹ
③ ㄴ, ㄷ
④ ㄴ, ㄹ
⑤ ㄷ, ㄹ

05. 다음 <표>는 농산물을 유전자 변형한 GMO 품목 가운데 전세계에서 승인받은 200개 품목의 현황에 관한 자료이다. 이에 대한 설명으로 옳은 것은?

14 민경채

〈표〉 승인받은 GMO 품목 현황

(단위: 개)

구분	승인 국가 수	전세계 승인 품목			국내 승인 품목		
		합	A유형	B유형	합	A유형	B유형
콩	21	20	18	2	11	9	2
옥수수	22	72	32	40	51	19	32
면화	14	35	25	10	18	9	9
유채	11	22	19	3	6	6	0
사탕무	13	3	3	0	1	1	0
감자	8	21	21	0	4	4	0
알팔파	8	3	3	0	1	1	0
쌀	10	4	4	0	0	0	0
아마	2	1	1	0	0	0	0
자두	1	1	1	0	0	0	0
치커리	1	3	3	0	0	0	0
토마토	4	11	11	0	0	0	0
파파야	3	2	2	0	0	0	0
호박	2	2	2	0	0	0	0

※ 전세계 승인 품목은 국내 승인 품목을 포함함.

① 승인 품목이 하나 이상인 국가는 모두 120개이다.
② 국내에서 92개, 국외에서 108개 품목이 각각 승인되었다.
③ 전세계 승인 품목 중 국내에서 승인되지 않은 품목의 비율은 50% 이상이다.
④ 옥수수, 면화의 국내 승인 품목은 각각 B유형이 A유형보다 많다.
⑤ 옥수수, 면화, 감자의 전세계 승인 품목은 각각 B유형이 20개 이상이다.

정답 및 해설

01. ②

ㄱ. 2008년 용달화물의 화물차 1대당 월평균 에너지 사용량(A)이 761리터로 가장 적으므로 옳은 설명이다.
ㄷ. 2010년 화물차 1대당 월평균 에너지 효율성(C)은 일반화물, 개별화물, 용달화물 순으로 크므로 옳은 설명이다.

✓오답체크

ㄴ. 화물운송실적을 파악하기 위해서는 전체 화물차 대수가 주어져야 하므로 알 수 없다.
ㄹ. 화물차 1대당 월평균 에너지 효율성(C)이 매년 증가한 분야는 없으므로 옳지 않은 설명이다.

02. ③

두 번째 문단 첫 번째 문장 '전공계열별로 희망직업을 선택한 동기를 살펴보면 이공계열과 의약/교육/예체능계열의 경우 '전공분야'라고 응답한 비율이 각각 50.3%와 49.9%였고, 인문사회계열은 그 비율이 33.3%였다.'를 작성하기 위한 자료가 있어야 한다.
따라서 ㄷ. 전공계열별 희망직업 선택 동기 구성비가 추가로 필요하다.
두 번째 문단 두 번째 문장 '전공계열별 희망직업의 선호도 분포를 분석한 결과, 인문사회계열은 '경영', 이공계열은 '연구직', 그리고 의약/교육/예체능계열은 '보건·의료·교육'에 대한 선호도가 가장 높았다.'를 작성하기 위한 자료가 있어야 한다.
따라서 ㄴ. 전공계열별 희망직업 선호도 분포가 추가로 필요하다.

03. ④

제시된 〈보고서〉에서 기혼여성의 취업여부별 경력단절 경험은 언급하지 않았으므로 [기혼여성의 취업여부별 경력단절 경험 비율]은 〈보고서〉를 작성하기 위해 사용한 자료가 아니다.

✓오답체크

① 제시된 〈보고서〉의 세 번째 단락에서 육아 휴직자 수와 육아기 근로시간 단축제도 이용자 수를 언급하고 있으므로 [육아지원제도 이용자 현황]은 〈보고서〉를 작성하기 위해 사용한 자료이다.
② 제시된 〈보고서〉의 두 번째 단락에서 기혼남성과 기혼여성의 고용률 차이를 언급하고 있으므로 [2018년 혼인상태별 고용률]은 〈보고서〉를 작성하기 위해 사용한 자료이다.
③ 제시된 〈보고서〉의 첫 번째 단락에서 가족친화 인증 기업 및 기관수를 언급하고 있으므로 [가족친화 인증 기업 및 기관 현황]은 〈보고서〉를 작성하기 위해 사용한 자료이다.
⑤ 제시된 〈보고서〉의 두 번째 단락에서 유배우자 가구 중 맞벌이 가구의 비율을 언급하고 있으므로 [유배우자 가구 중 맞벌이 가구 현황]은 〈보고서〉를 작성하기 위해 사용한 자료이다.

04. ③

ㄴ. 2010년 산업부문 최종에너지 소비량의 합은 115,155천 TOE이고, 전체 최종에너지 소비량의 합계는 193,832천 TOE이므로 2010년에 산업부문의 최종에너지 소비량이 전체 최종에너지 소비량에서 차지하는 비중은 (115,155/193,832)×100≒59.4%로 50% 이상이다. 따라서 옳은 설명이다.
ㄷ. 석유제품 소비량 비중 대비 전력 소비량 비중으로 판단한다. 2008년이 18.2/53.3≒0.341, 2009년이 18.6/54.0≒0.344, 2010년이 19.1/51.9≒0.368로 매년 증가하므로 옳은 설명이다.

✓오답체크

ㄱ. 전력 소비량 비중이 매년 증가하는 것은 알 수 있지만, 연도별 전체 최종에너지 소비량 합은 주어지지 않았으므로 전력 소비량이 매년 증가하는지 알 수 없다.
ㄹ. 무연탄/유연탄 비율로 판단한다. 산업부문의 경우 (4,750/15,317)×100≒31.0%로 25% 이상이므로 옳지 않은 설명이다.

05. ③

각주에 전세계 승인 품목은 국내 승인 품목을 포함한다고 되어 있으므로 전세계 승인 품목 200개 중 국내에서 승인된 92개 품목을 제외하면 전세계 승인 품목 중 국내에서 승인되지 않은 품목의 비율은 $\frac{108}{200}$로 50% 이상이 된다.
(전세계 승인 품목=국내 승인 품목+국내에서 승인되지 않은 품목)

✓오답체크

① 승인 품목이 하나 이상인 국가가 모두 120개인지 정확하게 판단할 수 없다. 승인 국가 수 항목의 합이 120개인 상황에서 1개 국가에서 2가지 이상의 품목을 승인한다면 필연적으로 승인 품목이 하나 이상인 국가는 120개 미만이 되기 때문이다. 1개 국가에서 오로지 1개 품목만을 승인한다는 가정이 추가로 주어진다면 옳은 선택지가 될 수 있다.
② 전세계에서 200개 승인되었고 국내에서 92개 승인되었다 하더라도 국외에서 108개 품목이 승인되었는지는 주어진 정보만 가지고는 판단할 수 없다.
(전세계 승인 품목≠국내 승인 품목+국외 승인 품목)
④ 면화의 국내 승인 품목은 B유형과 A유형이 9개로 같다.
⑤ 면화와 감자의 전세계 승인 품목은 각각 B유형이 10개, 0개로 20개 이상이 되지 않는다.

정답 01. ② 02. ③ 03. ④ 04. ③ 05. ③

☑ 이번 기본기, 이것만은 기억하자!

01. 문제에서 옳은 것을 고르는 것인지 옳지 않은 것을 고르는 것인지 가장 먼저 확인합시다.
02. 구체적인 계산을 통해 정답을 판단할 수 있는지 아니면 대략적인 수치 비교만으로 판단할 수 있는지 결정한 후, 문제를 풀이합시다.

PSAT 교육 1위, 해커스PSAT **psat.Hackers.com**

Public
Service
Aptitude
Test

PSAT 교육 1위, 해커스PSAT **psat.Hackers.com**

자료해석
핵심 기본기 2

자료에서 제목, 단위, 각주를 체크한다.

자료에 어떤 정보가 주어지는지 파악할 수 있는 것으로 자료의 제목, 단위, 각주가 있습니다. 특히 복수의 자료가 주어지는 경우에는 이들을 통해 자료 간 연계성을 파악할 수 있으며 자료들을 연계하게 되면 문제 해결이 쉬워집니다. 따라서 자료가 제시되면 제목의 키워드와 단위, 각주를 반드시 체크하고 내용을 이해해야 합니다.

01 제목을 통해 자료의 범위와 연계성을 확인하자.

02 단위를 체크해 실수와 비율을 구별하자.

03 각주를 정리해서 확실한 팁을 가져가자.

PSAT 기출문제

01 제목을 통해 자료의 범위와 연계성을 확인하자.

자료의 제목을 확인하여 '무엇'에 관한 자료인지 파악합시다. 특히 자료가 2개 이상 주어진 경우, 키워드를 찾아서 자료 간 공통점과 차이점이 무엇인지 반드시 체크하여 시각화해야 합니다. 이러한 작업이 필요한 이유는 자료가 여러 개 주어진 경우, 자료 간 연계성을 확인하여 선택지나 보기에서 어느 자료를 검토해야 해당 내용의 옳고 그름을 판단할 수 있을지 파악하는 데 도움이 되기 때문입니다.

예제

다음 자료에 대한 설명이 적합하면 O, 적합하지 않으면 X로 표시해 봅시다.

〈표 1〉 의약품별 특허출원 현황

(단위: 건)

구분	연도	2008	2009	2010
완제의약품	전체	7,137	4,394	2,999
	다국적기업	404	284	200
원료의약품	전체	1,757	797	500
	다국적기업	274	149	103
기타 의약품	전체	2,236	1,517	1,220
	다국적기업	215	170	141

〈표 2〉 완제의약품 특허출원 중 다이어트제 출원 현황

(단위: 건)

구분	연도	2008	2009	2010
출원건수		53	32	22

2010년 다국적기업에서 출원한 완제의약품 특허출원 중 다이어트제 특허출원은 11%였다.
( )

[정답 및 해설] X
〈표 1〉은 의약품별 특허출원 현황을 전체와 다국적기업으로 구분하여 나타내고 있고, 〈표 2〉는 〈표 1〉에 주어진 완제의약품 특허출원 전체 건수 중 다이어트제 출원건수를 나타내고 있습니다. 따라서 2010년 다국적기업에서 출원한 완제의약품 특허출원 중 다이어트제 특허출원 건수는 위의 자료만으로는 판단할 수 없습니다.

문제에 적용해보기

STEP1 직접 해보기

다음 자료의 제목을 기준으로 각 〈보기〉의 근거를 판단할 〈표〉가 무엇인지 찾아 봅시다.

〈표 1〉 2009~2010년 전체 산업과 보건복지산업 취업자 수

(단위: 천 명)

연도 산업	2009	2010
전체 산업	23,684	24,752
보건복지산업	1,971	2,127
보건업 및 사회복지서비스업	1,153	1,286
기타 보건복지산업	818	841

〈표 2〉 2010년 전체 산업과 보건복지산업 종사형태별 취업자 수

(단위: 천 명)

종사형태 산업	상용 근로자	임시 및 일용 근로자	무급가족 종사자	기타 근로자 및 종사자	합
전체 산업	10,716	7,004	1,364	5,668	24,752
보건복지산업	1,393	184	76	474	2,127
보건업 및 사회복지서비스업	1,046	90	2	148	1,286
보건업	632	36	1	90	759
사회복지서비스업	414	54	1	58	527
기타 보건복지산업	347	94	74	326	841

〈표 3〉 2007~2010년 보건복지산업 종사형태별 취업자 수

(단위: 천 명)

연도 종사형태	2007	2008	2009	2010
상용근로자	1,133	1,207	1,231	1,393
임시 및 일용근로자	129	160	169	184
무급가족종사자	68	78	85	76
기타 근로자 및 종사자	415	466	486	474

꿀 풀이 TIP

제목의 키워드를 기준으로 각 〈표〉에 제시된 항목끼리 비교해 봅시다.

─────────〈보 기〉─────────
ㄱ. 2010년 보건업 취업자 중 상용근로자의 비율은 2010년 보건복지산업 취업자 중 상용근로자의 비율보다 높다.
ㄴ. 보건복지산업의 상용근로자 수 대비 임시 및 일용근로자 수의 비율은 2008~2010년 동안 매년 상승하였다.
ㄷ. 2009년 대비 2010년 취업자 수의 증가율은 전체 산업이 보건복지산업보다 낮다.

[답안]

- ㄱ:

- ㄴ:

- ㄷ:

STEP2 가이드&정답 확인하기

문제 풀이 가이드와 정답을 확인해 봅시다.

잊지 말아야 할 핵심 포인트

자료가 2개 이상 주어지는 경우, 특히 3개씩 주어진다면 반드시 제목 간의 관련성을 파악하여 자료를 연계한 다음 선택지에 접근할 수 있어야 합니다.

〈표 1〉 2009~2010년 전체 산업과 보건복지산업 취업자 수

(단위: 천 명)

연도 산업	2009	2010
전체 산업	23,684	24,752
보건복지산업	1,971	2,127
보건업 및 사회복지서비스업	1,153	1,286
기타 보건복지산업	818	841

〈표 2〉 2010년 전체 산업과 보건복지산업 종사형태별 취업자 수

(단위: 천 명)

종사형태 산업	상용 근로자	임시 및 일용 근로자	무급가족 종사자	기타 근로자 및 종사자	합
전체 산업	10,716	7,004	1,364	5,668	24,752
보건복지산업	1,393	184	76	474	2,127
보건업 및 사회복지서비스업	1,046	90	2	148	1,286
보건업	632	36	1	90	759
사회복지서비스업	414	54	1	58	527
기타 보건복지산업	347	94	74	326	841

〈표 3〉 2007~2010년 보건복지산업 종사형태별 취업자 수

(단위: 천 명)

연도 종사형태	2007	2008	2009	2010
상용근로자	1,133	1,207	1,231	1,393
임시 및 일용근로자	129	160	169	184
무급가족종사자	68	78	85	76
기타 근로자 및 종사자	415	466	486	474

─〈보 기〉─

ㄱ. 2010년 보건업 취업자 중 상용근로자의 비율은 2010년 보건복지산업 취업자 중 상용근로자의 비율보다 높다.
ㄴ. 보건복지산업의 상용근로자 수 대비 임시 및 일용근로자 수의 비율은 2008~2010년 동안 매년 상승하였다.
ㄷ. 2009년 대비 2010년 취업자 수의 증가율은 전체 산업이 보건복지산업보다 낮다.

[정답]

- ㄱ: 2010년 보건업 취업자 중 상용근로자의 비율과 보건복지산업 취업자 중 상용근로자의 비율을 비교하고 있으므로 〈표 2〉를 근거로 판단해야 한다.
- ㄴ: 2008~2010년 현황을 묻고 있으므로 〈표 3〉을 근거로 판단해야 한다.
- ㄷ: 전체 산업과 보건복지산업의 2009년 대비 2010년 취업자 수의 증가율을 비교하고 있으므로 〈표 1〉을 근거로 판단해야 한다.

02 단위를 체크해 실수와 비율을 구별하자.

자료의 수치가 실수인지 비율인지 판단하기 위한 선행단계로서 단위를 반드시 체크해야 합니다. 일반적으로 %가 단위라면 비율 자료이고, 이 외에는 대부분 실수 자료라고 생각하면 됩니다. 자료가 실수인지 비율인지 단위를 통해 판단하는 작업은 매우 중요한데, 실수는 어떠한 상황에서도 비교 가능한 절대적인 값이지만, 비율은 일정한 기준에 의한 상대적인 값이기 때문에 비교가 불가능한 경우도 존재하기 때문입니다. 일반적으로 자료는 제시하는 항목의 기준이 가로열과 세로열 또는 가로축과 세로축 등으로 2개 이상이며, 이 경우 각 항목의 기준이 무엇을 의미하는지도 파악해 둡시다.

예제

다음 자료에 대한 설명이 적합하면 O, 적합하지 않으면 X로 표시해 봅시다.

〈표〉 서울 및 수도권 지역의 가구를 대상으로 한 난방방식 현황

(단위: %)

종류	서울	인천	경기남부	경기북부	전국평균
중앙난방	22.3	13.5	6.3	11.8	14.4
개별난방	64.3	78.7	26.2	60.8	58.2
지역난방	13.4	7.8	67.5	27.4	27.4

지역난방을 사용하는 가구 수는 서울이 인천의 2배 이하이다. (   )

[정답 및 해설] X
해당 자료에서는 건수가 아닌 비율만 확인 가능하므로 가구 수의 크기를 정확하게 비교할 수 없습니다. 다만, 비율 자료에서 실제 수치를 항상 판단할 수 없는 것은 아닙니다. 위 자료의 경우 비율의 합이 세로 방향, 즉 지역별로 난방 방식 3가지 비중의 합이 100%이므로 동일 지역 내 난방 방식 간 가구 수 비교는 가능합니다. 예를 들어 난방방식이 중앙난방인 서울의 가구 수는 난방방식이 지역난방인 서울의 가구 수보다 많다고 판단할 수 있습니다.

문제에 적용해보기

STEP1 직접 해보기

꿀 풀이 TIP
'전년대비 구매량 변화율'이 제시된 이유를 생각해 본다면 문제에 보다 쉽게 접근할 수 있습니다.

다음 자료를 토대로 연도별로 X재화의 정상재, 사치재, 열등재 여부를 확인하고, 자료에 대한 설명이 올바르면 O, 올바르지 않으면 X로 표시해 봅시다.

〈표〉 '갑'의 연도별 소득 및 X재화의 전년대비 구매량 변화율

연도	소득(천 원)	전년대비 소득변화율(%)	X재화의 전년대비 구매량 변화율(%)
2000	8,000	—	—
2001	12,000	50.0	100.0
2002	16,000	33.3	50.0
2003	20,000	25.0	20.0
2004	24,000	20.0	11.1
2005	28,000	16.7	−5.0
2006	32,000	14.3	−5.3

〈정 보〉

○ X재화의 소득탄력성 = $\dfrac{\text{X재화의 전년대비 구매량 변화율}}{\text{전년대비 소득변화율}}$

○ 정상재: 소득이 증가할 때 구매량이 증가하는 재화로 소득탄력성이 0보다 크다. 특히 소득탄력성이 1보다 큰 정상재는 사치재라 한다.

○ 열등재: 소득이 증가할 때 구매량이 감소하는 재화로 소득탄력성이 0보다 작다.

[답안]

01. 2001년: (   )   2002년: (   )   2003년: (   )
    2004년: (   )   2005년: (   )   2006년: (   )

02. 2000~2004년 동안 '갑'의 소득과 X재화 구매량은 각각 매년 증가하였다. (   )

03. 2001년 '갑'의 X재화의 전년대비 구매량 증가율은 전년대비 소득 증가율보다 크다. (   )

STEP2 가이드&정답 확인하기

문제 풀이 가이드와 정답을 확인해 봅시다.

잊지 말아야 할 핵심 포인트

비율만 제시되었다고 해서 연도별 X재화 구매량을 비교할 수 없는 것은 아님에 유의해야 합니다.

〈표〉 '갑'의 연도별 소득 및 X재화의 전년대비 구매량 변화율

연도	소득(천 원)	전년대비 소득변화율(%)	X재화의 전년대비 구매량 변화율(%)
2000	8,000	–	–
2001	12,000	50.0	100.0
2002	16,000	33.3	50.0
2003	20,000	25.0	20.0
2004	24,000	20.0	11.1
2005	28,000	16.7	−5.0
2006	32,000	14.3	−5.3

〈정 보〉

○ X재화의 소득탄력성 = $\dfrac{\text{X재화의 전년대비 구매량 변화율}}{\text{전년대비 소득변화율}}$

○ 정상재: 소득이 증가할 때 구매량이 증가하는 재화로 소득탄력성이 0보다 크다. 특히 소득탄력성이 1보다 큰 정상재는 사치재라 한다.

○ 열등재: 소득이 증가할 때 구매량이 감소하는 재화로 소득탄력성이 0보다 작다.

[정답]

01. 2001년: (사치재) 2002년: (사치재) 2003년: (정상재)
    2004년: (정상재) 2005년: (열등재) 2006년: (열등재)

→ 소득탄력성: 2001년 $\frac{100}{50}=2$, 2002년 $\frac{50.0}{33.3}≒1.5$, 2003년 $\frac{20.0}{25.0}=0.8$,
   2004년 $\frac{11.1}{20.0}≒0.6$, 2005년 $\frac{(-5.0)}{16.7}≒-0.3$, 2006년 $\frac{(-5.3)}{14.3}≒-0.4$

02. 2000~2004년 동안 '갑'의 소득과 X재화 구매량은 각각 매년 증가하였다. (O)

→ 해당 기간 동안 '갑'의 전년대비 소득변화율과 X재화의 전년대비 구매량 변화율이 모두 '+'

03. 2001년 '갑'의 X재화의 전년대비 구매량 증가율은 전년대비 소득증가율보다 크다. (O)

   100.0% > 50.0%

03 각주를 정리해서 확실한 팁을 가져가자.

대부분의 각주에는 문제를 해결할 수 있는 힌트가 포함되어 있으므로 반드시 정리하여 문제 해결에 대한 팁을 가져가야 합니다. 각주는 크게 2가지로 구분됩니다.

① 설명형 각주: 문제를 이해하는 데 필요한 정보를 제공하거나 생소한 용어를 설명합니다. 자료를 일정 범위로 좁혀서 검토해야 할 자료의 양을 한정시켜 주는 한정형 각주도 이에 포함됩니다.

② 수식형 각주: 보통 분수식이나 계산식으로 주어지며, 특히 2개 이상의 식이 주어지는 경우, 식 간의 공통적인 요소와 차이가 나는 요소를 구별하여 체크한다면 문제가 의도하는 바를 파악하기 용이해집니다.

예제

다음 자료를 토대로 한국의 인구에 관한 식을 도출해 봅시다.

〈표〉 쌀 생산·순수출·소비 자료

연도\구분	한국의 연간 생산량 (천 석)	일본으로의 연간 순수출량 (천 석)	한국인 1인당 연간 소비량 (석/인)	일본인 1인당 연간 소비량 (석/인)
1911	14,027	2,910	0.74	1.07
1912	14,130	2,874	0.74	1.11
1913	15,296	2,701	0.73	1.12
1914	15,500	2,058	0.73	1.12
1915	14,882	3,080	0.68	1.15
1916	15,014	3,624	0.65	1.15
1917	13,219	4,619	0.52	1.13

※ 1) 일본으로의 순수출량=일본으로의 수출량-일본으로부터의 수입량
2) 한국과 일본은 양국 이외의 국가와는 쌀 교역을 하지 않는다고 가정함.
3) 한국과 일본에서 생산된 쌀은 양국 간의 교역이 이루어진 후 각 국에서 그 해에 모두 소비된다고 가정함.

한국의 인구 = (　　　　　　　　)

[정답 및 해설] $\frac{\text{연간 생산량}-\text{연간 순수출량}}{\text{한국인 1인당 연간 소비량}}$

각주 3)에 따라 생산된 쌀은 교역(수출과 수입)이 이루어진 후 그 해에 모두 소비되므로 연간 생산량=연간 순수출량+연간 소비량입니다. 따라서 연간 소비량=연간 생산량-연간 순수출량이고, 한국인 1인당 연간 소비량=$\frac{\text{연간 소비량}}{\text{한국의 인구}}$이므로 한국의 인구=$\frac{\text{연간 소비량}}{\text{한국인 1인당 연간 소비량}}$으로 도출할 수 있습니다.

문제에 적용해보기

STEP1 직접 해보기

다음 자료의 각주에 제시된 내용을 파악한 후, 선택지에서 각주의 표현이 들어간 부분을 찾고 해당하는 연도로 바꿔 봅시다.

〈표〉 친환경 농산물 생산량 추이

(단위: 백 톤)

구분	2004년	2005년	2006년	2007년	2008년	2009년	2010년
유기 농산물	1,721	2,536	2,969	4,090	7,037	11,134	15,989
무농약 농산물	6,312	9,193	10,756	14,345	25,368	38,082	54,687
저농약 농산물	13,766	20,198	23,632	22,505	18,550	–	–
계	21,799	31,927	37,357	40,940	50,955	49,216	70,676

※ 1) 모든 친환경 농산물은 유기, 무농약, 저농약 중 한 가지 인증을 받아야 함.
　 2) 단, 2007년 1월 1일부터 저농약 신규 인증은 중단되며, 2009년 1월 1일부터 저농약 인증 자체가 폐지됨.

① 저농약 신규 인증 중단 이후 친환경 농산물 총생산량은 매년 감소하였다.
② 저농약 인증 폐지 전 저농약 농산물 생산량은 매년 친환경 농산물 총생산량의 절반 이상을 차지하였다.
③ 저농약 신규 인증 중단 이후 매년 무농약 농산물 생산량은 친환경 농산물 총생산량의 50% 이상을 차지하였다.
④ 2005년 이후 전년에 비해 친환경 농산물 총생산량이 처음으로 감소한 시기는 저농약 인증이 폐지된 해이다.

[답안]

①

②

③

④

꿀 풀이 TIP

'~년 이전' 또는 '~년 이후'라는 표현이 제시된 경우에는 해당 년도를 포함하여 비교해야 한다는 점을 기억해야 합니다.

STEP2 가이드&정답 확인하기

문제 풀이 가이드와 정답을 확인해 봅시다.

〈표〉 친환경 농산물 생산량 추이

(단위: 백 톤)

구분	2004년	2005년	2006년	2007년	2008년	2009년	2010년
유기 농산물	1,721	2,536	2,969	4,090	7,037	11,134	15,989
무농약 농산물	6,312	9,193	10,756	14,345	25,368	38,082	54,687
저농약 농산물	13,766	20,198	23,632	22,505	18,550	−	−
계	21,799	31,927	37,357	40,940	50,955	49,216	70,676

※ 1) 모든 친환경 농산물은 유기, 무농약, 저농약 중 한 가지 인증을 받아야 함.
2) 단, 2007년 1월 1일부터 저농약 신규 인증은 중단되며, 2009년 1월 1일부터 저농약 인증 자체가 폐지됨.
↳ 자료의 범위를 한정하고 있으므로 한정형 각주

① 저농약 신규 인증 중단 이후 친환경 농산물 총생산량은 매년 감소하였다.
② 저농약 인증 폐지 전 저농약 농산물 생산량은 매년 친환경 농산물 총생산량의 절반 이상을 차지하였다.
③ 저농약 신규 인증 중단 이후 매년 무농약 농산물 생산량은 친환경 농산물 총생산량의 50% 이상을 차지하였다.
④ 2005년 이후 전년에 비해 친환경 농산물 총생산량이 처음으로 감소한 시기는 저농약 인증이 폐지된 해이다.

[정답]

① 저농약 신규 인증 중단 → 2007년
② 저농약 인증 폐지 전 → 2008년
③ 저농약 신규 인증 중단 → 2007년
④ 저농약 인증이 폐지된 해 → 2009년

잊지 말아야 할 핵심 포인트

선택지나 보기가 특정 연도나 항목으로 제시되지 않고 각주의 표현을 거쳐야 하는 경우, 선택지나 보기를 풀기 전에 이를 구체적인 항목으로 바꿔준 후 문제에 접근하는 것이 실수를 줄이는 최선의 방법입니다.

PSAT 교육 1위, 해커스PSAT **psat.Hackers.com**

PSAT 기출문제

01. 다음 〈표〉는 섬유수출액 상위 10개국과 한국의 섬유수출액 현황에 대한 자료이다. 이에 대한 〈보기〉의 설명 중 옳은 것만을 모두 고르면? 15 민경채

〈표 1〉 상위 10개국의 섬유수출액 현황(2010년)

(단위: 억 달러, %)

구분 순위	국가	섬유	원단	의류	전년대비 증가율
1	중국	2,424	882	1,542	21.1
2	이탈리아	1,660	671	989	3.1
3	인도	241	129	112	14.2
4	터키	218	90	128	12.7
5	방글라데시	170	13	157	26.2
6	미국	169	122	47	19.4
7	베트남	135	27	108	28.0
8	한국	126	110	16	21.2
9	파키스탄	117	78	39	19.4
10	인도네시아	110	42	68	20.2
세계 전체		6,085	2,570	3,515	14.6

〈표 2〉 한국의 섬유수출액 현황(2006~2010년)

(단위: 억 달러, %)

구분	연도	2006	2007	2008	2009	2010
섬유		177(5.0)	123(2.1)	121(2.0)	104(2.0)	126(2.1)
	원단	127(8.2)	104(4.4)	104(4.2)	90(4.4)	110(4.3)
	의류	50(2.5)	19(0.6)	17(0.5)	14(0.4)	16(0.5)

※ 괄호 안의 숫자는 세계 전체의 해당분야 수출액에서 한국의 해당분야 수출액이 차지하는 비중으로, 소수점 아래 둘째 자리에서 반올림한 값임.

─────────〈보 기〉─────────
ㄱ. 2010년 한국과 인도의 섬유수출액 차이는 100억 달러 이상이다.
ㄴ. 2010년 세계 전체의 섬유수출액은 2006년의 2배 이하이다.
ㄷ. 2010년 한국 원단수출액의 전년대비 증가율과 의류수출액의 전년대비 증가율의 차이는 10%p 이상이다.
ㄹ. 2010년 중국의 의류수출액은 세계 전체 의류수출액의 50% 이하이다.

① ㄱ, ㄴ
② ㄱ, ㄷ
③ ㄷ, ㄹ
④ ㄱ, ㄴ, ㄹ
⑤ ㄴ, ㄷ, ㄹ

02. 다음 〈표〉는 미국이 환율조작국을 지정하기 위해 만든 요건별 판단기준과 '가'~'카'국의 2015년 자료이다. 이에 대한 〈보기〉의 설명 중 옳은 것만을 모두 고르면?

17 5급공채

〈표 1〉 요건별 판단기준

요건	A	B	C
	현저한 대미무역수지 흑자	상당한 경상수지 흑자	지속적 환율시장 개입
판단기준	대미무역수지 200억 달러 초과	GDP 대비 경상수지 비중 3% 초과	GDP 대비 외화자산 순매수액 비중 2% 초과

※ 1) 요건 중 세 가지를 모두 충족하면 환율조작국으로 지정됨.
 2) 요건 중 두 가지만을 충족하면 관찰대상국으로 지정됨.

〈표 2〉 환율조작국 지정 관련 자료(2015년)

(단위: 10억 달러, %)

국가\항목	대미무역수지	GDP 대비 경상수지 비중	GDP 대비 외화자산 순매수액 비중
가	365.7	3.1	−3.9
나	74.2	8.5	0.0
다	68.6	3.3	2.1
라	58.4	−2.8	−1.8
마	28.3	7.7	0.2
바	27.8	2.2	1.1
사	23.2	−1.1	1.8
아	17.6	−0.2	0.2
자	14.9	−3.3	0.0
차	14.9	14.6	2.4
카	−4.3	−3.3	0.1

─────〈보 기〉─────
ㄱ. 환율조작국으로 지정되는 국가는 없다.
ㄴ. '나'국은 A요건과 B요건을 충족한다.
ㄷ. 관찰대상국으로 지정되는 국가는 모두 4개이다.
ㄹ. A요건의 판단기준을 '대미무역수지 200억 달러 초과'에서 '대미무역수지 150억 달러 초과'로 변경하여도 관찰대상국 및 환율조작국으로 지정되는 국가들은 동일하다.

① ㄱ, ㄴ
② ㄱ, ㄷ
③ ㄴ, ㄹ
④ ㄷ, ㄹ
⑤ ㄴ, ㄷ, ㄹ

03. 다음 〈그림〉은 우리나라의 지역별 한옥건설업체수 현황이다. 이에 대한 〈보기〉의 설명 중 옳은 것만을 모두 고르면?

18 5급공채

〈그림〉 지역별 한옥건설업체수 현황

(단위: 개)

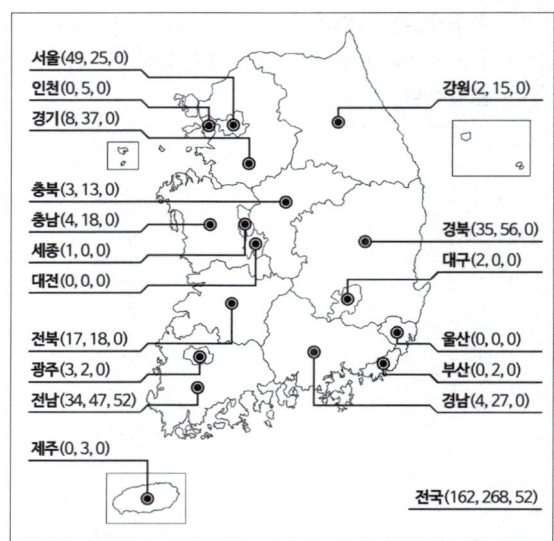

서울(49, 25, 0)
인천(0, 5, 0)
경기(8, 37, 0)
충북(3, 13, 0)
충남(4, 18, 0)
세종(1, 0, 0)
대전(0, 0, 0)
전북(17, 18, 0)
광주(3, 2, 0)
전남(34, 47, 52)
제주(0, 3, 0)
강원(2, 15, 0)
경북(35, 56, 0)
대구(2, 0, 0)
울산(0, 0, 0)
부산(0, 2, 0)
경남(4, 27, 0)
전국(162, 268, 52)

※ 1) 한옥건설업체는 설계업체, 시공업체, 자재업체로 구분됨.
2) 지역명(A, B, C)의 A, B, C는 해당 지역 한옥건설업체의 설계업체수, 시공업체수, 자재업체수를 각각 의미함.
3) 수도권은 서울, 인천, 경기로 구성됨.

―〈보 기〉―

ㄱ. 설계업체수가 시공업체수보다 많은 지역의 수는 한옥건설업체가 없는 지역의 수보다 많다.
ㄴ. 전국의 설계업체수는 시공업체수보다 많다.
ㄷ. 수도권 시공업체 중 서울 시공업체가 차지하는 비중은 전국 설계업체 중 수도권 설계업체가 차지하는 비중보다 크다.
ㄹ. 설계업체수 기준, 상위 2개 지역의 설계업체수 합은 전국 설계업체수의 50% 미만이다.

① ㄱ, ㄴ
② ㄱ, ㄷ
③ ㄴ, ㄹ
④ ㄱ, ㄷ, ㄹ
⑤ ㄴ, ㄷ, ㄹ

04. 다음 〈표〉는 2008~2013년 '갑'국 농·임업 생산액과 부가가치 현황에 대한 자료이다. 이에 대한 〈보기〉의 설명 중 옳은 것만을 모두 고르면?

17 5급공채

〈표 1〉 농·임업 생산액 현황

(단위: 10억 원, %)

구분	연도	2008	2009	2010	2011	2012	2013
농·임업 생산액		39,663	42,995	43,523	43,214	46,357	46,648
분야별 비중	곡물	23.6	20.2	15.6	18.5	17.5	18.3
	화훼	28.0	27.7	29.4	30.1	31.7	32.1
	과수	34.3	38.3	40.2	34.7	34.6	34.8

※ 1) 분야별 비중은 농·임업 생산액 대비 해당 분야의 생산액 비중임.
   2) 곡물, 화훼, 과수는 농·임업의 일부 분야임.

〈표 2〉 농·임업 부가가치 현황

(단위: 10억 원, %)

구분	연도	2008	2009	2010	2011	2012	2013
농·임업 부가가치		22,587	23,540	24,872	26,721	27,359	27,376
GDP 대비 비중	농업	2.1	2.1	2.0	2.1	2.0	2.0
	임업	0.1	0.1	0.2	0.1	0.2	0.2

※ 1) GDP 대비 비중은 GDP 대비 해당 분야의 부가가치 비중임.
   2) 농·임업은 농업과 임업으로만 구성됨.

〈보 기〉

ㄱ. 농·임업 생산액이 전년보다 작은 해에는 농·임업 부가가치도 전년보다 작다.
ㄴ. 화훼 생산액은 매년 증가한다.
ㄷ. 매년 곡물 생산액은 과수 생산액의 50% 이상이다.
ㄹ. 매년 농업 부가가치는 농·임업 부가가치의 85% 이상이다.

① ㄱ, ㄴ
② ㄱ, ㄷ
③ ㄴ, ㄷ
④ ㄴ, ㄹ
⑤ ㄷ, ㄹ

05. 다음 <표>는 2020년과 2021년 각각 '갑'국의 교원 2,000명(중학교 1,000명, 고등학교 1,000명)을 대상으로 진로체험 편성·운영 시 학생 의사 반영에 관해 조사한 자료이다. 이를 근거로 작성한 <보고서>의 내용 중 옳은 것만을 모두 고르면? 23 5급공채

〈표 1〉 진로체험 편성·운영 시 학생 의사 반영 정도별 응답 비율

(단위: %)

학생 의사 반영 정도	학교급 연도	중학교		고등학교	
		2020	2021	2020	2021
전부 반영		13.0	15.4	26.4	29.2
일부 반영		72.1	70.8	59.0	58.3
미반영		14.9	13.8	14.6	12.5
계		100.0	100.0	100.0	100.0

※ 무응답과 중복 응답은 없음.

〈표 2〉 2021년 진로체험 편성·운영 시 학생 의사 미반영 이유별 응답 비율

(단위: %)

미반영 이유 \ 학교급	중학교	고등학교
수요 기반 체험처 미확보	26.1	38.4
체험처 수용 인원 규모 초과	27.5	18.4
운영 인력 부족	18.1	16.8
이동 시간 부족	8.0	8.0
예산상의 제약	11.6	8.0
기타	8.7	10.4
계	100.0	100.0

※ 1) 2021년 조사에서 학생 의사 반영 정도를 '미반영'으로 응답한 교원을 대상으로 조사함.
　2) 무응답과 중복 응답은 없음.

〈보고서〉

2021년 조사 결과 진로체험 편성·운영 시 학생 의사 반영 정도를 살펴보면, ㉠ '일부 반영'으로 응답한 비율이 중학교와 고등학교 각각 70.8%, 58.3%로 가장 높았다. ㉡ '전부 반영'으로 응답한 비율은 전년 대비 중학교가 2.8%p, 고등학교가 2.4%p 증가하였다.
2021년 진로체험 편성·운영 시 학생 의사 미반영 이유를 살펴보면, ㉢ 중학교는 '체험처 수용 인원 규모 초과', 고등학교는 '수요 기반 체험처 미확보'로 응답한 비율이 가장 높았다. 기타를 제외하고, '이동 시간 부족'이라고 응답한 비율은 중학교와 고등학교 모두 가장 낮게 나타났다. 한편, ㉣ 학생 의사 미반영 이유를 '이동 시간 부족'으로 응답한 교원의 수는 중학교와 고등학교가 동일하였다.

① ㄱ, ㄷ
② ㄱ, ㄹ
③ ㄴ, ㄷ
④ ㄴ, ㄹ
⑤ ㄱ, ㄷ, ㄹ

정답 및 해설

01. ④

ㄱ. 2010년 한국과 인도의 섬유수출액 차이는 241-126=115억 달러로 100억 달러 이상이므로 옳은 설명이다.

ㄴ. 2010년 세계 전체의 섬유수출액은 6,085억 달러이고, 2006년 세계 전체 섬유수출액은 (177/5.0)×100=3,540억 달러이다. 따라서 2010년 세계 전체의 섬유수출액은 2006년의 2배 이하이므로 옳은 설명이다.

ㄹ. 2010년 중국의 의류수출액은 1,542억 달러로 세계 전체 의류수출액의 50%인 3,515×0.5=1,757.5억 달러 이하이므로 옳은 설명이다.

✓ 오답체크

ㄷ. 2010년 한국 원단수출액의 전년대비 증가율은 {(110-90)/90}×100≒22.2%이고, 의류수출액의 전년대비 증가율은 {(16-14)/14}×100≒14.3%이다. 따라서 그 차이는 22.2-14.3≒7.9%p이므로 옳지 않은 설명이다.

02. ⑤

ㄴ. '나'국은 대미무역수지가 742억 달러, GDP 대비 경상수지 비중이 8.5%로 A요건과 B요건을 충족하므로 옳은 설명이다.

ㄷ. '다'국은 A, B, C요건을 모두 충족하므로 관찰대상국이 아닌 환율조작국으로 지정됨을 알 수 있다. 이에 따라 관찰대상국으로 지정되는 국가는 A요건과 B요건을 충족하는 '가', '나', '마', B요건과 C요건을 충족하는 '차' 총 4개국이므로 옳은 설명이다.

ㄹ. A요건의 판단기준을 '대미무역수지 200억 달러 초과'에서 '대미무역수지 150억 달러 초과'로 변경한다면 대미무역수지가 176억 달러인 '아'국이 A요건을 충족함을 알 수 있으나, '아'국은 B요건과 C요건을 충족하지 못하므로 관찰대상국 및 환율조작국으로 지정되는 국가들은 동일함을 알 수 있다. 따라서 옳은 설명이다.

✓ 오답체크

ㄱ. 환율조작국으로 지정되는 국가는 A, B, C요건을 모두 충족해야 하고, A, B, C요건을 모두 충족하는 '다'국은 환율조작국으로 지정되므로 옳지 않은 설명이다.

03. ②

ㄱ. 설계업체수가 시공업체수보다 많은 지역은 서울, 세종, 광주, 대구로 4개 지역이고, 한옥건설업체가 없는 지역은 대전, 울산으로 2개 지역이다. 따라서 설계업체수가 시공업체수보다 많은 지역이 한옥건설업체가 없는 지역의 수보다 많으므로 옳은 설명이다.

ㄷ. 비중을 바로 계산하지 않고 먼저 분수로 비교한다. 수도권 시공업체수 대비 서울 시공업체수는 $\frac{25}{67}$개이고, 전국 설계업체수 대비 수도권 설계업체수는 $\frac{57}{162}$개이다. 전자가 후자보다 크므로 옳은 설명이다.

✓ 오답체크
ㄴ. 전국 수치는 그림의 우측 하단에 표시되어 있기 때문에 쉽게 파악할 수 있다. 전국의 설계업체수는 162개로 시공업체수 268개보다 적으므로 옳지 않은 설명이다.
ㄹ. 설계업체수를 기준으로 상위 2개 지역은 서울과 경북이고, 이들 설계업체수의 합은 49+35=84개로 전국 설계업체수의 50%인 162×0.5=81개 이상이다. 따라서 옳지 않은 설명이다.

04. ④

ㄴ. 화훼 생산액은 농·임업 생산액×화훼 생산액 비중으로 구한다. 이때 농·임업 생산액과 화훼 생산액 비중이 모두 증가한 해는 반드시 화훼 생산액이 증가하므로 이러한 연도는 제외하고 나머지 연도를 비교한다. 2008년 대비 2009년에는 화훼 생산액 비중이 약 1% 감소하지만 농·임업 생산액이 8% 증가하므로 화훼 생산액은 증가하고, 2010년 대비 2011년에는 농·임업 생산액이 1% 미만 감소하지만 화훼 생산액 비중이 약 2% 증가하므로 화훼 생산액은 증가한다. 따라서 옳은 설명이다.
ㄹ. 농·임업은 농업과 임업으로만 구성되고, GDP 대비 비중은 GDP 대비 해당 분야의 부가가치 비중이므로 GDP 대비 비중을 비교하여 판단한다. GDP 대비 농·임업 부가가치 비중은 매년 2.2%로 일정하다. 상대적으로 농업 수치가 2.0%로 가장 작은 해를 비교하면 농업 부가가치는 농·임업 부가가치의 (2.0/2.2)×100≒90.9%이므로 매년 농업 부가가치는 농·임업 부가가치의 85% 이상이다. 따라서 옳은 설명이다.

✓ 오답체크
ㄱ. 2011년 농·임업 생산액은 2010년에 비해 작지만 2011년 농·임업 부가가치는 2010년에 비해 크다. 따라서 옳지 않은 설명이다.
ㄷ. 2010년 곡물 생산 비중은 15.6%로 과수 생산 비중 40.2%의 50% 미만이다. 따라서 2010년 곡물 생산액은 과수 생산액의 50% 미만이므로 옳지 않은 설명이다.

05. ①

ㄱ. 2021년 조사 결과 진로체험 편성·운영 시 학생 의사 반영 정도를 살펴보면, '일부 반영'으로 응답한 비율이 중학교와 고등학교 각각 70.8%, 58.3%로 가장 높았다. (전부 반영, 일부 반영, 미반영의 비율 합은 100%이므로 일부 반영의 비율이 50%를 초과한다면 가장 높은 비율이 된다.)
ㄷ. 중학교는 '체험처 수용 인원 규모 초과'가 27.5%, 고등학교는 '수요 기반 체험처 미확보'가 38.4%로 응답한 비율이 가장 높았다.

✓ 오답체크
ㄴ. '전부 반영'으로 응답한 비율은 전년 대비 중학교가 2.4%p, 고등학교가 2.8%p 증가하였다.
ㄹ. 학생 의사 미반영 이유 중 '이동 시간 부족'의 응답 비율은 중학교와 고등학교가 8.0%로 동일하지만 미반영 응답자 수는 중학교가 138명, 고등학교가 125명으로 서로 다르기 때문에 학생 의사 미반영 이유를 '이동 시간 부족'으로 응답한 교원의 수는 중학교가 138명의 8.0%, 고등학교가 125명의 8.0%로 동일하지 않다.

정답 01. ④ 02. ⑤ 03. ② 04. ④ 05. ①

☑ 이번 기본기, 이것만은 기억하자!

01. 자료의 구조를 볼 때 항상 제목을 체크하여 자료 간의 연계성을 파악합시다.
02. 단위를 체크하여 비율 자료에 주의합시다.
03. 각주를 분석하여 문제를 풀기 전 확실한 정보를 파악합시다.

Public
Service
Aptitude
Test

PSAT 교육 1위, 해커스PSAT **psat.Hackers.com**

자료해석
핵심 기본기 3

수치의 자릿수와 분수 비율을 기억한다.

자료해석에는 수많은 단위가 등장합니다. 기본적으로 사람을 세는 단위인 '명', 돈을 세는 단위인 '원', 물건의 개수를 세는 단위인 '개' 등이 있습니다. 이들 단위는 자료에 따라 자릿수가 모두 다르기 때문에 간혹 단위 간 자릿수 변환을 묻는 문제가 출제되기도 합니다. 따라서 문제 풀이 시, 기본적으로 단위 및 수치의 자릿수와 자주 등장하는 분수의 비율을 기억해 둘 필요가 있습니다.

01 천, 백만, 십억, 조를 암기하자.
02 자주 사용하는 분수 비율을 암기하자.

PSAT 기출문제

01 천, 백만, 십억, 조를 암기하자.

우리가 일반적으로 세는 숫자의 구조는 공적인 문서에서 사용하는 숫자의 구조와 다릅니다. 우리 현실생활에서는 일 → 만 → 억 → 조 → 경 → … 등으로 단위가 자릿수 4개를 기준으로 올라가는 반면, 공적인 문서에서 사용하는 숫자는 단위가 자릿수 3개를 기준으로 올라가게 됩니다. 즉, 일 → 천 → 백만 → 십억 → 조 → … 등으로 자릿수가 바뀝니다.

$$1,000,000,000,000$$
조 십억 백만 천

자료해석에서 대부분의 자료는 자릿수 3개를 기준으로 나타내고 있으므로 위와 같이 자릿수 3개씩 끊어 읽는 방법을 암기해야 합니다.

예제

다음 자료를 보고 2002년 독일의 에너지 소비량과 GDP를 '조'와 '억', '만' 단위로 변환하여 표현해 봅시다.

구분	에너지 소비량 (백만 TOE)			GDP (십억 달러)			에너지원 단위 (백만 TOE/십억 달러)		
	한국	독일	일본	한국	독일	일본	한국	독일	일본
2002	204	345	513	680	2,695	5,700	0.300	0.128	0.090

01. 독일의 에너지 소비량 (   )억 (   )만 TOE
02. 독일의 GDP (   )조 (   )억 달러

[정답 및 해설] 01. 3, 4,500   02. 2, 6,950
2002년 독일의 에너지 소비량은 345백만 TOE=3억 4,500만 TOE이고, GDP는 2,695십억 달러=2조 6,950억 달러입니다.

✏️ 문제에 적용해보기

STEP1 직접 해보기

다음 자료를 보고 괄호 안에 들어갈 가구 수 및 금액을 적어 봅시다.

〈표〉 2011~2015년 전국 근로장려금 및 자녀장려금 신청 현황

(단위: 천 가구, 십억 원)

연도\구분	근로장려금 신청		자녀장려금 신청	
	가구 수	금액	가구 수	금액
2011	930	747	1,210	864
2012	1,020	719	1,384	893
2013	1,060	967	1,302	992
2014	1,658	1,419	1,403	975
2015	1,695	1,155	1,114	775

0을 세 자리씩 끊어 읽을 때 콤마(,) 앞 자릿수는 뒤에서부터 각각 천, 백만, 십억, 조입니다.

[답안]

01. 2011년 근로장려금을 신청한 가구 수: (   )만 가구

02. 2013년 자녀장려금을 신청한 가구의 금액: (   )억 원

03. 2014년 근로장려금을 신청한 가구 수: (   )만 (   )천 가구

04. 2015년 근로장려금을 신청한 가구의 금액: (   )조 (   )억 원

STEP2 가이드&정답 확인하기

문제 풀이 가이드와 정답을 확인해 봅시다.

〈표〉 2011~2015년 전국 근로장려금 및 자녀장려금 신청 현황

(단위: 천 가구, 십억 원)

구분\연도	근로장려금 신청		자녀장려금 신청	
	가구 수	금액	가구 수	금액
2011	930	747	1,210	864
2012	1,020	719	1,384	893
2013	1,060	967	1,302	992
2014	1,658	1,419	1,403	975
2015	1,695	1,155	1,114	775

[정답]

01. 2011년 근로장려금을 신청한 가구 수: (93)만 가구
02. 2013년 자녀장려금을 신청한 가구의 금액: (9,920)억 원
03. 2014년 근로장려금을 신청한 가구 수: (165)만 (8)천 가구
04. 2015년 근로장려금을 신청한 가구의 금액: (1)조 (1,550)억 원

잊지 말아야 할 핵심 포인트

수치를 읽을 때는 항상 단위를 고려하여야 합니다. 단위를 고려하지 않는다면 가구 수와 금액이 동일한 크기로 보이지만 실제 단위를 고려하면 가구 수보다 금액의 수치가 더 큽니다.

02 자주 사용하는 분수 비율을 암기하자.

자료해석에서는 분수를 비율로 전환해서 자주 묻고 있습니다. 그러나 모든 분수의 비율을 암기하기에는 그 수가 너무 많기 때문에 대표적인 분수만이라도 기억해 둘 필요가 있습니다. 자주 사용되는 아래 8개의 분수 비율은 반드시 기억해 둡시다.

※ 분수의 변환 비율

$$\frac{1}{2}=50.0\% \quad \frac{1}{3}≒33.3\% \quad \frac{1}{4}=25.0\% \quad \frac{1}{5}=20.0\%$$

$$\frac{1}{6}≒16.7\% \quad \frac{1}{7}≒14.3\% \quad \frac{1}{8}=12.5\% \quad \frac{1}{9}≒11.1\%$$

예제

다음 자료를 토대로 빈칸을 채워 봅시다.

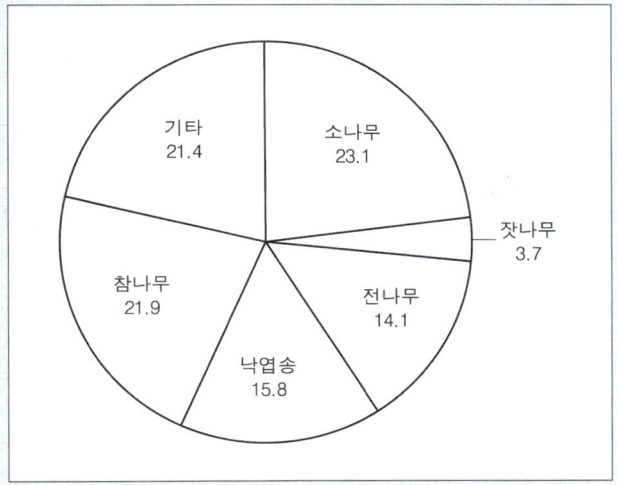

〈그림〉 2011년 수종별 원목생산량 구성비
(단위: %)

2011년 전나무의 원목생산량은 전체의 약 $\frac{1}{(\quad)}$ 이다.

[정답 및 해설] 7
전나무의 구성비는 14.1%이므로 약 $\frac{1}{7}$ 인 14.3%와 거의 비슷한 수치입니다.

문제에 적용해보기

STEP1 직접 해보기

꿀 풀이 TIP

분수를 비율로 전환한 수치를 암기하여 비율의 차이가 1%p 미만인 수치는 같은 수치로 간주할 수 있습니다. 예를 들어 14.5%나 14.9%는 모두 14.3%와 유사한 값입니다.

다음 자료를 토대로 제시된 설명의 빈칸을 채워 봅시다.

〈그림〉 25~54세 기혼 경력단절여성의 연령대 구성비

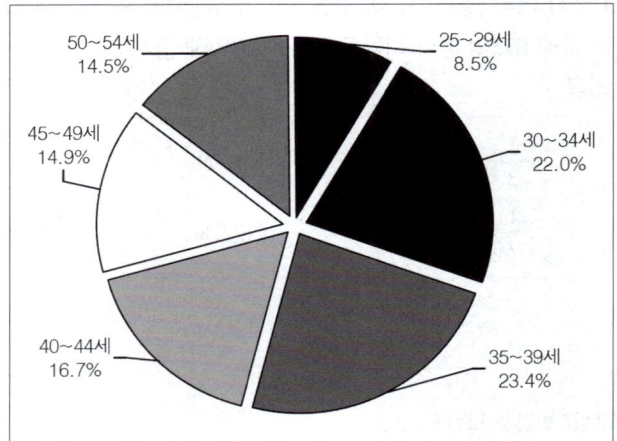

[답안]

01. 40~44세의 구성비는 16.7%이다. 이를 분수로 나타내면 약 (　　)이다.

02. 45~49세의 구성비는 14.9%, 50~54세의 구성비는 14.5%이다. 이를 분수로 나타내면 14.3%인 약 (　　)과/와 비슷한 값이다.

03. 30~34세의 구성비는 22.0%이다. 이를 분수로 나타내면 11.1%의 2배인 약 (　　)과/와 비슷한 값이다.

STEP2 가이드&정답 확인하기

문제 풀이 가이드와 정답을 확인해 봅시다.

잊지 말아야 할 핵심 포인트

분수를 비율로 전환한 수치를 암기하여 응용할 수 있어야 합니다. 22%는 약 22.2%와 비슷하므로 $\frac{1}{9}$인 11.1%의 2배, 즉 $\frac{2}{9}$ 입니다.

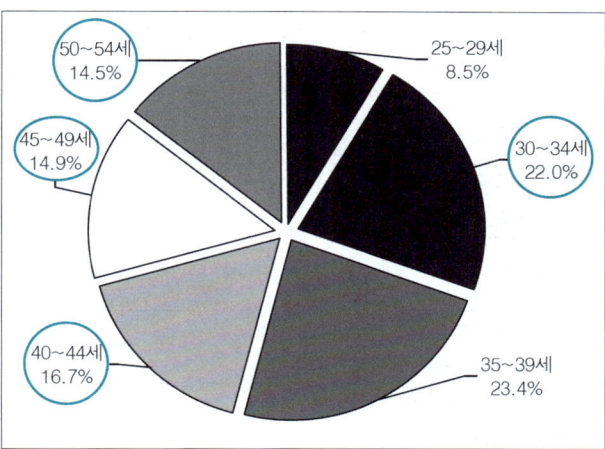

〈그림〉 25~54세 기혼 경력단절여성의 연령대 구성비

- 50~54세 14.5%
- 45~49세 14.9%
- 40~44세 16.7%
- 35~39세 23.4%
- 30~34세 22.0%
- 25~29세 8.5%

[정답]

01. 40~44세의 구성비는 16.7%이다. 이를 분수로 나타내면 약 ($\frac{1}{6}$)이다.

02. 45~49세의 구성비는 14.9%, 50~54세의 구성비는 14.5%이다. 이를 분수로 나타내면 14.3%인 약 ($\frac{1}{7}$)과 비슷한 값이다.

03. 30~34세의 구성비는 22.0%이다. 이를 분수로 나타내면 11.1%의 2배인 약 ($\frac{2}{9}$)와 비슷한 값이다.

01. 다음 〈표〉는 '갑'기업의 사채발행차금 상각 과정을 나타낸 것이다. 이에 대한 설명으로 옳지 않은 것은?

11 민경채

〈표〉 사채발행차금 상각 과정

(단위: 백만 원)

구분		연도	1차년도	2차년도	3차년도	4차년도
	이자비용(A) [=(전년도 E)×0.1]		–	900	( )	( )
	액면이자(B)		–	600	600	600
사채 발행 차금	상각액(C) [=(당해년도 A)–(당해년도 B)]		–	300	( )	( )
	미상각잔액(D) [=(전년도 D)–(당해년도 C)]		3,000	2,700	( )	( )
	사채장부가액(E) [=(전년도 E)+(당해년도 C)]		9,000	9,300	( )	9,993

※ 1차년도의 미상각잔액(3,000백만 원)과 사채장부가액(9,000백만 원)은 주어진 값임.

① 3차년도의 사채장부가액은 96억 원 이하이다.
② 3차년도, 4차년도의 상각액은 전년도 대비 매년 증가한다.
③ 3차년도, 4차년도의 이자비용은 전년도 대비 매년 증가한다.
④ 3차년도, 4차년도의 미상각잔액은 전년도 대비 매년 감소한다.
⑤ 3차년도 대비 4차년도의 사채장부가액 증가액은 4차년도의 상각액과 일치한다.

02. 다음 〈표〉는 금융기관별, 개인신용등급별 햇살론 보증잔액 현황에 관한 자료이다. 〈그림〉은 〈표〉를 이용하여 6개 금융기관 중 2개 금융기관의 개인신용등급별 햇살론 보증잔액 구성비를 나타낸 것이다. 〈그림〉의 금융기관 A와 B를 바르게 나열한 것은?

16 5급공채

〈표〉 금융기관별, 개인신용등급별 햇살론 보증잔액 현황

(단위: 백만 원)

금융기관 개인신용등급	농협	수협	축협	신협	새마을금고	저축은행	합
1	2,425	119	51	4,932	7,783	3,785	19,095
2	6,609	372	77	14,816	22,511	16,477	60,862
3	8,226	492	176	18,249	24,333	27,133	78,609
4	20,199	971	319	44,905	53,858	72,692	192,944
5	41,137	2,506	859	85,086	100,591	220,535	450,714
6	77,749	5,441	1,909	147,907	177,734	629,846	1,040,586
7	58,340	5,528	2,578	130,777	127,705	610,921	935,849
8	11,587	1,995	738	37,906	42,630	149,409	244,265
9	1,216	212	75	1,854	3,066	1,637	8,060
10	291	97	2	279	539	161	1,369
계	227,779	17,733	6,784	486,711	560,750	1,732,596	3,032,353

〈그림〉 금융기관 A와 B의 개인신용등급별 햇살론 보증잔액 구성비

(단위: %)

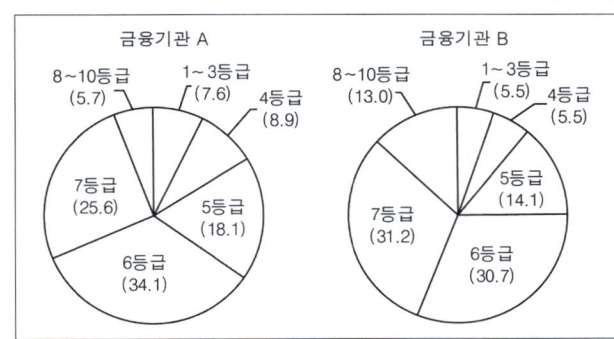

※ 1) '1~3등급'은 개인신용등급 1, 2, 3등급을 합한 것이고, '8~10등급'은 개인신용등급 8, 9, 10등급을 합한 것임.
2) 보증잔액 구성비는 소수점 둘째 자리에서 반올림한 값임.

	A	B
①	농협	수협
②	농협	축협
③	수협	신협
④	저축은행	수협
⑤	저축은행	축협

03. 다음 〈표〉는 2020년 '갑'국 관세청의 민원 상담 현황에 관한 자료이고, 〈그림〉은 상담내용 A와 B의 민원인별 상담건수 구성비를 나타낸 자료이다. 이를 근거로 A와 B를 바르게 나열한 것은?

21 민경채

〈표〉 2020년 민원 상담 현황

(단위: 건)

민원인 상담내용	관세사	무역 업체	개인	세관	선사/ 항공사	기타	합계
전산처리	24,496	63,475	48,658	1,603	4,851	4,308	147,391
수입	24,857	5,361	4,290	7,941	400	664	43,513
사전검증	22,228	5,179	1,692	241	2,247	3,586	35,173
징수	9,948	5,482	3,963	3,753	182	476	23,804
요건신청	4,944	12,072	380	37	131	251	17,815
수출	6,678	4,196	3,053	1,605	424	337	16,293
화물	3,846	896	36	3,835	2,619	3,107	14,339
환급	3,809	1,040	79	1,815	13	101	6,857

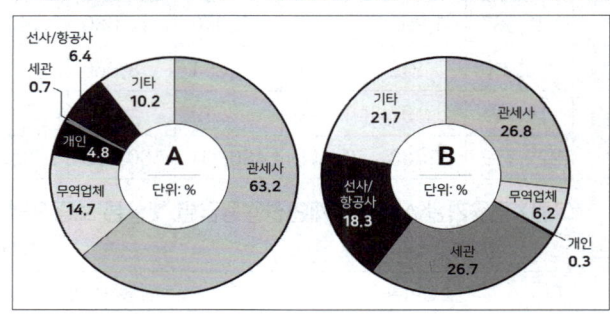

〈그림〉 상담내용 A와 B의 민원인별 상담건수 구성비(2020년)

	A	B
①	수입	요건신청
②	사전검증	화물
③	사전검증	환급
④	환급	요건신청
⑤	환급	화물

04. 다음 <그림>은 2010년 세계 인구의 국가별 구성비와 OECD 국가별 인구를 나타낸 자료이다. 2010년 OECD 국가의 총 인구 중 미국 인구가 차지하는 비율이 25%일 때, 이에 대한 <보기>의 설명 중 옳은 것을 모두 고르면?

13 5급공채

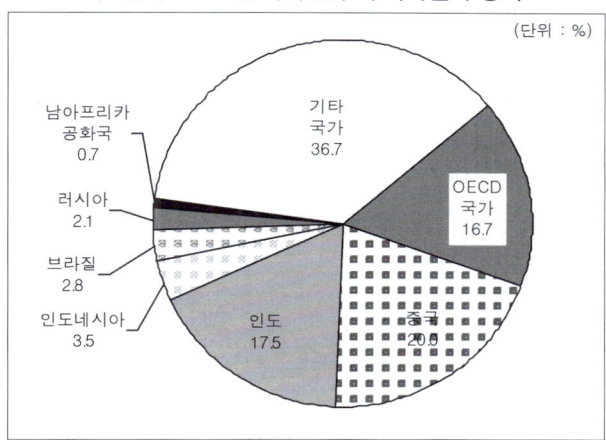

〈그림 1〉 2010년 세계 인구의 국가별 구성비

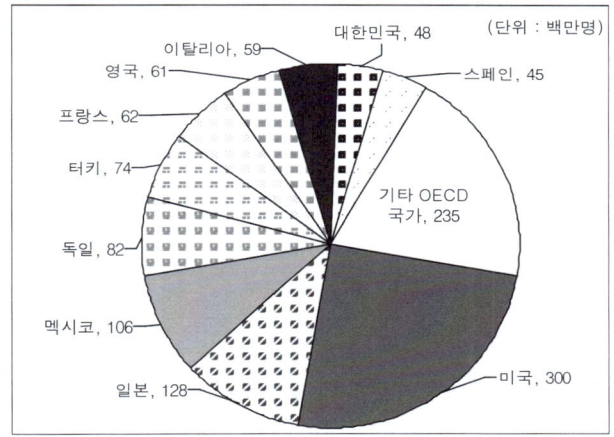

〈그림 2〉 2010년 OECD 국가별 인구

─〈보 기〉─
ㄱ. 2010년 세계 인구는 70억 명 이상이다.
ㄴ. 2010년 기준 독일 인구가 매년 전년대비 10% 증가한다면, 독일 인구가 최초로 1억 명 이상이 되는 해는 2014년이다.
ㄷ. 2010년 OECD 국가의 총 인구 중 터키 인구가 차지하는 비율은 5% 이상이다.
ㄹ. 2010년 남아프리카공화국 인구는 스페인 인구보다 적다.

① ㄱ, ㄴ
② ㄱ, ㄷ
③ ㄱ, ㄹ
④ ㄴ, ㄷ
⑤ ㄷ, ㄹ

05. 다음 <보고서>와 <표>는 2014년 A국의 공적개발원조에 대한 자료이다. 이에 대한 <보기>의 설명 중 옳은 것만을 모두 고르면?

17 5급공채

─〈보고서〉─

2014년 A국이 공여한 전체 공적개발원조액은 19억 1,430만 달러로 GDP 대비 0.13%를 기록하였다. 공적개발원조액의 지역별 배분을 살펴보면 북아프리카 5.4%, 사하라 이남 아프리카 20.0%, 오세아니아·기타 아시아 32.4%, 유럽 0.7%, 중남미 7.5%, 중앙아시아·남아시아 21.1%, 기타 지역 12.9%로 나타났다.

〈표〉 2014년 A국 공적개발원조 수원액 상위 10개국 현황

(단위: 백만 달러)

순위	국가명	수원액
1	베트남	215
2	아프가니스탄	93
3	탄자니아	68
4	캄보디아	68
5	방글라데시	61
6	모잠비크	57
7	필리핀	55
8	스리랑카	52
9	에티오피아	35
10	인도네시아	34
계		738

─〈보 기〉─

ㄱ. 수원액 상위 10개국의 수원액 합은 A국 GDP의 0.04% 이상이다.
ㄴ. '사하라 이남 아프리카'에 대한 공적개발원조액은 수원액 상위 10개국의 수원액 합보다 크다.
ㄷ. '오세아니아·기타 아시아'에 대한 공적개발원조액은 '사하라 이남 아프리카', '북아프리카', '중남미'에 대한 공적개발원조액 합보다 크다.
ㄹ. 수원액 상위 10개국을 제외한 국가들의 수원액 합은 베트남 수원액의 5배 이상이다.

① ㄱ, ㄴ
② ㄱ, ㄹ
③ ㄴ, ㄷ
④ ㄷ, ㄹ
⑤ ㄱ, ㄷ, ㄹ

정답 및 해설

01. ①

자료의 빈칸을 먼저 계산한다. 3차년도는 이자비용이 9,300×0.1=930백만 원, 사채발행차금 상각액이 930-600=330백만 원, 사채발행차금 미상각잔액이 2,700-330=2,370백만 원, 사채장부가액이 9,300+330=9,630백만 원이다. 4차년도는 이자비용이 9,630×0.1=963백만 원, 사채발행차금 상각액이 963-600=363백만 원, 사채발행차금 미상각잔액이 2,370-363=2,007백만 원이다.

따라서 3차년도의 사채장부가액은 9,630백만 원=96.3억 원으로 96억 원을 초과하므로 옳지 않은 설명이다.

✓ **오답체크**

② 3차년도, 4차년도의 상각액은 각각 330백만 원, 363백만 원으로 전년도 대비 매년 증가하므로 옳은 설명이다.
③ 3차년도, 4차년도의 이자비용은 각각 930백만 원, 963백만 원으로 전년도 대비 매년 증가하므로 옳은 설명이다.
④ 3차년도, 4차년도의 미상각잔액은 각각 2,370백만 원, 2,007백만 원으로 전년도 대비 매년 감소하므로 옳은 설명이다.
⑤ 사채장부가액의 식을 살펴보면 금년의 사채장부가액은 전년도 사채장부가액과 당해년도 상각액의 합이므로 사채장부가액 증가액은 당해년도 상각액이다. 따라서 옳은 설명이다.

02. ①

- 금융기관 A는 농협, 수협, 저축은행 중 하나이므로 이 3개 금융기관의 햇살론 보증잔액의 합계를 활용하여 판단한다. 이때 금융기관 A의 7등급 햇살론 보증잔액 구성비인 25.6%의 4배가 금융기관 A의 햇살론 보증잔액의 합계에 가장 근접하므로 25.6%를 기준으로 판단한다. 농협, 수협, 저축은행의 7등급 햇살론 보증잔액의 4배는 농협이 58×4≒232백만 원, 수협이 55×4≒220백만 원, 저축은행이 61×4≒244백만 원으로 농협의 7등급 햇살론 보증잔액이 25.6%에 가장 근접하므로 A가 농협임을 알 수 있다.
- 금융기관 B는 수협, 축협, 신협 중 하나이므로 이 3개 금융기관의 햇살론 보증잔액과 구성비를 활용한다. 금융기관 B의 개인신용등급별 햇살론 보증잔액 구성비 중 6등급과 7등급의 차이는 31.2-30.7=0.5%p로 6등급과 7등급의 구성비가 거의 같고, 6등급과 7등급 햇살론 보증잔액의 차이는 수협이 5,528-5,441=87백만 원, 축협이 2,578-1,909=669백만 원으로 수협이 축협보다 차이가 더 작으므로 B가 수협임을 알 수 있다.

따라서 A가 농협, B가 수협이다.

03. ②

A의 경우 기타의 구성비가 10.2%이므로 기타×10≒100%임을 적용하여 이를 만족하는 항목을 찾는다. 선택지에 A로 제시된 항목은 수입, 사전검증, 환급이므로 해당 항목만 비교하면, 수입의 10배는 664×10=6,640건으로 합계인 43,513건 미만, 사전검증의 10배는 3,586×10=35,860건으로 합계인 35,173건과 유사, 환급의 10배는 101×10=1,010건으로 합계인 6,857건 미만이므로 A는 사전검증이다.

B의 경우 역시 기타의 구성비가 전체의 21.7%이므로 기타×5≒100%임을 적용하여 이를 만족하는 항목 찾는다. 선택지에 A가 사전검증일 때의 B로 제시된 항목은 화물, 환급이므로 해당 항목만 비교하면 화물의 5배는 3,107×5=15,535건으로 합계인 14,339건과 유사, 환급의 5배는 101×5=505건으로 합계인 6,857건 미만이므로 B는 화물이다.

따라서 A는 사전검증, B는 화물이다.

04. ②

ㄱ. <그림 2>에서 미국의 인구가 3억 명이고 이는 OECD 국가의 총 인구 중 25%이므로 OECD 국가의 총 인구는 12억 명이 된다. 세계 인구에서 차지하는 OECD 국가의 비율이 16.7%(약 $\frac{1}{6}$) 이므로 2010년 세계 인구는 약 72억 명이다.

ㄷ. 미국이 3억 명이므로 터키가 7,400만 명이면 이는 미국의 약 $\frac{1}{4}$에 해당한다. 미국이 25%라고 했으므로 터키는 약 6.25%가 된다.

✓ 오답체크

ㄴ. 2010년 독일 인구가 8,200만 명이므로 2011년에는 약 9,000만 명, 2012년에는 약 9,900만 명이다. 따라서 2013년에 1억 명이 넘는다.

ㄹ. 스페인의 인구는 45백만 명으로 미국의 15%에 해당한다. 따라서 스페인이 세계 인구의 국가별 구성비에서 차지하는 비율은 16.7%×25%×15%≒0.63% 정도가 된다.

05. ②

ㄱ. 수원액 상위 10개국의 수원액 합은 7억 3,800만 달러이고 A국 GDP는 약 1조 4,725억 3,846만 달러이다. 따라서 GDP의 약 0.05%로서 0.04% 이상이다.

<보고서>에서 A국이 공여한 전체 공적개발원조액은 19억 1,430만 달러로 GDP 대비 0.13%라고 하였으므로 여기에 공적개발원조액 중 상위 10개국이 차지하는 비중을 고려하면 된다. 따라서 $\frac{73}{191}$×0.13%가 0.04%인지 확인하면 되고 $\frac{73}{191}$은 $\frac{1}{3}$보다 큰 수치이므로 $\frac{73}{191}$×0.13%≥0.04%이다.

ㄹ. 수원액 상위 10개국을 제외한 국가들의 수원액 합은 19억 1,430만 달러-7억 3,800만 달러=11억 7,630만 달러이다. 따라서 이는 베트남 수원액 2억 1,500만 달러의 5배 이상이다.

> ✓오답체크

ㄴ. '사하라 이남 아프리카'에 대한 공적개발원조액은 19억 1,430만 달러의 20%이므로 4억 달러를 넘지 못한다. 이에 반해 수원액 상위 10개국의 수원액 합은 7억 3,800만 달러이므로 전자는 후자보다 작다.

ㄷ. '오세아니아·기타 아시아'에 대한 공적개발원조액은 32.4%를 차지하지만 '사하라 이남 아프리카' 20.0%, '북아프리카' 5.4%, '중남미' 7.5%에 대한 공적개발원조액 합은 32.9%이므로 전자는 후자보다 작다.

정답 01. ① 02. ① 03. ② 04. ② 05. ②

☑ 이번 기본기, 이것만은 기억하자!

01. 단위 전환을 할 때 자릿수에 따라 천, 백만, 십억, 조로 바뀌는 것을 기억합시다.
02. 분수를 비율로 전환할 때의 수치를 암기하고, 특히 $\frac{1}{6}$과 $\frac{1}{7}$을 반드시 기억합시다.

Public
Service
Aptitude
Test

PSAT 교육 1위, 해커스PSAT **psat.Hackers.com**

자료해석
핵심 기본기 4

시계열 자료는 시점을 정확히 확인한다.

자료해석에서는 시점을 비교하는 표현이 매 시험마다 등장합니다. 따라서 해당 시점을 정확하게 비교하고, 판단하는 기준이 필요합니다. 연속된 시계열 자료가 등장하는 경우에는 항상 시작과 종료 연도를 체크해야 하며, 특정 시점을 비교하는 표현이 등장하는 경우 주어진 자료의 범위 내에서 올바르게 주어졌는지 확인하는 습관을 들여야 합니다.

01 자료에서 시작과 종료 연도를 체크하자.
02 전년대비, 전월대비의 의미를 파악하자.

PSAT 기출문제

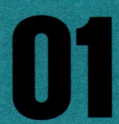 자료에서 시작과 종료 연도를 체크하자.

자료의 수치가 여러 연도에 걸쳐 제시되는 경우 이를 시계열 자료라고 합니다. 시계열 자료가 등장하면 선택지에서는 일반적으로 'A~B에', 'A~B까지', 'A~B 동안', 'A년 이후' 등으로 지칭하여 묻습니다. 이와 같이 시점이 제시되는 경우 선택지에서 묻는 연도의 범위가 자료에서 주어진 연도의 범위와 다른 경우가 빈번하게 나타나므로 자료에서 연도의 시작과 끝 범위를 반드시 체크해야 합니다.

예제

다음 자료에 대한 설명이 적합하면 O, 적합하지 않으면 X로 표시해 봅시다.

〈표〉 선박종류별 기름 유출사고 발생 현황

(단위: 건, ㎘)

연도	선박종류 항목	유조선	화물선	어선	기타	전체
2001	사고 건수	37	53	151	96	337
	유출량	956	584	53	127	1,720
2002	사고 건수	28	68	247	120	463
	유출량	21	49	166	151	387
2003	사고 건수	27	61	272	123	483
	유출량	3	187	181	212	583
2004	사고 건수	32	33	218	102	385
	유출량	38	23	105	244	410
2005	사고 건수	39	39	149	116	343
	유출량	1,223	66	30	143	1,462

2002~2004년 동안 전체 사고 건수와 전체 유출량의 전년대비 증감방향은 동일하다. (   )

[정답 및 해설] X
2002~2004년 동안 전체 사고 건수는 전년대비 증가, 증가, 감소하고, 전체 유출량은 전년대비 감소, 증가, 감소하므로 증감방향은 동일하지 않습니다.

문제에 적용해보기

STEP1 직접 해보기

다음 자료의 시작과 종료 연도를 체크하고, 제시된 설명의 정오를 O, X로 판단해 봅시다.

〈표〉 연령대별 여성취업자

(단위: 천 명)

연도	전체 여성취업자	연령대		
		20대	50대	60대 이상
2004	9,364	2,233	1,283	993
2005	9,526	2,208	1,407	1,034
2006	9,706	2,128	1,510	1,073
2007	9,826	2,096	1,612	1,118
2008	9,874	2,051	1,714	1,123
2009	9,772	1,978	1,794	1,132
2010	9,914	1,946	1,921	1,135
2011	10,091	1,918	2,051	1,191

> 꿀 풀이 TIP
>
> 제시된 자료의 시작 및 종료 연도와 선택지에서 묻는 시작 및 종료 연도가 다른 경우에는 반드시 자료에 직접 체크해야 실수를 줄일 수 있습니다.

[답안]

01. 20대 여성취업자는 2005년 이후 매년 지속적으로 감소하고 있다. (　　)

02. 50대 여성취업자는 2004~2008년 동안 매년 증가하고 있다. (　　)

03. 60대 이상 여성취업자는 2004~2010년 동안 매년 증가하고 있다. (　　)

STEP2 가이드&정답 확인하기

문제 풀이 가이드와 정답을 확인해 봅시다.

〈표〉 연령대별 여성취업자

(단위: 천 명)

연도	전체 여성취업자	연령대		
		20대	50대	60대 이상
2004	9,364	2,233	1,283	993
2005	9,526	2,208	1,407	1,034
2006	9,706	2,128	1,510	1,073
2007	9,826	2,096	1,612	1,118
2008	9,874	2,051	1,714	1,123
2009	9,772	1,978	1,794	1,132
2010	9,914	1,946	1,921	1,135
2011	10,091	1,918	2,051	1,191

[정답]

01. 20대 여성취업자는 2005년 이후 매년 지속적으로 감소하고 있다. (O)
02. 50대 여성취업자는 2004~2008년 동안 매년 증가하고 있다. (O)
03. 60대 이상 여성취업자는 2004~2010년 동안 매년 증가하고 있다. (O)

잊지 말아야 할 핵심 포인트

선택지에 제시된 시작 및 종료 연도가 자료의 전체 연도 범위와 다른 함정이 많다는 점을 기억합시다. 또한 '~년 이전' 또는 '~년 이후'라는 표현이 주어진 경우에는 해당 연도를 포함하여 판단해야 합니다.

02 전년대비, 전월대비의 의미를 파악하자.

시점을 비교하는 경우 '~대비'라는 표현이 자주 등장합니다. 예를 들어 기간이 월 단위로 구분되는 경우 2019년 7월의 '전월대비'는 2019년 6월과 비교해야 함을 의미하고, '전년동월대비'는 2018년 7월과 비교해야 함을 의미합니다. 또한 기간이 연 단위로 구분되는 경우 2019년의 '전년대비'는 2018년과 비교해야 합니다. 마지막으로 기간이 여러 기간 혹은 분기 단위로 구분되는 경우 2019년 3분기의 '전기대비'는 2019년 2분기와 비교해야 하고, '전년동기대비'는 2018년 3분기와 비교해야 합니다.

또한 '□□연도 이후'라는 표현이 등장하면 해당 □□연도를 포함하여 검토해야 하지만 '□□연도 이후 전년대비'라는 표현이 등장하면 □□연도의 '직전 연도부터' 검토해야 합니다.

예제

다음 자료에 대한 설명이 적합하면 O, 적합하지 않으면 X로 표시해 봅시다.

〈표〉 부산항의 연도별 무역규모

(단위: 천 원)

연도	수출액(A)	수입액(B)	무역규모(A+B)
1881	1,158	1,100	2,258
1882	1,151	784	1,935
1883	784	731	1,515
1884	253	338	591
1885	184	333	517
1886	205	433	638
1887	394	659	1,053
1888	412	650	1,062
1889	627	797	1,424
1890	1,908	1,433	3,341

1882년 이후 수출액, 수입액, 무역규모의 전년대비 증감방향은 매년 동일하다. (　　)

[정답 및 해설] X
'1882년 이후', '전년대비'라는 표현을 통해 해당 자료는 1881년부터 1890년까지 검토해야 함을 알 수 있습니다. 1888년 수출액과 무역규모는 전년대비 증가한 반면, 수입액은 전년대비 감소하였습니다.

문제에 적용해보기

STEP1 직접 해보기

다음 자료를 토대로 제시된 설명의 빈칸을 채워 봅시다.

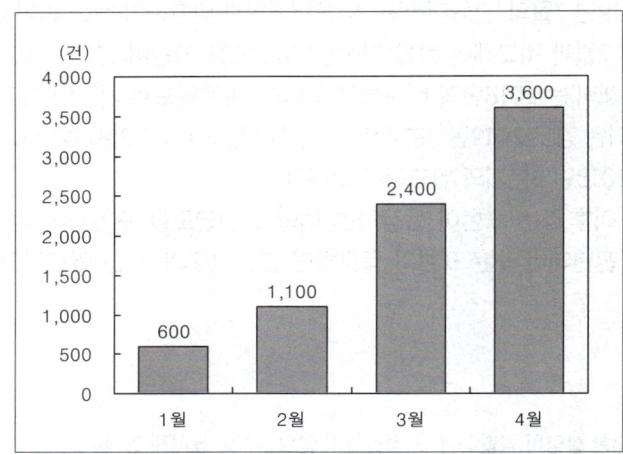

〈그림 1〉 월별 학교폭력 신고 건수

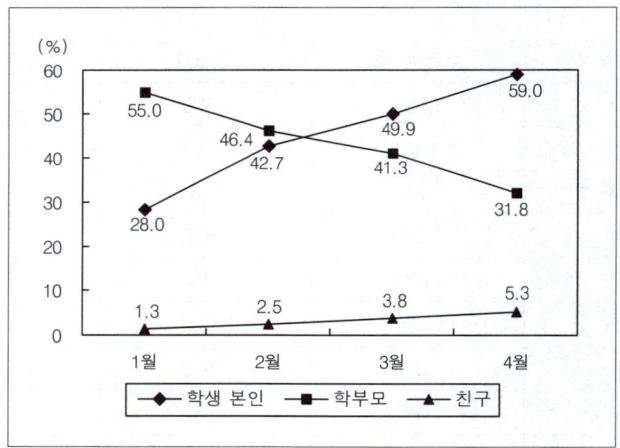

〈그림 2〉 월별 학교폭력 주요 신고자 유형별 비율

> **풀이 TIP**
> 신고 건수가 그래프로 제시되어 있으므로 전월대비 증감폭을 시각적으로 판단할 수 있습니다.

[답안]

01. 2~4월 중 학교폭력 신고 건수의 전월대비 증가폭이 가장 큰 달은 (   )월이다.

02. 2~4월 중 학생본인 학교폭력 신고 비율의 전월대비 증가폭이 가장 큰 달은 (   )월이다.

03. 2~4월 중 학부모 학교폭력 신고 비율의 전월대비 감소폭이 가장 큰 달은 (   )월이다.

STEP2 가이드&정답 확인하기

문제 풀이 가이드와 정답을 확인해 봅시다.

'전월대비' 현황을 묻는 경우에는 시작하는 달의 직전 달부터 검토할 수 있도록 합니다.

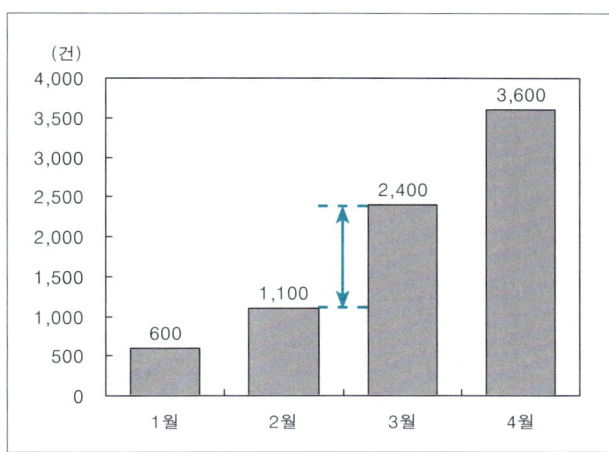

〈그림 1〉 월별 학교폭력 신고 건수

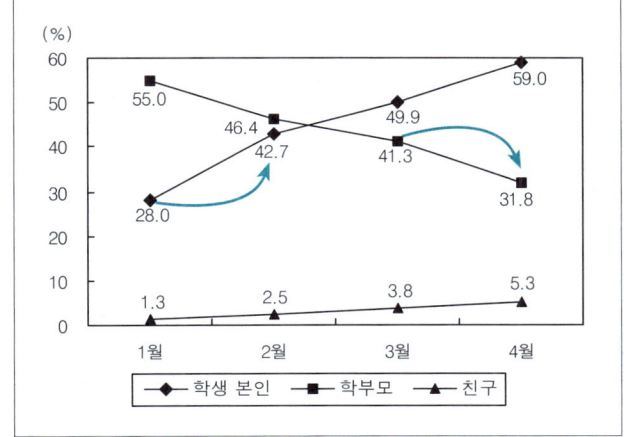

〈그림 2〉 월별 학교폭력 주요 신고자 유형별 비율

[정답]

01. 2~4월 중 학교폭력 신고 건수의 전월대비 증가폭이 가장 큰 달은 (3)월이다.
02. 2~4월 중 학생본인 학교폭력 신고 비율의 전월대비 증가폭이 가장 큰 달은 (2)월이다.
03. 2~4월 중 학부모 학교폭력 신고 비율의 전월대비 감소폭이 가장 큰 달은 (4)월이다.

01. 다음 〈표〉는 조업방법별 어업생산량과 어종별 양식어획량에 대한 자료이다. 이에 대한 설명 중 옳지 않은 것은?

11 민경채

〈표 1〉 조업방법별 어업생산량

(단위: 만 톤)

조업방법 \ 연도	2005	2006	2007	2008	2009
해면어업	109.7	110.9	115.2	128.5	122.7
양식어업	104.1	125.9	138.6	138.1	131.3
원양어업	55.2	63.9	71.0	66.6	60.5
내수면어업	2.4	2.5	2.7	2.9	3.0
계	271.4	303.2	327.5	336.1	317.5

※ 조업방법은 해면어업, 양식어업, 원양어업, 내수면어업으로 이루어짐.

〈표 2〉 어종별 양식어획량

(단위: 백만 마리)

어종 \ 연도	2005	2006	2007	2008	2009
조피볼락	367	377	316	280	254
넙치류	97	94	97	98	106
감성돔	44	50	48	46	35
참돔	53	32	26	45	37
숭어	33	35	30	26	29
농어	20	17	13	15	14
기타 어류	28	51	39	36	45
계	642	656	569	546	520

① 총어업생산량의 전년대비 증가율은 2007년이 2008년보다 크다.
② 2005년부터 2009년까지 어업생산량이 매년 증가한 조업방법은 내수면어업이다.
③ 2005년부터 2009년까지 연도별 총양식어획량에서 조피볼락이 차지하는 비율은 매년 50% 이상이다.
④ 기타 어류를 제외하고, 2009년 양식어획량이 전년대비 감소한 어종 중 감소율이 가장 작은 어종은 농어이다.
⑤ 기타 어류를 제외하고, 양식어획량이 많은 어종을 순서대로 나열하면, 2005년의 순서와 2009년의 순서는 동일하다.

02. 다음 <표>는 2019~2023년 '갑'국의 항공편 지연 및 결항에 관한 자료이다. 이에 대한 <보기>의 설명 중 옳은 것만을 모두 고르면?

24 7급공채

〈표 1〉 2019~2023년 항공편 지연 현황

(단위: 편)

분기	구분 연도 월	국내선					국제선				
		2019	2020	2021	2022	2023	2019	2020	2021	2022	2023
1	1	0	0	0	0	0	1	0	0	1	0
	2	0	0	0	0	0	0	0	0	0	2
	3	0	0	0	0	0	6	0	0	0	0
2	4	0	0	0	0	0	0	0	2	0	1
	5	1	0	0	0	0	5	0	0	1	0
	6	0	0	0	0	0	0	0	10	11	1
3	7	40	0	0	3	68	53	23	11	83	55
	8	3	0	0	3	1	27	58	61	111	50
	9	0	0	0	0	161	7	48	46	19	368
4	10	0	93	0	23	32	21	45	44	98	72
	11	0	0	0	1	0	0	0	0	5	11
	12	0	0	0	0	0	2	1	6	0	17
전체		44	93	0	30	262	122	175	180	329	577

〈표 2〉 2019~2023년 항공편 결항 현황

(단위: 편)

분기	구분 연도 월	국내선					국제선				
		2019	2020	2021	2022	2023	2019	2020	2021	2022	2023
1	1	0	0	0	0	0	0	0	0	0	0
	2	0	0	0	0	0	0	0	0	0	14
	3	0	0	0	0	0	0	0	0	0	0
2	4	1	0	0	0	0	0	0	0	0	0
	5	6	0	0	0	0	10	0	0	0	0
	6	0	0	0	0	0	0	0	0	1	0
3	7	311	0	0	187	507	93	11	5	162	143
	8	62	0	0	1,008	115	39	11	71	127	232
	9	0	0	4	0	1,351	16	30	42	203	437
4	10	0	85	0	589	536	4	48	49	112	176
	11	0	0	0	0	0	0	0	0	0	4
	12	0	0	0	0	0	0	4	4	0	22
전체		380	85	4	1,784	2,509	162	104	171	605	1,028

─〈보 기〉─
ㄱ. 2022년 3분기 국제선 지연편수는 전년 동기 대비 100편 이상 증가하였다.
ㄴ. 2023년 9월의 결항편수는 국내선이 국제선의 3배 이상이다.
ㄷ. 매년 1월과 3월에는 항공편 결항이 없었다.

① ㄱ
② ㄷ
③ ㄱ, ㄴ
④ ㄴ, ㄷ
⑤ ㄱ, ㄴ, ㄷ

03. 다음 〈그림〉은 2000~2014년 A국의 50~64세 장년층의 고용 실태를 조사한 자료이다. 이에 대한 〈보고서〉의 설명 중 옳은 것만을 모두 고르면?

16 5급공채

〈그림 1〉 전체 고용률과 장년층 고용률 추이(2000~2014년)

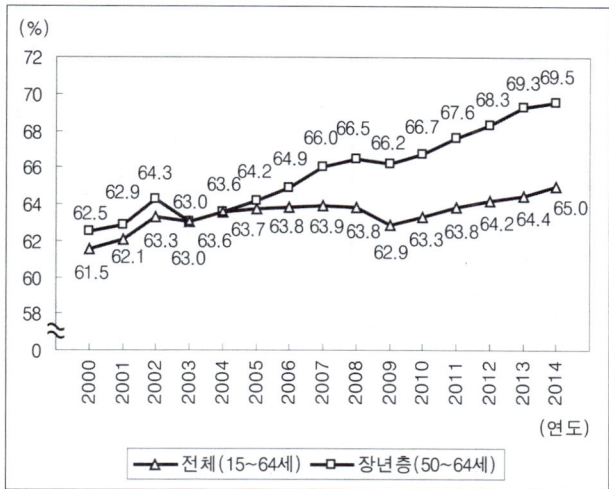

〈그림 2〉 장년층 재취업자 고용 형태(2013년)

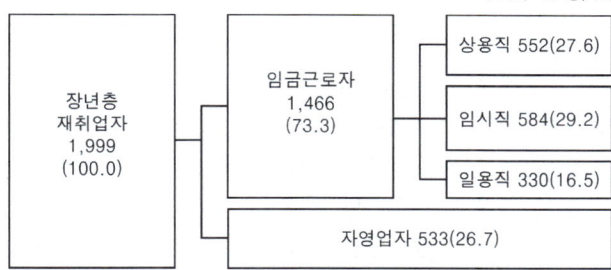

〈그림 3〉 장년층 재취업 전후 직종 구성비(2013년)

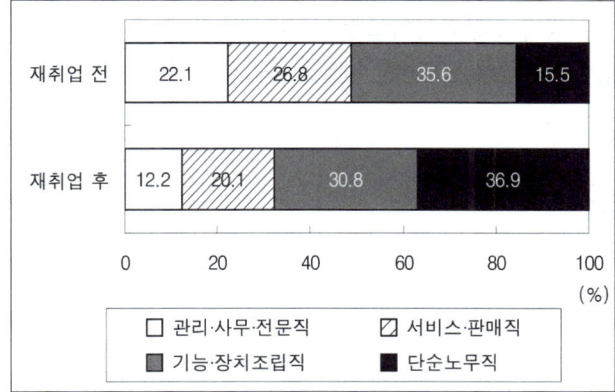

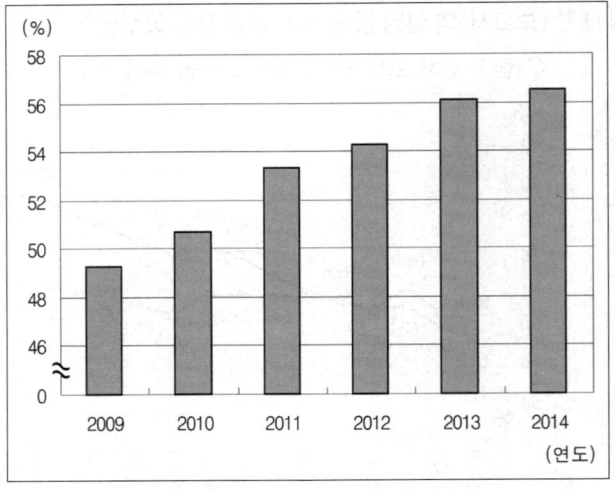

〈그림 4〉 자영업자 중 50대의 비중 추이(2009~2014년)

─〈보고서〉─

　A국의 2000~2014년 장년층의 고용실태를 조사한 내용은 다음과 같다. ㉠장년층 고용률은 2005년 이후 매년 전체 고용률보다 높고 2009년 이후 지속적으로 상승하고 있다. ㉡전체 고용률과 장년층 고용률의 차이를 연도별로 비교하면 2013년 전체 고용률과 장년층 고용률의 차이가 조사 기간 중 두 번째로 크다.

　장년층 고용이 양적으로는 확대되고 있는 반면, 장년층이 조기퇴직한 후 재취업 및 창업 과정을 거치며 고용의 질은 악화되고 있다. ㉢2013년 장년층 재취업자 중 임금근로자의 고용 형태를 비중이 높은 것부터 순서대로 나열하면 임시직, 상용직, 일용직 순이다. 또한, ㉣2013년 장년층 재취업 전 직종 구성비에서 단순노무직이 차지하는 비중은 15.5%로 가장 낮으나, 장년층 재취업 후 직종 구성비에서 단순노무직이 차지하는 비중은 36.9%로 가장 높다.

　한편, 자영업종에 대한 과다진입으로 자영업 영세화가 심화되고 베이비붐 세대의 퇴직까지 본격화되고 있다. ㉤2009년 이후 자영업자 중 50대의 비중이 50.0% 이상이고 이 비중은 매년 증가하고 있다.

① ㄱ, ㄴ, ㄷ
② ㄱ, ㄷ, ㄹ
③ ㄱ, ㄷ, ㅁ
④ ㄴ, ㄷ, ㄹ
⑤ ㄴ, ㄹ, ㅁ

04. 다음 〈표〉는 한국, 중국, 일본 3개국의 배타적경제수역(EEZ) 내 조업현황을 나타낸 것이다. 이에 대한 설명으로 옳은 것은?

14 5급공채

〈표〉 한국, 중국, 일본의 배타적경제수역(EEZ) 내 조업현황

(단위: 척, 일, 톤)

해역	어선 국적	구분	2010년 12월	2011년 11월	2011년 12월
한국 EEZ	일본	입어척수	30	70	57
		조업일수	166	1,061	277
		어획량	338	2,176	1,177
	중국	입어척수	1,556	1,468	1,536
		조업일수	27,070	28,454	27,946
		어획량	18,911	9,445	21,230
중국 EEZ	한국	입어척수	68	58	62
		조업일수	1,211	789	1,122
		어획량	463	64	401
일본 EEZ	한국	입어척수	335	242	368
		조업일수	3,992	1,340	3,236
		어획량	5,949	500	8,233

① 2011년 12월 중국 EEZ 내 한국어선 조업일수는 전월대비 감소하였다.
② 2011년 11월 한국어선의 일본 EEZ 입어척수는 전년 동월 대비 감소하였다.
③ 2011년 12월 일본 EEZ 내 한국어선의 조업일수는 같은 기간 중국 EEZ 내 한국어선 조업일수의 3배 이상이다.
④ 2011년 12월 일본어선의 한국 EEZ 내 입어척수당 조업일수는 전년 동월 대비 증가하였다.
⑤ 2011년 11월 일본어선과 중국어선의 한국 EEZ 내 어획량 합은 같은 기간 중국 EEZ와 일본 EEZ 내 한국어선 어획량 합의 20배 이상이다.

05. 다음 <그림>과 <표>는 F국제기구가 발표한 2014년 3월~2015년 3월 동안의 식량 가격지수와 품목별 가격지수에 대한 자료이다. 이에 대한 설명으로 옳지 않은 것은?

17 민경채

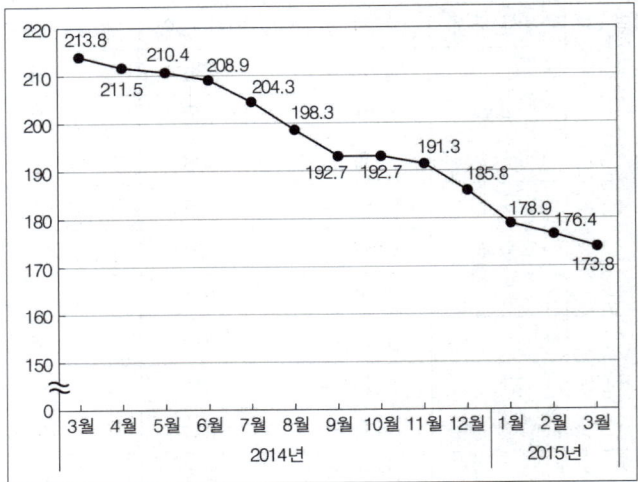

〈표〉 품목별 가격지수

시기	품목	육류	낙농품	곡물	유지류	설탕
2014년	3월	185.5	268.5	208.9	204.8	254.0
	4월	190.4	251.5	209.2	199.0	249.9
	5월	194.6	238.9	207.0	195.3	259.3
	6월	202.8	236.5	196.1	188.8	258.0
	7월	205.9	226.1	185.2	181.1	259.1
	8월	212.0	200.8	182.5	166.6	244.3
	9월	211.0	187.8	178.2	162.0	228.1
	10월	210.2	184.3	178.3	163.7	237.6
	11월	206.4	178.1	183.2	164.9	229.7
	12월	196.4	174.0	183.9	160.7	217.5
2015년	1월	183.5	173.8	177.4	156.0	217.7
	2월	178.8	181.8	171.7	156.6	207.1
	3월	177.0	184.9	169.8	151.7	187.9

※ 기준년도인 2002년의 가격지수는 100임.

① 2015년 3월의 식량 가격지수는 전년 동월에 비해 15% 이상 하락했다.
② 2014년 4월부터 2014년 9월까지 식량 가격지수는 매월 하락했다.
③ 2015년 3월 가격지수가 전년 동월에 비해 가장 큰 폭으로 하락한 품목은 낙농품이다.
④ 육류 가격지수는 2014년 8월까지 매월 상승하다가 그 이후에는 매월 하락했다.
⑤ 2002년 가격지수 대비 2015년 3월 가격지수의 상승률이 가장 낮은 품목은 육류이다.

정답 및 해설

01. ③
〈표 2〉에서 2009년 총양식어획량 520백만 마리에서 조피볼락 254백만 마리가 차지하는 비율은 (254/520)×100≒48.8%이므로 옳지 않은 설명이다.

✓오답체크

① 〈표 1〉에서 총어업생산량의 전년대비 증가율은 2007년이 {(327.5-303.2)/303.2}×100≒8.0%이고, 2008년이 {(336.1-327.5)/327.5}×100≒2.6%로 2007년이 2008년보다 크므로 옳은 설명이다.
② 〈표 1〉에서 2005~2009년 동안 내수면어업의 어업생산량은 매년 증가하였으므로 옳은 설명이다.
④ 〈표 2〉에서 기타 어류를 제외하고, 2009년 양식어획량이 전년대비 감소한 어종인 조피볼락, 감성돔, 참돔, 농어 중 감소율이 가장 작은 어종은 15백만 마리에서 14백만 마리로 감소한 농어이므로 옳은 설명이다.
⑤ 〈표 2〉에서 기타 어류를 제외하고 양식어획량이 많은 어종을 순서대로 나열하면, 2005년과 2009년의 순서는 동일하므로 옳은 설명이다.

02. ④
ㄴ. 2023년 9월의 결항편수는 국내선 1,351편이 국제선 437편의 3배인 1,311편 이상이다.
ㄷ. 매년 1월과 3월에는 국제선과 국내선 모두 0편이므로 항공편 결항이 없었다.

✓오답체크

ㄱ. 3분기 국제선 지연편수는 2021년 11+61+46=118편에서 2022년 83+111+19=213편으로 100편 이상 증가하지 않았다.

03. ②
ㄱ. 2004년 장년층 고용률은 전체 고용률과 동일하고, 2005년 이후 매년 전체 고용률보다 높으며 2009년 이후에는 매년 지속적으로 상승하고 있으므로 옳은 설명이다.
ㄷ. 2013년 장년층 재취업자 중 임금근로자의 고용 형태를 비중이 높은 것부터 순서대로 나열하면 임시직, 상용직, 일용직 순이므로 옳은 설명이다.
ㄹ. 2013년 장년층 재취업 전 직종 구성비에서 단순노무직이 차지하는 비중은 15.5%로 가장 낮으나, 장년층 재취업 후 직종 구성비에서 단순노무직이 차지하는 비중은 36.9%로 가장 높으므로 옳은 설명이다.

✓오답체크

ㄴ. 전체 고용률과 장년층 고용률의 차이는 2013년이 69.3-64.4=4.9%p로 가장 크므로 옳지 않은 설명이다.
ㅁ. 2009년 이후 자영업자 중 50대의 비중은 매년 증가하나, 2009년에는 그 비중이 50% 미만이므로 옳지 않은 설명이다.

04. ⑤

2011년 11월 일본어선과 중국어선의 한국 EEZ 내 어획량 합은 2,176+9,445=11,621톤이고, 같은 기간 중국 EEZ와 일본 EEZ 내 한국어선의 어획량 합은 64+500=564톤이다. 따라서 20배 이상이므로 옳은 설명이다. (64와 500을 각각 20배하면 1,280과 10,000이 된다. 따라서 11,280이 11,621보다 작기 때문에 20배 이상이라고 판단할 수 있다.)

✔ 오답체크

① 중국 EEZ 내 한국어선 조업일수는 2011년 11월 789일에서 2011년 12월 1,122일로 전월대비 증가하였으므로 옳지 않은 설명이다.
② 한국어선의 일본 EEZ 입어척수는 2011년 11월 242척이지만 전년 동월인 2010년 11월의 자료는 제시되지 않았으므로 알 수 없다.
③ 2011년 12월 일본 EEZ 내 한국어선의 조업일수는 3,236일이고 같은 기간 중국 EEZ 내 한국어선 조업일수는 1,122일로 3배 미만이므로 옳지 않은 설명이다.
④ 일본어선의 한국 EEZ 내 입어척수당 조업일수는 2010년 12월이 $\frac{166}{30}$일/척이고, 2011년 12월이 $\frac{277}{57}$일/척이다. 분모인 입어척수는 30에서 57로 57/30=1.9배 증가하였지만 분자인 조업일수는 166에서 277로 277/166≒1.7배 증가하였다. 따라서 2011년 12월이 전년 동월 대비 감소하였으므로 옳지 않은 설명이다.

05. ⑤

2002년 가격지수 대비 2015년 3월 가격지수의 상승률이 가장 낮은 품목은 육류(77.0%)가 아닌 유지류(51.7%)이다.

✔ 오답체크

① 2015년 3월의 식량 가격지수 173.8은 2014년 3월 213.8에 비해 18.7% 하락했기 때문에 15% 이상 하락했다.
② 2014년 4월부터 2014년 9월까지 식량 가격지수는 211.5, 210.4, 208.9, 204.3, 198.3, 192.7로 매월 하락했다.
③ 2014년 3월에 비해 2015년 3월 가격지수 하락폭은 육류 8.5, 낙농품 83.6, 곡물 39.1, 유지류 53.1, 설탕 66.1로 낙농품이 가장 크다.
④ 육류 가격지수는 2014년 3월부터 8월까지 185.5, 190.4, 194.6, 202.8, 205.9, 212.0으로 매월 상승하다가 9월부터 211.0, 210.2, 206.4, 196.4, 183.5, 178.8, 177.0으로 매월 하락했다.

정답 01. ③ 02. ④ 03. ② 04. ⑤ 05. ⑤

이번 기본기, 이것만은 기억하자!

01. 시계열 자료를 접하면 자료와 선택지에서 연도의 시작과 끝을 반드시 체크합시다.
02. 전년대비, 전년동월대비, 전월대비 등 비교하는 표현을 정확하게 숙지합시다.

PSAT 교육 1위, 해커스PSAT **psat.Hackers.com**

Public
Service
Aptitude
Test

PSAT 교육 1위, 해커스PSAT **psat.Hackers.com**

자료해석
핵심 기본기 5

배수, 비율, 비율의 차이를 이해한다.

자료해석에서 증가율이나 감소율을 나타낼 때에는 '%'를 사용하고, 이들 비율 간의 차이를 나타낼 때에는 '%p'를 사용합니다. 또한 단순히 '~배'를 사용하여 비교하는 경우도 있습니다. 이렇게 쓰임 간의 차이가 있으므로 쓰임을 잘 구분하고 문제를 풀 필요가 있습니다.

01 비율과 배수의 관계를 파악하자.

02 %와 %p의 차이를 파악하자.

PSAT 기출문제

01 비율과 배수의 관계를 파악하자.

자료해석에서 수치 간 차이를 표현할 때에는 배수로 나타내는 경우도 있고 %로 나타내는 경우도 있습니다. 따라서 두 가지 표현의 관계를 잘 파악할 수 있어야 합니다.

※ 비율과 배수의 관계

비율	배수
50% 증가	기준 수치의 1.5배
100% 증가	기준 수치의 2배
200% 증가	기준 수치의 3배
A% 증가	기준 수치의 ($\frac{A}{100}$+1)배

비율	배수
20% 감소	기준 수치의 0.8배
50% 감소	기준 수치의 0.5배
60% 감소	기준 수치의 0.4배
B% 감소	기준 수치의 (1-$\frac{B}{100}$)배

예제

다음의 증가율을 배수로 바꿔 빈칸을 채워 봅시다.
01. 300% 증가=기준 수치의 (   )배
02. 650% 증가=기준 수치의 (   )배
03. 79% 감소=기준 수치의 (   )배

[정답 및 해설] 01. 4   02. 7.5   03. 0.21
01. A% 증가는 ($\frac{A}{100}$+1)배이므로 300% 증가는 기준 수치의 3+1=4배입니다.
02. A% 증가는 ($\frac{A}{100}$+1)배이므로 650% 증가는 기준 수치의 6.5+1=7.5배입니다.
03. B% 감소는 (1-$\frac{B}{100}$)배이므로 79% 감소는 기준 수치의 1-0.79=0.21배입니다.

문제에 적용해보기

STEP1 직접 해보기

다음 자료에서 증감계수와 증감률 식을 참고하여 제시된 설명의 빈칸을 채워 봅시다.

꿀 풀이 TIP

증감계수를 구하는 식에 100을 곱하면 증가율이 된다는 것을 파악합시다.

〈그림 1〉 2011년 1사분기의 사원별 매출액

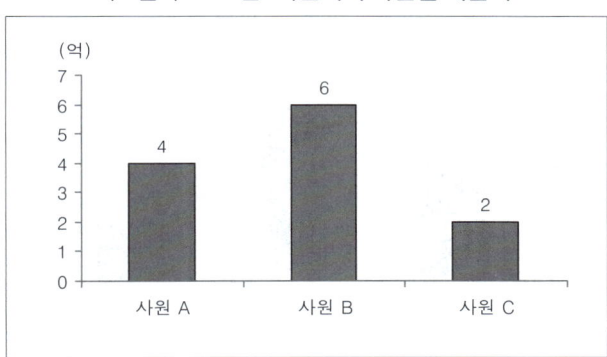

〈그림 2〉 2011년 2~4사분기 사원별 매출액 증감계수

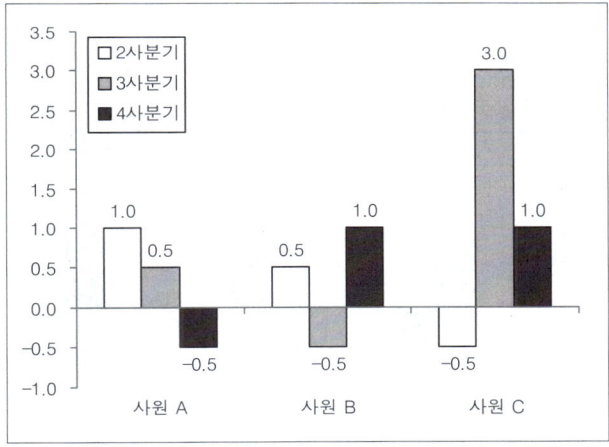

※ 1) 해당 사분기 매출액 증감계수 = $\frac{\text{해당 사분기 매출액} - \text{직전 사분기 매출액}}{\text{직전 사분기 매출액}}$

2) 해당 사분기 매출액 증감률 = $\frac{\text{해당 사분기 매출액} - \text{직전 사분기 매출액}}{\text{직전 사분기 매출액}} \times 100$

[답안]

01. 증감계수 1.0은 증감률로 변환 시 (　　)% 증가, 즉 기준 수치의 (　　)배이다.

02. 증감계수 0.5는 증감률로 변환 시 (　　)% 증가, 즉 기준 수치의 (　　)배이다.

03. 증감계수 -0.5는 증감률로 변환 시 (　　)% 감소, 즉 기준 수치의 (　　)배이다.

04. 증감계수 3.0은 증감률로 변환 시 (　　)% 증가, 즉 기준 수치의 (　　)배이다.

STEP2 가이드&정답 확인하기

잊지 말아야 할 핵심 포인트

100% 이상의 비율을 묻는 경우에는 백의 자리 숫자에 1을 더한 만큼을 배수로 생각하면 됩니다.

문제 풀이 가이드와 정답을 확인해 봅시다.

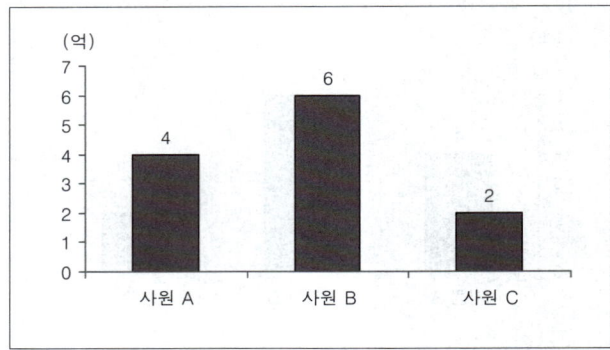

〈그림 1〉 2011년 1사분기의 사원별 매출액

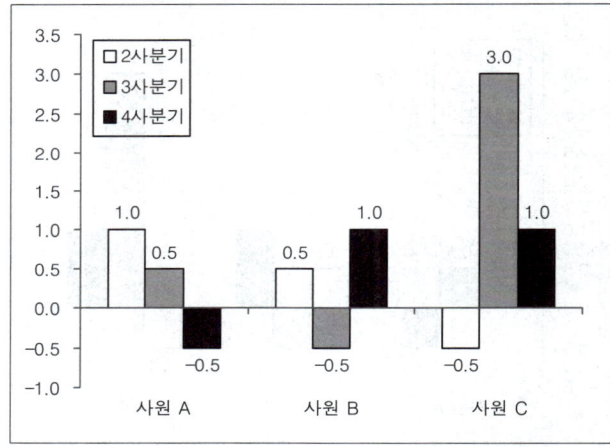

〈그림 2〉 2011년 2~4사분기 사원별 매출액 증감계수

※ 1) 해당 사분기 매출액 증감계수 = $\dfrac{\text{해당 사분기 매출액} - \text{직전 사분기 매출액}}{\text{직전 사분기 매출액}}$

2) 해당 사분기 매출액 증감률 = $\dfrac{\text{해당 사분기 매출액} - \text{직전 사분기 매출액}}{\text{직전 사분기 매출액}} \times 100$

'×100'을 제외하면 동일한 식

[정답]

01. 증감계수 1.0은 증감률로 변환 시 (100)% 증가, 즉 기준 수치의 (2)배이다.
02. 증감계수 0.5는 증감률로 변환 시 (50)% 증가, 즉 기준 수치의 (1.5)배이다.
03. 증감계수 -0.5는 증감률로 변환 시 (50)% 감소, 즉 기준 수치의 (0.5)배이다.
04. 증감계수 3.0은 증감률로 변환 시 (300)% 증가, 즉 기준 수치의 (4)배이다.

02 %와 %p의 차이를 파악하자.

비율에 붙는 단위는 %(퍼센트)입니다. 하지만 비율 간의 산술적 차이를 나타낼 때에는 %가 아닌 %p(퍼센트 포인트)를 사용합니다. 예를 들어 어느 강의의 할인율이 10%에서 20%로 증가한 경우, 이를 배수로 나타내면 2배 증가한 것이고, 비율로 나타내면 100% 증가한 것이며 두 비율의 차이는 10%p입니다. 즉, 증가율이나 감소율 자체를 나타내고자 할 때는 %를 쓰지만 비율 간의 차이를 나타낼 때에는 %p를 씁니다. 따라서 수치를 정확히 파악하기 위해서는 이 두 가지를 구분할 수 있어야 합니다.

예제

다음 자료에 대한 설명이 적합하면 O, 적합하지 않으면 X로 표시해 봅시다.

〈표〉 문화체육관광부 문화산업부문 예산 추이

연도	문화체육관광부 예산(억 원)	산업국	
		예산(억 원)	문화체육관광부 예산 대비 비중(%)
1998	7,574	168	2.2
1999	8,563	1,000	11.7

1999년 산업국 예산이 문화체육관광부 예산에서 차지하는 비중은 전년대비 9.5% 증가하였다.
( )

[정답 및 해설] X
2.2%에서 11.7%로 증가하였으므로 9.5%가 아닌 9.5%p 증가하였다고 표현해야 합니다.

📝 문제에 적용해보기

STEP1 직접 해보기

다음 자료를 토대로 제시된 설명의 빈칸을 채워 봅시다.

> 꿀 풀이 TIP
> 비율의 차이 또는 격차를 판단할 때에는 항상 % 뒤에 p를 붙이는 것을 잊지 맙시다.

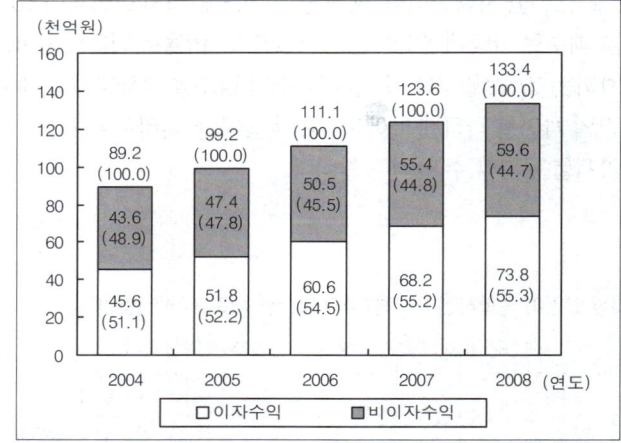

〈그림〉 A은행의 영업수익 추이

※ 1) 영업수익 = 이자수익 + 비이자수익
   2) 괄호 안은 연도별 영업수익에서 차지하는 구성비(%)임.

〈표〉 2008년 주요 은행의 영업수익 현황

(단위: %)

은행 구분	A	B	C	D	E	시중은행 평균
총자산 대비 영업수익 비율	5.2	12.8	8.6	4.7	5.6	7.2
총자산 대비 이자수익 비율	2.9	6.1	5.0	2.2	4.1	5.2

[답안]

01. 2005~2008년 동안 A은행의 영업수익에서 이자수익이 차지하는 구성비가 전년에 비해 가장 크게 증가한 연도는 (   )년이며 그 차이는 (   )%p이다.

02. 2008년 주요 은행 A~E 중 총자산 대비 영업수익 비율과 총자산대비 이자수익 비율의 격차가 가장 큰 은행은 (   )이며 그 차이는 (   )%p이다.

STEP2 가이드&정답 확인하기

문제 풀이 가이드와 정답을 확인해 봅니다.

비율은 %이고, 비율의 차이는 %p라는 점을 반드시 기억합시다.

〈그림〉 A은행의 영업수익 추이

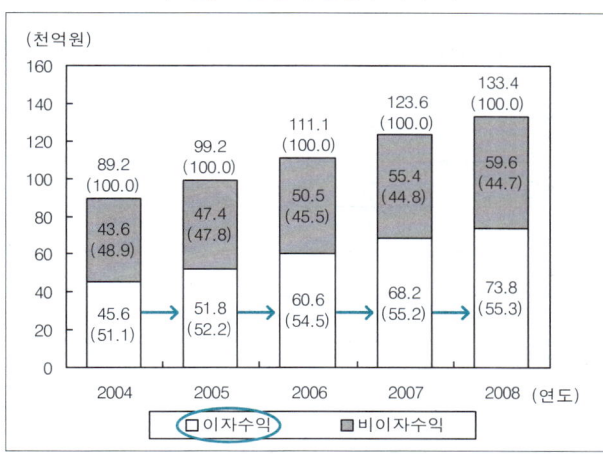

※ 1) 영업수익 = 이자수익 + 비이자수익
  2) 괄호 안은 연도별 영업수익에서 차지하는 구성비(%)임.

〈표〉 2008년 주요 은행의 영업수익 현황

(단위: %)

구분 \ 은행	A	B	C	D	E	시중은행 평균
총자산 대비 영업수익 비율	5.2	12.8	8.6	4.7	5.6	7.2
총자산 대비 이자수익 비율	2.9	6.1	5.0	2.2	4.1	5.2

[정답]

01. 2005~2008년 동안 A은행의 영업수익에서 이자수익이 차지하는 구성비가 전년에 비해 가장 크게 증가한 연도는 (2006)년이며 그 차이는 (2.3)%p이다.

02. 2008년 주요 은행 A~E 중 총자산 대비 영업수익 비율과 총자산대비 이자수익 비율의 격차가 가장 큰 은행은 (B)이며 그 차이는 (6.7)%p이다.

PSAT 기출문제

01. 다음 〈표〉와 〈그림〉은 2001~2008년 동안 A국의 비행단계별, 연도별 항공기사고 발생 건수에 대한 자료이다. 이에 대한 〈보기〉의 설명 중 옳은 것만을 모두 고르면?

13 민경채

〈표〉 비행단계별 항공기사고 발생 건수(2001~2008년)

(단위: 건, %)

단계	발생 건수	비율
지상이동	4	6.9
이륙	2	3.4
상승	7	12.1
순항	22	37.9
접근	6	10.3
착륙	17	29.4
계	58	100.0

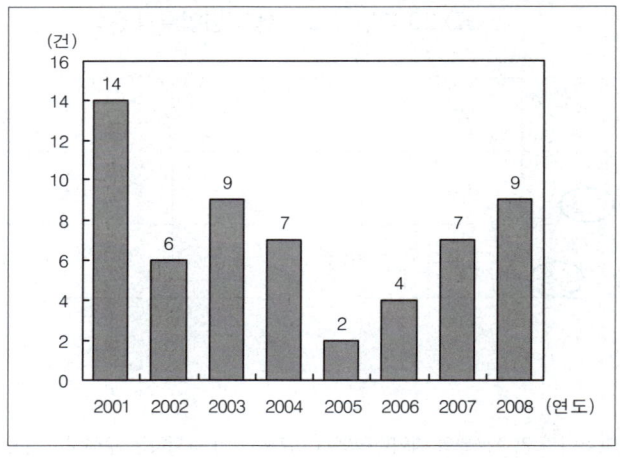

〈그림〉 연도별 항공기사고 발생 건수

─〈보 기〉─
ㄱ. 2005년 이후 항공기사고 발생 건수는 매년 증가하였다.
ㄴ. 비행단계별 항공기사고 발생 건수가 많은 것부터 순서대로 나열하면 순항, 착륙, 접근, 상승 순이다.
ㄷ. 순항단계와 착륙단계의 항공기사고 발생 건수의 합은 총 항공기사고 발생 건수의 60% 이상이다.
ㄹ. 2006~2008년 동안 항공기사고 발생 건수의 전년대비 증가율은 매년 100% 이상이다.

① ㄱ, ㄴ
② ㄱ, ㄷ
③ ㄴ, ㄹ
④ ㄱ, ㄷ, ㄹ
⑤ ㄴ, ㄷ, ㄹ

02. 다음 〈표〉는 문화체육관광부의 문화산업부문 예산 추이에 대한 자료이다. 이에 대한 〈보기〉의 설명 중 옳지 않은 것을 모두 고르면?

12 5급공채

〈표〉 문화체육관광부 문화산업부문 예산 추이

(단위: 억 원, %)

연도	문화체육관광부 예산	문화산업부문 담당국			
		산업국		미디어국	
		예산	문화체육관광부 예산 대비 비중	예산	문화체육관광부 예산 대비 비중
1998	7,574	168	2.2	-	-
1999	8,563	1,000	11.7	-	-
2000	11,707	1,787	15.3	-	-
2001	12,431	1,474	11.9	-	-
2002	13,985	1,958	14.0	-	-
2003	14,864	1,890	12.7	-	-
2004	15,675	1,725	11.0	-	-
2005	15,856	1,911	12.1	-	-
2006	17,385	1,363	7.8	890	5.1
2007	14,250	1,284	9.0	693	4.9
2008	15,136	1,508	9.9	558	3.7

※ 문화산업부문 담당국은 산업국과 미디어국으로만 구분됨.

─〈보 기〉─

ㄱ. 2006~2008년 동안 문화체육관광부 예산에서 문화산업부문이 차지하는 비중은 매년 증가하였다.
ㄴ. 1999년 문화산업부문 예산이 문화체육관광부 예산에서 차지하는 비중은 전년대비 9.5% 증가하였다.
ㄷ. 2008년에는 산업국과 미디어국 각각 전년대비 예산증가율이 문화체육관광부 전년대비 예산증가율보다 작다.

① ㄱ
② ㄴ
③ ㄱ, ㄴ
④ ㄴ, ㄷ
⑤ ㄱ, ㄴ, ㄷ

03. 다음 〈표〉는 6개 기관(가~바)에서 제시한 2011년 경제 전망을 나타낸 자료이다. 〈보고서〉의 설명을 바탕으로 〈표〉의 A~F에 해당하는 기관을 바르게 짝지은 것은?

11 민경채

〈표〉 기관별 2011년 경제 전망

(단위: %)

기관	경제 성장률	민간소비 증가율	설비투자 증가율	소비자물가 상승률	실업률
A	4.5	4.1	6.5	3.5	3.5
B	4.2	4.1	8.5	3.2	3.6
C	4.1	3.8	7.6	3.2	3.7
D	4.1	3.9	5.2	3.1	3.7
E	3.8	3.6	5.1	2.8	3.5
F	5.0	4.0	7.0	3.0	3.4

─〈보고서〉─

'가' 기관과 '나' 기관은 2011년 실업률을 동일하게 전망하였으나, '가' 기관이 '나' 기관보다 소비자물가 상승률을 높게 전망하였다. 한편, '마' 기관은 '나' 기관보다 민간소비 증가율이 0.5%p 더 높을 것으로 전망하였으며, '다' 기관은 경제 성장률을 6개 기관 중 가장 높게 전망하였다. 설비투자 증가율을 7% 이상으로 전망한 기관은 '다', '라', '마' 3개 기관이었다.

	A	B	C	D	E	F
①	가	라	마	나	바	다
②	가	마	다	라	나	바
③	가	마	라	바	나	다
④	다	라	나	가	바	마
⑤	마	라	가	나	바	다

04. 다음 〈표〉는 '갑'국의 2019년과 2020년의 대학 교원 유형별 강의 담당학점 현황에 대한 자료이다. 이에 대한 〈보기〉의 설명 중 옳은 것만을 모두 고르면?

21 5급공채

〈표〉 교원 유형별 강의 담당학점 현황

(단위: 학점, %)

구분	연도 교원 유형		2020년			2019년		
			전임교원	비전임교원	강사	전임교원	비전임교원	강사
전체 (196개교)		담당학점	479,876	239,394	152,898	476,551	225,955	121,265
		비율	66.7	33.3	21.3	67.8	32.2	17.3
설립 주체	국공립 (40개교)	담당학점	108,237	62,934	47,504	107,793	59,980	42,824
		비율	63.2	36.8	27.8	64.2	35.8	25.5
	사립 (156개교)	담당학점	371,639	176,460	105,394	368,758	165,975	78,441
		비율	67.8	32.2	19.2	69.0	31.0	14.7
소재지	수도권 (73개교)	담당학점	173,383	106,403	64,019	171,439	101,864	50,696
		비율	62.0	38.0	22.9	62.7	37.3	18.5
	비수도권 (123개교)	담당학점	306,493	132,991	88,879	305,112	124,091	70,569
		비율	69.7	30.3	20.2	71.1	28.9	16.4

※ 비율(%) = $\frac{\text{교원 유형별 담당학점}}{\text{전임교원 담당학점} + \text{비전임교원 담당학점}} \times 100$

〈보 기〉

ㄱ. 2020년 전체 대학의 전임교원 담당학점 비율은 비전임교원 담당학점 비율의 2배 이상이다.
ㄴ. 2020년 전체 대학의 전임교원 담당학점은 전년 대비 1.1% 줄어들었다.
ㄷ. 사립대학의 경우, 비전임교원 담당학점 중 강사 담당학점 비중의 2019년과 2020년간 차이는 10%p 미만이다.
ㄹ. 2019년 대비 2020년에 증가한 비전임교원 담당학점은 비수도권 대학이 수도권 대학의 2배 미만이다.

① ㄱ, ㄴ
② ㄱ, ㄹ
③ ㄷ, ㄹ
④ ㄱ, ㄴ, ㄷ
⑤ ㄴ, ㄷ, ㄹ

05. 다음 <표>는 A기업 지원자의 인턴 및 해외연수 경험과 합격여부에 관한 자료이다. 이에 대한 <보기>의 설명 중 옳은 것만을 모두 고르면?

18 5급공채

〈표〉 A기업 지원자의 인턴 및 해외연수 경험과 합격여부

(단위: 명, %)

인턴 경험	해외연수 경험	합격여부		합격률
		합격	불합격	
있음	있음	53	414	11.3
	없음	11	37	22.9
없음	있음	0	16	0.0
	없음	4	139	2.8

※ 1) 합격률(%) = $\frac{합격자수}{합격자수+불합격자수} \times 100$
   2) 합격률은 소수점 아래 둘째 자리에서 반올림한 값임.

─〈보 기〉─

ㄱ. 해외연수 경험이 있는 지원자가 해외연수 경험이 없는 지원자보다 합격률이 높다.
ㄴ. 인턴 경험이 있는 지원자가 인턴 경험이 없는 지원자보다 합격률이 높다.
ㄷ. 인턴 경험과 해외연수 경험이 모두 있는 지원자 합격률은 인턴 경험만 있는 지원자 합격률의 2배 이상이다.
ㄹ. 인턴 경험과 해외연수 경험이 모두 없는 지원자와 인턴 경험만 있는 지원자 간 합격률 차이는 30%p보다 크다.

① ㄱ, ㄴ
② ㄱ, ㄷ
③ ㄴ, ㄷ
④ ㄱ, ㄴ, ㄹ
⑤ ㄴ, ㄷ, ㄹ

정답 및 해설

01. ②

ㄱ. 2005년 이후 항공기사고 발생 건수가 2, 4, 7, 9건으로 매년 증가하고 있으므로 옳은 설명이다.

ㄷ. 순항단계 항공기사고 발생 건수의 비율과 착륙단계 항공기사고 발생 건수의 비율을 합하면 37.9+29.4=67.3%이므로 옳은 설명이다.

✓ 오답체크

ㄴ. 비행단계별 항공기사고 발생 건수가 많은 것부터 나열하면 순항, 착륙, 상승, 접근, 지상이동, 이륙 순이므로 옳지 않은 설명이다.

ㄹ. 항공기사고 발생 건수는 2006년이 4건, 2007년이 7건, 2008년이 9건으로 전년대비 증가율은 매년 100% 미만이므로 옳지 않은 설명이다.

02. ⑤

ㄱ. 2008년 산업국의 비중은 2007년 대비 9.9-9.0=0.9%p증가했지만, 미디어국의 비중은 4.9-3.7=1.2%p감소했으므로 문화체육관광부 예산에서 문화산업부문이 차지하는 비중은 1.2-0.9=0.3%p 감소했음을 알 수 있다. 따라서 옳지 않은 설명이다.

ㄴ. 1998년과 1999년 문화산업부문 예산이 문화체육관광부 예산에서 차지하는 비중은 1998년이 (168/7,574)×100≒2.2%, 1999년이 (1,000/8,563)×100≒11.7%로 전년대비 9.5%가 아닌 11.7-2.7=9.5%p 증가했으므로 옳지 않은 설명이다.

ㄷ. 미디어국의 경우 예산이 감소하였고, 문화체육관광부 예산 대비 비중도 감소하였으므로 전년대비 예산증가율은 예산이 증가한 문화체육관광부의 전년대비 예산증가율보다 작다. 산업국의 경우 문화체육관광부 예산 대비 비중이 2007년 9.0%에서 2008년 9.9%로 증가하였는데, 이는 2008년 산업국의 전년대비 예산증가율이 문화체육관광부의 전년대비 예산증가율보다 크다는 의미이다. 따라서 옳지 않은 설명이다.

03. ③

- 〈보고서〉 두 번째 문장에서 '다' 기관은 경제 성장률을 6개 기관 중 가장 높게 전망하였다고 했으므로 경제 성장률이 가장 높은 기관인 F가 '다' 기관이다. 따라서 ②, ④가 소거된다.
- 〈보고서〉 두 번째 문장에서 '마' 기관은 '나' 기관보다 민간소비 증가율이 0.5%p 더 높을 것으로 전망하였다고 했으므로 민간소비증가율이 0.5%p 차이 나는 E와 A 또는 E와 B가 '나'와 '마' 기관이다. 이때 E는 확실히 '나' 기관이므로 ①, ⑤가 소거되어 A가 '가', B가 '마', C가 '라', D가 '바', E가 '나', F가 '다' 기관임을 알 수 있다.

04. ②

ㄱ. 2020년 전체 대학의 전임교원 담당학점 비율은 66.7%로 비전임교원 담당학점 비율 33.3%의 2배 이상이므로 옳은 설명이다.

ㄹ. 2019년 대비 2020년에 증가한 비전임교원 담당학점은 비수도권 대학이 132,991-124,091=8,900학점으로 수도권 대학 106,403-101,864=4,539학점의 2배 미만이다. 따라서 옳은 설명이다.

✅ 오답체크

ㄴ. 전체 대학의 전임교원 담당학점은 2019년 476,551학점에서 2020년 479,876학점으로 {(479,876-476,551)/476,551}×100≒0.7% 증가하였으므로 옳지 않은 설명이다.

ㄷ. 사립대학의 경우 비전임교원 담당학점 중 강사 담당학점 비중은 2019년이 (14.7/31.0)×100≒47.4%이고, 2020년이 (19.2/32.2)×100≒59.6%로 그 차이는 59.6-47.4≒12.2%p이다. 따라서 옳지 않은 설명이다.

05. ①

ㄱ. 해외연수 경험이 있는 지원자의 수는 53+414+16=483명이므로 해외연수 경험이 있는 지원자의 합격률은 53/483≒11.0%이다. 해외연수 경험이 없는 지원자의 수는 11+37+4+139=191명이므로 해외연수 경험이 없는 지원자의 합격률은 15/191≒7.9%이다. 따라서 해외연수 경험이 있는 지원자의 합격률이 더 높다. 10%를 기준으로 판단한다.

ㄴ. 인턴 경험이 있는 지원자의 합격률은 11.3~22.9%로 인턴 경험이 없는 지원자의 합격률 0.0~2.8%보다 높다. 인턴 경험 있음과 없음의 전체 합격률은 해외연수 경험이 있음과 없음의 합격률 범위에서 결정된다. 따라서 인턴 경험 있음의 합격률은 최소 11.3%이므로 인턴 경험 없음의 최대 합격률 2.8%보다 크기 때문에 별도 계산 없이 판단할 수 있다.

✅ 오답체크

ㄷ. 인턴 경험과 해외연수 경험이 모두 있는 지원자의 합격률 11.3%는 인턴 경험만 있는 지원자의 합격률 22.9%의 2배 이상이 되지 못한다. (오히려 더 작다.)

ㄹ. 인턴 경험과 해외연수 경험이 모두 없는 지원자의 합격률 2.8%와 인턴 경험만 있는 지원자의 합격률 22.9%의 차이는 20.1%p이므로 30%p보다 작다. <표>에 제시된 지원자 모두 합격률이 30% 미만이므로 그 차이가 30%p 이상일 수 없다.

정답 01. ② 02. ⑤ 03. ③ 04. ② 05. ①

☑ 이번 기본기, 이것만은 기억하자!

01. 70%에서 10%p 증가하면 80%지만 10% 증가하면 77%입니다.
02. 비율을 표현할 때 %와 %p의 차이점을 확실하게 구분합시다.

Note

Note

Note

2026 대비 최신개정판

해커스PSAT
7급PSAT 입문서

개정 4판 2쇄 발행 2025년 11월 3일
개정 4판 1쇄 발행 2025년 8월 14일

지은이	조은정, 길규범, 김용훈 공편저
펴낸곳	해커스패스
펴낸이	해커스PSAT 출판팀
주소	서울특별시 강남구 강남대로 428 해커스PSAT
고객센터	1588-4055
교재 관련 문의	gosi@hackerspass.com
	해커스PSAT 사이트(psat.Hackers.com) 1:1 문의 게시판
학원 강의 및 동영상강의	psat.Hackers.com
ISBN	979-11-7404-362-7 (13320)
Serial Number	04-02-01

저작권자 ⓒ 2025, 조은정, 길규범, 김용훈

이 책의 모든 내용, 이미지, 디자인, 편집 형태는 저작권법에 의해 보호받고 있습니다.
서면에 의한 저자와 출판사의 허락 없이 내용의 일부 혹은 전부를 인용, 발췌하거나 복제, 배포할 수 없습니다.

PSAT 교육 1위,
해커스PSAT psat.Hackers.com

해커스PSAT

· 해커스PSAT 학원 및 인강(교재 내 인강 할인쿠폰 수록)

한경비즈니스 2024 한국품질만족도 교육(온·오프라인 PSAT 학원) 1위

해커스PSAT

PSAT 교육 1위 해커스PSAT
* [PSAT 교육 1위] 한경비즈니스 2024 한국품질만족도 교육(온·오프라인 PSAT학원) 1위

노베이스 초시생도
PSAT 단기합격

7급 감사직 합격생
김*상

자료해석은 수능수학과는 엄연히 다르다는 것을 깨달아야 합니다. 김용훈 선생님께서 이러한 점을 깨우쳐주신 것 같습니다. 정확한 계산이 필요한 것이 아니라 대략적, 유효숫자를 설정하는 것이 중요하다는 것을 인지하지 못했다면 합격하지 못했을 것입니다. 선생님께서 알려주시는 것을 거르지 않고 받아들이려고 노력한 것이 도움이 되었습니다.

7급 보건직 합격생
김*연

조은정 선생님께서 문제 유형별로 나누어 설명해주셨고 직접 기출문제 예시를 통해 배운 스킬을 적용해보면서 배울 수 있어서 좋았습니다. 선생님의 강의 덕분에 PSAT 세 과목 중 언어논리에서 최고점을 받았습니다.

7급 일반행정직 합격생
고*우

저는 자료해석에서 풀이법은 알지만 실수가 잦아 점수가 잘 나오지 않았었는데, 이러한 부분을 기출문제 질문이나 시험지상담 등에서 바로바로 캐치해서 김용훈 쌤이 피드백을 주셨던 부분이 자료해석 점수에 가장 많은 도움이 되었습니다. 그렇게 받은 피드백을 바탕으로 실수 유형을 정리하고 그렇게 하나하나 줄여나가다 보니 합격점수에 도달하게 되었습니다.

상담 및 문의전화
1588.4055

psat.Hackers.com
더 많은 합격수기가 궁금하다면? ▶